한국의 윤리적 소비자

허은정 · 서정희

UUP

한국의 윤리적 소비자

- 2016년 11월 25일 **초판 인쇄**
- 2016년 12월 02일 **초판 발행**
- **지은이** 허은정 · 서정희
- **펴낸이** 오연천
- **펴낸곳** UUP(울산대학교출판부) 680-749 울산광역시 남구 대학로 93(무거동) 울산대학교 출판부
- 전화 (052)259-2488 팩스 (052)277-3011 ▪ **홈페이지** http://uup.ulsan.ac.kr
- **출판등록** 제370-1996-000001호(1996.3.13)
- ₩ 15,000

이도서의 국립중앙도서관 출판도서목록(CIP)은 e-CIP 홈페이지(http://www.nl.go.kr/ecip)에서 이용하실 수 있습니다.(CIP제어번호: CIP2016028703)

ISBN 978.89.7868.397.5 (93300)

서 문

전 세계뿐만 아니라 우리나라에서도 윤리적 소비에 대한 사회적 관심이 증가하고 있으며, 윤리적 소비를 실천하는 소비자들이 점차 증가하고 있다. 윤리적 소비는 소비자가 소위 대중매체에서 보도하는 '착한 초콜릿' 이나 '착한 커피'를 구매하는 행동만을 지칭하는 것이 아니다. 예전에 소비자는 좋은 품질의 제품을 싼값에 구매하는 '합리적 소비'를 강조하였다면, 이제는 소비자가 구매의사결정에 있어서 건강, 환경, 인권, 사회 등 '윤리적 가치'를 고려하여 구매하는 행동을 윤리적 소비라고 할 수 있다. 윤리적 소비자는 제품의 구매결정이 자신에게 미치는 영향뿐만 아니라 외부 세계에 미치는 영향에도 관심을 가지기 때문에, 자기지역에서 생산된 로컬제품을 구입하기도 하고, 아동 노동을 착취하는 특정기업의 제품에 대해 불매운동을 벌이기도 하며, 동물실험을 하지 않는 기업의 화장품을 적극 구매하는 등 다양한 형태로 윤리적 행동을 실천하고 있다.

윤리적 소비에 대한 사회적 관심의 증가와 그 중요성이 커짐에 따라 연구자들도 관심을 가지고 연구를 시작하였다. 윤리적 소비에 대한 기존 대부분의 선행연구들이 윤리적 소비자의 특성을 규명하기 위해 심층면접이나 사례연구를 통해 연구를 한 반면 일반 소비자들을 대상으로 한 실증연구는 거의 이루어지지 않은 점에 주목하여, 연구재단의 도움을 받아 연구자들은 인터넷 조사업체를 통해 전국에 거주하는 성인 소비자 1000명을 대상으로 윤리적 소비에 대한 대규모 실증조사를 실시하였다.

이 책의 구성을 살펴보면 전체 3부로 나뉘어져 있다. 제 1부는 윤리적 소비자의 특성을 정리하였는데, 먼저 윤리적 소비의 개념을 종합적으로 정리한 후 윤리적 소비와 관련된 가치, 물질주의, 이타주의, 자기감시성을 살펴보았다. 제 2부는 윤리적 소비에 대한 인식으로서 소비자들이 지각하는 윤리적 소비의 효과성, 윤리적 소비동기, 윤리적 소비의 정체성, 윤리적 소비의 실천의도에 대해 분석하였다. 마지막 제 3부는 다양한 윤리적 소비행동을 제시하고 있는데, 상거래윤리, 적극적 구매, 불매운동, 친환경소비, 로컬소비, 공정무역, 인권을 고려한 소비, 절제, 기부, 공동체소비를 포함하고 있다. 서정희 교수는 책의 전반적 구성과 각 장의 주요개념 정리 및 관련 연구 고찰 부분을 정리하였고, 허은정교수는 통계분석을 통한 결과 정리 및 해석 부분을 담당하였다.

이 책은 다음과 같은 특징을 가지고 있다. 먼저 책의 구성에 있어서 각 장은 해당 주제에 대한 개념 정리를 시작으로 관련연구에 대한 이론적 고찰 후 수집한 자료를 이용하여 통계분석을 통해 실증적 결과를 도출함으로써 우리나라 소비자들의 윤리적 소비행동을 구체적으로 파악할 수 있다. 둘째, 이 책은 윤리적 소비자의 가치와 심리사회적 특성을 제시할 뿐만 아니라 윤리적 소비동기, 윤리적 소비의 실천의도 등에 대해 내용과 인구사회학적 변수에 따른 윤리적 소비행동의 차이를 분석 및 윤리적 소비행동에 유의한 영향을 미치는 변수의 규명 등 광범위한 내용을 포함하고 있다.

이 책은 윤리적 소비에 관심을 갖는 일반 독자뿐만 아니라 소비자학 관련 연구자 및 기업의 관리자들이 참고서적으로 활용할 수 있을 것이다. 일반 독자들은 이 책을 통해 윤리적 소비에 대해 전반적인 이해를 얻는데 도움을 받을 수 있고, 소비자학 전문가들과 기업 관리자들은 윤리적 소비확산에 따른 교육 및 대응 전략수립 시 필요한 정보를 얻을 것으로 기대된다.

마지막으로 이 책을 출판하는데 많은 도움을 주신 울산대학교 출판부 여러분께 고마움을 전한다.

2016년 가을

저자 일동

목 차

제 1 부 ■ 윤리적 소비자의 특성

제 2 부 ■ 윤리적 소비에 대한 인식

제 3 부 ■ 윤리적 소비행동

제1부
윤리적 소비자의 특성

어릴 때부터 인터넷에 익숙한 젊은 세대는 소셜 미디어를 통해 세계 방방곡곡에서 발생하는 기아, 환경 파괴, 불법노동, 테러, 인권 침해 등을 실시간으로 심지어는 동영상으로 생생하게 접할 수 있다. 이들은 또한 자신의 소비활동을 통하여 우리가 직면한 사회문제를 해결하는데 일조를 할 수 있는 윤리적 소비 행태에 다양하고 과거에 비하여 쉬운 방법으로 접근할 수 있게 되었고, 세계인이 이와 같은 생각을 네트워크를 통해 공유할 수 있게 되었다. 이러한 혁명적 변화로 소비자들은 착한 기업에 더 적극적으로 충성을 하게 되었다(스티브 오버먼 저, 김병순 역, 2015).

소비자들은 윤리적 소비라는 이름으로 스스로 사회적 책임을 떠맡기 시작하면서 사회화된 호모에코노미쿠스(socialized homo economicus)로 변화하고 있다. 최소비용으로 최대효용을 얻어내고자 하는 합리적 소비와는 달리, 윤리적 소비는 자신들의 소비 선택 행위가 야기할 환경, 인권, 노동 등과 같은 사회문제들까지 고려하는 소비를 말한다. 이는 공정무역 제품 구매하기, 생활협동조합운동, 환경 감시, 불매운동 등의 다양한 소비자 행들을 포함한다. 많은 소비자 실태 조사나 라이프 스타일 조사들이 환경, 노동, 인권 등 사회가치에 대한 관심 등 윤리적 소비에 관한 소비자들의 관심이 뚜렷하게 증가하고 있음을 보여주고 있고, 많은 소비자단체들이 윤리적 소비 실천 운동을 벌이고 있고 언론에서도 윤리적 소비 담론이 2000년 중반 이후 꾸준히 증가해왔다. 즉 소비의 공공화 현상이 뚜렷하게 감지되고 있다(김주환, 2012).

제 1 장

서론

이 장에서는 이 책의 구성에 대해 먼저 간략히 소개하고자 한다. 이 책은 윤리적 소비자의 특성, 윤리적 소비에 대한 인식 및 윤리적 소비의 실천의도에 대한 관련연구고찰과 실증자료 분석의 결과를 제시하고 있다. 먼저 다양한 윤리적 소비의 개념을 정리하고, 실증연구에서 사용된 자료수집 및 분석방법을 살펴본 후 조사대상자들의 인구사회학적 특성을 소개하고 있다.

1. 윤리적 소비의 개념

영국 런던에 글로벌 본사를 둔 국제적 시장조사기관 민텔이 발표한 '2015년 영국 윤리적인 식품 소비자' 보고서에 의하면, 72%의 소비자가 식품기업은 윤리적으로 행동해야 하고, 각종 식품 또한 윤리기준을 충족해야 한다는데 동의를 표시한 것으로 나타났다. 또한 52%의 소비자들이 비윤리적으로 행동한 기업이 생산한 식품의 구입을 중단하겠다고 하였다. 74%는 육류를 가공할 때 동물을 무자비하게 다루지 않아야 한다고 했고, 60%가 믿을 수 있는 재료를 사용해야 한다고 하였고, 57%가 종업원 복지를 보장해야 한다고 하였다. 42%가 식·음료기업들이 환경개선에 기여해야 한다고 응답했고, 32%는 탄소배출량 규제치를 준수해야 한다고 응답했고, 30%는 식·음료기업은 조세회피를 하지 않아야 한다고 응답했다(약업신문 2015년 10월 12일).

윤리적 소비에 대한 사회적 관심과 중요성이 커지면서 우리나라에서도 윤리적 소비행동을 실천하는 소비자들이 점차 증가하고 있다. 우리나라에서 윤리적 소비는 1990년대 초 우리 밀 살리기 운동에서 시작된 뒤 커피, 코코아, 설탕 등 공정무역으로 수입된 제품 구매, 농가와 유기농 농산물 직거래, 동물복지 농장, 친환경 건축, 공정여행 등으로 분야를 점차 넓혀 나가고 있다(MBC뉴스 2014년 3월 31일자). 윤리적 소비는 단순히 유기농 식품들이나 공정무역 제품들과 같은 윤리적 제품들의 구매에만 한정되는 것이 아니다.

윤리적 소비의 개념은 소비자의 개별적, 도덕적 신념에 따라 사회적 책임을 실천하는 소비행동(홍연금, 송인숙 2010)으로서, 윤리적 소비자는 품질과 가격을 고려하여 '합리적 구매결정'을 하는 것이 아니라 건강, 환경, 인권, 동물복지 등 '윤리적 가치'를 고려하여 소비행동을 한다(허은정, 김우성 2012). 윤리적 소비는 구체적으로 로컬소비, 녹색구매, 공정무역, 절제와 간소한 삶, 상거래 소비윤리, 공동체 화폐, 기부와 나눔 등의 다양한 형태로 나타난다(천경희 등 2010).

그러나 Carrigan and Attlla(2001)는 진정한 윤리적 소비자는 실제라기보다는 신화일 가능성이 크다고 하면서, 윤리적인 관심이 큰 소비자일지라도 그들의 행동은 비일관적이라고 하였다. 많은 소비자들이 스스로를 윤리적 구매자로 인식하고 있지만 시장에서 윤리적상품의 시장점유율은 낮기 때문이다. 우리나라의 연구에서도 윤리적 상품에 대한 소비자의 긍정적인 태도나 구매의도는 실제 행동으로 연결되는데 차이가 있는 것으로 나타났다(유소이, 2012). 이처럼 태도와 행동 간의 차이는 자신의 이미지나 평판을 사회적으로 바람직하게 보이기 위해 스스로를 윤리적 소비자로 생각하지만 여러 가지 제약 때문에 행동으로 실천하지 못하는 사회적 바람직성 오류와 관련될 수 있다(Devinney et al., 2010).

체험을 강조하는 포스트모던 사회에서 윤리적 소비는 자아를 표현하고 발견하고 구축하는데 중요한 요소가 될 수 있다(Firat & Venkatesh, 1995). 포스트모던 소비자들은 그들이 누구이며 어떤 사람이 되기를 원하는지를 반영하는 윤리적 제품, 서비스를 소비하고 실천을 한다. 능동적으로 윤리적 소비양식을 실천하기 위해 소비자들은 자신의 윤리적 관심과 자아개념을 비판적으로 성찰하고 바람직한 삶과 공공선을 이루기 위하여 자신의 욕구를 조절한다(Cherrier, 2007).

윤리적 소비의 개념에 대한 학자들의 정의는 다소 차이가 있다. 윤리적 소비는 단순한 환경운동이나 녹색소비의 개념보다는 포괄적이며, 보다 다양한 윤리적 문제들을 포함하고 있다. 여기서는 윤리적 소비에 대한 연구를 중심으로 윤리적 소비행동의 개념을 살펴보기로 한다.

Mintel(1994)은 윤리적 구매를 강압적인 정치제도와 군사비를 포함한 윤리적 문제, 동물학대와 같은 문제를 고려하여 구매하는 것으로 정의함으로써, 유럽에서 제기된 환경과 사회적 문제들을 중심으로 정의하였다. Strong(1996)도 윤리적 소비는 친환경적 소비의 모든 원리를 통합하나 그 이상의 의미를 가진다고 하였다. Crane과 Matten(2003)은 윤리적 소비를 개별적으로 자신의 도덕적 신념에 따라 의식적이고 신중하게 소비선택을 하는 것이라고 정의하였다.

윤리적 소비자운동을 하는 Ethical Consumer(2003)은 구매행동을 통하여 인간, 동물, 환경에 해를 끼치거나 착취하는 것을 막아서 복지를 증진시키기 위한 소비자들의 행동지침을 제시하고 있다. 유기농식품 소비를 넘어서 동물복지, 공정무역, 노동표준 등과 같은 사회적 문제를 해결하기 위하여 소비자의식을 제고시키기 위한 활동도 윤리적 소비에 포함시키고 있다.

Uusitalo와 Oksanen(2004)는 윤리적 소비를 생산과 상품을 유통하는 과정에서 아동노동문제, 노동조합의 보호, 동물테스트와 같은 윤리적, 도적적인 면을 함께 고려하는 것이라고 규정하였다. Barnett(2005)은 소비자체를 통제하는 것이 윤리적 소비라고 정의하였다. Clark과 Unterberger(2007)는 윤리적 소비의 차원을 지속가능한 소비를 위한 소비감소행동, 공정무역상품 구매, 불매운동, 선택적 구매, 로컬구매 등과 같이 5가지로 분류하였다.

영국의 The Cooperative Bank(2007)은 윤리적 소비는 식품, 주거, 교통, 옷, 금융, 자선단체 기부 등과 같은 소비 뿐 아니라 투자도 포함하는 지출을 하는 것으로, 인권, 사회정의, 환경과 동물복지와 같은 문제를 고려해서 상품을 선택하는 것이라고 규정하였다.

Harrison 외(2005)는 윤리적 소비를 윤리적 구매행동에 초점을 두어 분류하였는데, 비윤리적 기업 및 제품을 구매, 이용하지 않는 불매운동, 윤리적 상품 및 기업을 적극 이용하는 적극적 구매운동, 전체 상품 및 기업에 대해 윤리적으로 평가하고 비교한 정보를 이용하는 철저하게 조사한 제품 구매, 생산자와 유통업자에게 윤리적 제품을 생산하고 판매하도록 요청하고 소비자로서 생산자와 판매자에게 그들이 준수해야 할 윤리적 요구를 교육하려고 노력하는 생산-판매자와의 관계, 자동차와 같은 지속가능하지 않는 상품을 가능한 적게 사용하거나 가능한 DIY(do it yourself)상품을 이용하는 지속가능한 소비로 구분하였다.

송인숙(2005)은 윤리적 소비의 개념을 네 가지 차원으로 분류하였다. 즉 환경과 다음 세대를 고려한 종적 차원에서의 윤리적 소비, 나눔, 기부, 자선 등과 같은 횡적 차원의 윤리적 소비, 사업자와의 거래차원에서 본 상거래 윤리, 절제된 이기심, 정직성, 신뢰성 등과 같은 시장경제의 기초윤리 등이다. 홍연금과 송인숙(2008)은 윤리적 소비를 '환경, 인권, 공동체, 정치, 종교 등과 같은 사회적, 환경적 영향요인들 중 하나 이상을 고려하여 행동하는 소비생활'이라고 정의하였다.

홍연금과 송인숙(2010)은 국내 윤리적 소비자들에 대한 연구에서 윤리적 소비를 '소비자의 개별적, 도덕적 신념에 따라 사회적 책임을 실천하는 소비행동'으로 정의하고 소비과정과 사회적 책임 범위에 따라 윤리적 소비행동을 분류하였다. 자원의 배분과 관련된 윤리적 소비는 윤리적 투자, 나눔과 기부가 있고, 구매행동에는 환경 친화적 제품구매, 공정무역 제품구매, 로컬소비, 불매운동, 공정여행이 포함되고, 사용행동에는 에너지, 물, 자원의 절약이 포함되며, 처분행동에는 재활용, 재사용, 쓰레기 줄이기가 포함되며, 자발적 간소화는 모든 소비 과정들과 관련된다. 아울러 사회적 책임에 따른 윤리적 소비를 경제적 책임, 법적 책임, 지속가능한 소비에 대한 책임, 동시대 인류를 위한 책임으로 구분하였다.

홍은실과 신효연(2010)은 윤리적 소비를 '개인의 소비생활이 자신과 타인, 사회와 자연환경을 존중하고 배려하는 선한 행위'로 정의하였다. 윤리적 소비 척도를 속임, 손상, 오용, 불법 등과 같은 상거래에서의 윤리적 소비, 공정무역 제품소비, 기부와 나눔, 사회의식적 소비, 로컬소비 등의 동시대 인류를 위한 윤리적 소비, 녹색구매, 녹색사용, 녹색처분, 절제와 간소한 삶과 같은 미래세대를 위한 윤리적 소비로 구성하였다.

김송이와 박명숙(2011)은 윤리적 소비를 '사회와 환경을 고려하여 윤리적 가치를 실현하고자하는 의지를 표현하는데 있어서 적극성을 띤 소비행동'으로 정의하였다. 허은정(2011)은 윤리적 소비를 '개인적이고 도덕적인 믿음에 근거하여 내리는 의식적인 소비선택으로서 중심축으로 건강, 사회, 자연환경을 고려하는 구매선택'으로 정의하였다.

천경희 등(2010)은 윤리적 소비는 일상생활에서 윤리적 소비를 실천하는 소비행동이라고 정의하였고. 소비 과정과 사회적 책임 범위에 따라 윤리적 소비 실천행동을 상거래상 소비윤리, 구매운동, 불매운동, 녹색소비, 로컬소비, 공동체화폐, 공정무역, 절제와 간소한 삶, 기부와 나눔의 9가지로 구분하였다. 허은정과 김우성(2012)은 윤리적 소비행동을 요인 분석한 결과 윤리적 소비행동의 하위영역이 공동체운동, 절제와 간소, 공정무역, 불매운동, 적극적 구매, 상거래윤리, 로컬소비 등과 같이 7개 요인으로 분류하였다.

최경숙(2015)은 윤리적 소비를 소비자의 개인적 도덕적 신념에 근거하여 내리는 소비선택으로 자신과 타인, 사회와 환경을 고려하여 사회적 책임을 실천하는 소비행동으로 정의하였고, 구체적인 행동 영역은 소비과정에서 나타나는 자원배분과 구매, 사용, 처분행동의 윤리적 소비행동인 공정무역 제품 소비, 기부와 나눔, 로컬소비, 환경 친화적 소비로 구분하였다.

한겨레경제연구소는 윤리적 소비를 개인적이고 도덕적인 믿음에 근거해서 내리는 의식적인 소비선택으로서 당장 자신에게 경제적인 이득이 되지 않더라도 장기적으로 이웃을 고려하며 자연환경까지 생각하는 관점에서 내리는 구매선택으로 정의하였고, 윤리적 소비를 이루는 세 가지 축으로 건강, 환경, 사회를 제시하였다(한겨레신문 2009. 3. 4). 건강은 당장의 욕구 충족에서 벗어나 장기적으로 자신의 정신적, 육체적 건강에 도움이 되는 소비를 의미하고, 환경은 저탄소 제품, 에너지 절약제품, 재활용, 동물보호 소비와 같은 친환경 제품을 소비하는 삶을 말하며, 사회는 공정무역 등 인권이나 노동문제를 고려한 소비를 통해 나의 웰빙뿐만 아니라 이웃의 웰빙까지도 생각하는 소비를 의미한다.

Nielsen and McGregor(2013)는 단계별로 발달 하는 소비자의 도덕성과 도덕적 규범을 위한 개념적 틀을 제공하였다. 소비자의 도덕성은 소비할 때 도덕적 의무감을 획득 하는 단계에서부터 구매 시 도덕적 의도를 수행할 계획을 계발하는 단계까지 발달한다. 윤리적 소비자행동은 사건에 대한 강한 감정적 반응의 경험이나 의식유발로부터 시작하여 행동을 지속하는 단계까지 단계별로 변화할 수 있다.

2. 윤리적 소비자에 대한 실증연구

1) 자료수집 및 분석방법

실증연구에 사용된 조사대상자는 우리나라 성인소비자이며, 질문지조사를 사용하여 자료를 수집하였다. 온라인 리서치업체에 의뢰하여 2011년 11월 7일부터 약 일주일 간 전국 성인소비자 1,000명을 대상으로 질문지를 배포한 후 자료를 수집하였다. 자료표집에 있어서 성별과 연령이 20대부터 50대 이상까지 고루 표집 되도록 하였다.

본 연구에서 사용된 분석방법은 기술통계, 분산분석, t검증, 요인분석, 다중회귀분석 등이 사용되었다. 그리고 모든 분석은 SPSS Window 프로그램을 이용하여 분석하였다.

2) 조사대상자의 일반적 특성

<표 1-1>은 실증연구에 사용된 조사대상자의 인구사회학적 특성을 제시하고 있다. 성별에 있어서 여자의 비율이 남자보다 조금 많으며, 연령의 경우 30대의 비율이 약간 높은 비율을 차지하지만 20대에서 50대 이상까지 비교적 고른 분포를 보이고 있다. 조사대상자들의 교육수준에 있어서는 대졸이 41.1%로 가장 높은 비율을 차지하였고 다음이 고졸이하(39.7%)로 나타났다. 조사대상자들의 결혼지위의 경우, 미혼(38.6%)보다 기혼(61.4%)이 높은 비율을 보였다. 직업의 경우, 전문/사무직 종사자가 42.2%로 가장 높은 비율을 보였고, 다음이 주부(19.8%), 판매/서비스/기능직(16.6%)로 나타났다. 월평균 가계소득의 경우, 200-300만원미만이 22.1%로 가장 높은 비율을 나타내었고, 300-400만원미만(20.8%), 400-500만원미만(17.5%), 200만원 미만(14.8%)의 순으로 나타났고 600만원 이상인 집단도 13.1%나 되었다. 조사대상자의 지역별 분포를 보면, 서울과 인천/경기 지역이 거의 절반을 차지하며, 나머지는 전국에 걸쳐 골고루 표집 되었음을 나타낸다.

〈표 1-1〉 조사대상자들의 인구사회학적 특성

변수		빈도(%)	변수		빈도(%)
성별	남자	457(45.7%)	결혼지위	미혼	386(38.6%)
	여자	543(54.3%)		기혼	614(61.4%)
연령	20대	270(27.0%)	교육수준	고졸이하	397(39.7%)
	30대	275(27.5%)		전문대졸	150(15.0%)
	40대	255(25.5%)		대졸	411(41.1%)
	50대 이상	200(20.0%)		대학원이상	42(4.2%)
직업	주부	198(19.8%)	월평균 가계소득	200만원미만	148(14.8%)
	학생	137(13.7%)		200-300만원미만	221(22.1%)
	전문/사무직	422(42.2%)		300-400만원미만	208(20.8%)
	판매/서비스/기능직	166(16.6%)		400-500만원미만	175(17.5%)
	농업/노무직/기타	77(7.7%)		500-600만원미만	117(11.7%)
				600만원 이상	131(13.1%)
지역	서울	327(32.7%)			
	인천/경기	237(23.7%)			
	부산/울산/경남	118(11.8%)			
	대구/경북	94(9.4%)			
	광주/전남	71(7.1%)			
	대전/충청	94(9.4%)			
	강원/제주	23(2.3%)			

제2장

윤리적 소비와 관련된 가치

영국의 사회학자 피터 디킨스는 "신자유주의의 전면화가 모든 공동체적 원리를 소멸시키고 끝없는 경쟁과 그에 동반되는 비교를 강요함으로써 사람들이 '심리적 궁핍화'를 경험하고 있다"고 말했다. 이윤을 추구하는 기업과 자본은 우리에게 '오직 소비할 때만 사회적으로 인정받는 존재가 될 것'이라고 집요하게 속삭인다. 사회적 기준과 공공성은 사라져가고, 시장의 힘에 순응하는 '신자유주의적 소비 주체성'이 개인의 의식 깊이 뿌리내리고 있다. 행복해지기 위해 소비하고 있지만, 동시에 아무리 소비해도 채워지지 않는 욕망 때문에 더 많은 소득을 갈망하며 발버둥 친다. 모두가 행복해지길 원하지만, 동시에 모두가 행복하지 않은 세계. 그 안에서 '소비를 통해 행복해질 수 있다'는 헛된 희망을 간직한 채 무한경쟁 속에 내던져진다. "삶에서 정말 중요한 건 당신이 갖고 있는 소유물이 아니라 당신 자신이 누구인가이다. 나는 그 사람이 어떤 사람이냐, 어떤 행위를 하느냐가 인생의 본질을 이루는 요소라고 생각한다. 단지 생활하고 소유하는 것은 장애물과 짐이 될 수도 있다. 우리가 '가지고 있는 것'이 아니라, 그것으로 우리가 어떤 일을 하느냐가 인생의 진정한 가치를 결정짓는다."고 미국의 경제학자 스콧 니어링이 말했다(한겨레21 2016년 5월 21일).

독일의 미래학교 프로젝트는 UN이 지난 2005년부터 진행해온 지속가능발전교육과 연관해 본격적으로 가동되고 있다. 그러나 미래학교에 대한 관심은 그 이전인 1994년, 독일연방의 기본법인 Grundgesetz가 미래 교육에 대한 국가의 책무를 명기하면서 시작됐다. 이 법적 근거를 토대로 미래학교가 국가 차원의 목표 사업으로 채택된 것이다. 2000년부터 '프로그램21(Programms-21)'이나 '트란스퍼21(Transfer-21)'이라는 명명 하에 대형 국가 프로젝트로 연구와 투자가 이뤄졌다.

독일 미래학교는 최첨단 기기 설치 등 하드웨어적 측면보다는 미래 사회에 대비한 가치관의 변화와 확립에 초점을 두고 있다. 환경보호, 인권 존중과 사회경제정의, 문화의 다양성, 관용, 비폭력 문화 등을 존중하는 가치관 확립 교육에 신경을 쓰고 있다. 실제로 가장 활발하게 미래학교 프로그램을 운영하고 있는 슐리스비히 홀슈타인주에서는 환경, 자원, 폐기물 처리, 기후변화, 인권, 전쟁과 평화, 난민, 예절, 종교 등의 주제로 교육 활동을 설정해야 미래학교로 선정된다. 미래학교 인증은 2년에 한번 씩 이뤄진다(한국교육신문, 2016년 5월 15일).

1. 관련연구 고찰

Rokeach(1973)는 가치를 하나의 행동양식이나 존재의 궁극적인 특정 상태를 더 선호하는 지속적인 신념이다. 그는 가치는 어떤 판단과정을 거쳐 나온 결과이고 가치관은 그 판단의 근거가 되는 표준이나 규칙, 기준, 규범, 목표, 또는 이상과 같은 것들을 지칭하는 것으로 구별하였다. 즉 가치관은 집단에 공유된 가치체계라면 가치는 집단가치관에 근거한 개인적 판단의 결과에 가깝다고 볼 수 있다. Holbrook(1994)은 이러한 시각을 소비자 행동에 적용하면서 가치는 제품을 소비하면서 어떤 대가를 치르고 얻고자 하는 편익으로, 가치관은 개인이 열망하는 목표나 그들 자신과 관련된 신념에 해당하는 것으로 구분하였다. 모든 제품이나 서비스는 가치를 창조하는 소비경험을 제공하기 때문에 소비경험은 외재적/내재적, 자기지향적 / 타인지향적 차원으로 구분될 수 있다.

Kahle(1983)의 사회적응이론은 인간이 환경에 잘 적응하게 해주는 역할을 담당하는 가장 추상적인 형태의 사회적 인식작용이라고 가치를 정의하고 있다. 가치는 인간이 최적기능을 유지하는데 도움이 되는 환경과의 상호작용을 촉진시키기 위하여 환경정보를 동화, 수용, 조직 및 통합해 가는 과정에서 지속적으로 형성되는 적응이라는 추상적 개념이다(Homer와 Kahle, 1988). 그러므로 사회적 인식작용 중에서 가장 추상적인 형태라고 볼 수 있는 가치는 인간이 환경에 적응하는 것과 관련된 가장 기본적인 특성들을 내포한다는 점에서 가치는 인간의 태도와 행동에 영향을 미친다. 궁극적 가치와 도구적 가치로 분류하는 Rokeach(1973)와는 달리 사회적응이론에서는 가치는 인간이 생활환경에 적응하기 도구의 기능을 한다고 본다. 그러므로 사회적응이론에서는 가치를 궁극적 가치와 도구적 가치로 분류하지 않는다.

Schwartz(1992, 1994)는 여러 국가에서 추출된 교사, 대학생, 일반

성인 등의 표본을 분석하고 각 국가별 가치관 구조를 다시 종합적으로 비교하여 다양한 문화권에서 보편적으로 적용 가능한 57개의 가치 항목을 제시하였고, 이를 다시 10개의 가치 유형인 자율, 자극, 쾌락주의, 성취, 권력, 안전, 동조, 박애, 전통, 보편주의 등으로 분류하였다. 유사성 구조분석을 해서 10가지 가치 유형을 2차원 구조인 변화에 대한 개방과 보수 차원을 나타내는 축과 자아초월과 자아증진 차원을 나타내는 축을 사용하여 원형 모델로 제시 하였다. 이러한 Schwartz의 보편적 가치구조는 70개국 이상의 다양한 표본 집단을 통해 증명되었다.

김연신과 최한나(2009)는 Schwartz가 제시한 보편적 가치이론을 대학생들에게 적용해 구조와 내용인 비교문화적 관점에서 적용 타당한지를 경험적으로 확인하였다. Schwartz의 가치이론에서 제시한 10개의 가치영역들 중에서 8개가 독립된 가치영역으로 확인되었으며, 두 개의 가치영역인 박애와 동조는 통합되어 하나의 가치영역으로 확인되었다. 57개의 가치항목들 중에서 6개의 가치항목이 이론에서 제시된 것과는 다른 영역에 위치하였다. 자아초월과 자아증진의 차원은 분명하게 나타났으나, 변화에 대한 개방과 보수 차원은 유사한 구조를 보이긴 했으나, 이론처럼 분명하지는 않았다.

세계적으로 세대에 따른 가치 변동을 설명하기 위한 가설이 제기되었다. 공동체 세대(generation we)가설은 1980년 이후 출생한 Y세대는 이전 세대에 비해 공동체 지향적이고 시민의식이 높으며 환경문제에 관심이 많다고 주장한다. 이와는 달리 개인주의세대(generation me) 가설은 1980년 이후 출생한 세대는 물질문화 속에서 성장했으며 개인의 성공이나 부를 성취하는 데에 관심이 높은 반면 다른 사람들에 대한 공감 능력은 낮다고 주장한다(Konrath, O'Brien, &

Hsing, 2010; Smith, Christoffersen, Devidson, & Herzog, 2011).

Inglehart(1977)는 희소성가설과 사회화가설을 통해 후기 자본주의 사회에서 발생하는 가치 변동을 설명했다. 희소성가설은 상대적으로 결핍된 욕구를 충족하기 위한 방향으로 삶의 가치가 형성된다고 보고, 사회화가설은 청소년기에 경험하는 정치적 환경과 사회경제적 조건이 개인의 가치 선호도에 반영된다는 입장이다. 두 가설은 모두 경제 성장이 이루어지고 사회정치적으로 민주적인 환경에서 성장한 세대는 이전 세대와 이질적인 가치를 추구하게 된다고 본다. 경제적인 안정이나 안전에 관한 욕구를 반영하는 물질주의 가치에서 인권, 평등, 삶의 질 등에 관한 욕구를 반영하는 탈물질주의 가치로 무게중심이 이동한다는 것이다.

386세대와 정보화세대의 가치를 비교한 민영과 노성종(2013)은 386세대가 정보화세대에 비해 물질주의 가치를 상대로 더 내면화하고 있다고 하였다. 하지만 두 세대 모두에서 탈물질주의 가치가 물질주의 가치에 비해 우선한다는 점을 고려할 때, 이는 세대효과라기보다는 새롭게 부상한 가치체계의 시대효과라고 해석할 수 있다. 386세대와 정보화세대는 독자적인 세대 특성을 나타내기보다는 유사한 시대 경험을 공유하는 집단인 것으로 나타났다. 386세대가 물질주의 가치를 더 중요하게 고려했고, 탈물질 가치에서는 세대 간 차이가 없었고, 정보화세대는 탈물질주의 가치를 더 중요하게 생각하고 있다는 점은 88만원 세대의 보수화론을 반증하는 결과이다. 정보화세대는 386세대에 비해 특별히 더 물질적인 성공이나 사회적 안정을 지향하지도 않지만 공동체 문제의 해결에 더 적극적이거나 표현적, 참여적 가치를 추구하지도 않는다는 점에서, 개인주의세대가설과 공동체세대가설 모두가 우리나라에서는 경험적으로 지지되지 않았다고 할 수 있다.

한성희(2011)의 연구에서 스마트폰의 소비가치는 쾌락적 가치와 차별화, 상징가치로 구분되는데, 차별화·상징가치는 40대, 기혼자, 전문직인 경우 높게 나타났고 쾌락적 가치는 기혼자인 경우와 스마트폰의 이용기능이 의사소통에 해당하는 경우 높게 나타났고, 쾌락적 소비가치는 스마트폰 소비만족에 가장 큰 영향력을 미치는 변수로 밝혀졌다.

박윤지와 김기옥(2012)은 소비자가 제품에서 추구하는 소비자가치는 제품속성(실용형과 쾌락형)과 가시성(집안형과 집밖형)의 두 가지 차원에 의하여 분류한 제품유형에 따라 차이가 나는지를 분석하였다. 실용형제품의 경우 효율성과 우수성 뿐 아니라 윤리, 영성과 같은 가치도 추구하고, 쾌락형 제품에서는 즐거움의 가치를 더 많이 추구하였다. 집안형 제품에서는 효율성, 우수성, 윤리 가치를, 집밖형 제품에서는 즐거움, 아름다움, 지위, 존경의 가치를 더 많이 추구하였다.

오혜영(2015)에 연구에 의하면 나이가 들어갈수록 윤리적 가치와 진정성 가치를 중시하였으나, 주관적 인지연령 집단에 따라서는 감정적 가치가 의미있게 차이가 나타났고, 스스로 실제나이보다 더 젊다고 생각하는 소비자들은 윤리적 가치, 사회적 가치 및 진정성 가치에 대해 유의하게 높게 평가하였다.

전형연(2012)은 우리나라 고등학생들이 유학하는 나라 이미지의 핵심가치를 문화기호학인 방법론을 통해 추출하여 유형화시키는 방식으로 고등학생들이 외국대학에 진학하는 과정에서 추구하는 가치를 분석하였다. 가치는 실용적 가치를 의미하는 비전성, 이상적 가치를 의미하는 사회성, 환경을 의미하는 편의적 가치환경성,

관계적 가치를 의미하는 국민성 등으로 나누어지고 국가이미지 소비가치 연상비율은 다르게 나타났다. 미국, 일본 및 한국은 이상적 가치가 가장 많았고, 중국과 호주는 편의적 가치가 가장 많았다. 미국, 중국 및 호주는 관계적 가치가, 일본은 실용적 가치가, 한국은 편의적 가치가 가장 적었다.

김민호(2012)는 우리나라 여성소비자들의 가치성향을 조사하였는데, 원리원칙 지향 가치가 49.3%로 가장 많았고, 두 번째는 행동지향 가치로 36.8%, 세 번째는 지위지향 가치로 13.9%를 차지하였다. 원리원칙 지향 가치가 가장 많은 이유는 여성들이 소비 성향에서 타인의 의견보다는 개인의 믿음과 원칙에 따라 행동한다는 것을 보여준다고 말할 수 있다.

황진숙과 조재정(2012)에 의하면 한국과 중국 소비자의 의복소비가치는 실용적 가치, 표현적 가치, 동조와 유행 가치, 개성 가치의 4개 요인으로 나눠진다. 중국소비자는 실용적 가치와 동조/유행가치가 한국소비자에 비하여 높았고, 한국소비자는 중국소비자에 비하여 표현적 가치가 더 높았다.

이영주와 황영정(2014)에 의하면, 노년소비자의 내적 가치는 라이프 스타일 중에서 원칙지향형, 지위지향형, 활동지향형에 정(+)의 영향을 미쳤는데, 활동지향형에 가장 큰 영향을 미쳤다. 외적 가치는 라이프 스타일 중에서 실현지향형, 원칙지향형, 지위지향형, 활동지향형에 정의 영향을 미쳤다. 내적 가치를 지향하는 노년소비자는 최신 경향과 유행을 따르며 새로운 일에 도전하는 것을 즐겨하는 편이며, 때때로 열정적인 즐거움을 경험하고 싶어 한다고 볼 수 있다. 외적 가치를 지향하는 노년소비자는 라이스타일이 비교적 다양하다고 볼 수 있다.

이승용(2012)에 의하면, 한국의 맥주광고는 유토피아적 가치를 소구하고 브라질 맥주광고는 유희적 가치를 주로 소구하고 있다. 한국 맥주광고가 유토피아적 가치를 소구하는 주된 배경에는 한국에서 맥주가 가지고 있는 브랜드 포지션과 한국 사람들의 강한 신분상승 욕구와 동류의식이 자리하고 있다. 일제강점기에 처음 국내에 들어 온 맥주는 서구문화의 상징이었으며 근대화 시기까지 서민들의 술이 아니었기 때문에 계층차별적인 이미지를 갖게 되어 맥주 소비는 곧 신분상승효과로 이어졌었다. 이러한 맥주의 이미지는 근대화 이후 더 이상 계층 차별적인 이미지가 없어진 후에도 유명 모델을 등장시켜 소비자들이 모델과 자신을 동일시하는 투사효과를 통해서 확대 재생산 되고 있다.

브라질의 맥주광고는 한국 맥주광고와는 달리 유희적 가치에 치중하는 광고가 주를 이루고 있는데 이 역시 브라질의 사회문화적 특성이 반영된 결과이다. 맥주의 역사가 우리보다 긴 브라질에서 맥주는 오래전부터 계급차별적인 이미지가 없었으며 브라질 사람들의 유희적 성격은 맥주광고에서 유희적 가치를 소구하는 전략을 택하게 하는 동기가 되었다. 유희적 가치를 강조하기 위해서 브라질 광고는 내용이 있는 서사구조를 바탕으로 광고를 제작하는 것이 일반적이고 유명 모델들을 등장 시키는 경우도 투사효과를 이용해서 신분상승이나 특정 집단에 속하는 느낌을 주기 보다는 성 대상으로서 유희적 가치를 강화해나가고 있다(이승용, 2010).

김희주(2015)는 호텔베이커리 이용자의 소비가치는 상황적 가치, 정서적 가치, 경제적 가치, 진귀적 가치, 사회적 가치 및 기능적 가치로 구분되고, 이 모든 하위가치는 전반적인 태도에 영향을 미쳤다. 상황적 가치, 정서적 가치, 경제적 가치, 진귀적 가치는 감정적 태도에 영향을 미쳤고, 상황적 가치, 정서적 가치, 경제적 가치, 진귀적 가치, 사회적 가치는 인지적 태도에 영향을 미쳤고, 상황적 가치, 정서적 가치, 경제적 가치, 기능적 가치는 행동적 태도에 영향을 미쳤다.

Shaw 등(2005)은 식료품 구매에 있어서 윤리적 소비자의 구매기준을 제시하는 소비자들의 가치관을 탐색하기 위해 Schwartz Value Survey(SVS) 문항을 이용하여 소비자 가치를 측정하였다. 연구결과 57개의 단일 가치로부터 10개의 가치로 축약되었고, 여기에서 윤리적 소비자의 중요한 가치는 자기주도적 가치(self-direction), 보편성(universalism), 관대함(benevolence) 등으로 나타났다.

박선우와 윤혜연(2015)은 Schwartz(1992)의 보편적 가치이론을 적용하여 가치가 공정무역커피에 대한 태도와 행동의도 사이에서 어떠한 인관관계를 형성하는지를 분석하고, 윤리적 소비의식에 따른 조절효과를 검증하였다. Schwartz(1992)의 가치이론에서 제시한 10개의 가치 영역들 중 진보적 가치, 보수적 가치, 자기중심적 가치, 이타적 가치의 4개 요인이 독립된 가치영역으로 확인되었고, 진보적 가치, 보수적 가치, 이타적 가치가 공정무역커피에 대한 태도에 긍정적인 영향을 미쳤다. 공정무역커피에 대한 태도는 공정무역커피에 대한 행동의도에 긍정적인 영향을 주고, 공정무역커피 구매고객의 윤리적 소비의식은 공정무역커피에 대한 태도와 행동의도 사이에서 조절효과를 가지는 것으로 나타났다.

주현식(2008)은 고급 호텔의 레스토랑을 이용하는 소비자를 대상으로 하여 개인 가치, LOHAS 가치, LOHAS에 대한 태도 및 LOHAS 지향행동 간의 관계를 분석하였다. 개인 가치는 LOHAS에 대한 태도에 영향을 미치지 않았으나, LOHAS 지향행동에는 정(+)

의 영향을 미쳤다. LOHAS 가치는 LOHAS에 대한 태도 및 LOHAS 지향행동에 정의 영향을 미쳤고, LOHAS에 대한 태도도 LOHAS 지향행동에 정의 영향을 미쳤다.

양재장, 한상호, 이용기(2014)는 소비자의 가치관과 소비자의 혁신성이 친환경제품의 구매의도에 미치는 영향을 조사하였고, 매개변수로 친환경 제품에 대한 태도, 친환경 제품에 대한 주관적 규범 그리고 친환경 제품에 대한 지각된 행위통제를 설정하였다. 소비자의 가치관 중 이기주의 가치관은 친환경 제품에 대한 태도에 유의한 영향을 미치지 않았으나, 친환경 제품에 대한 주관적 규범과 친환경 제품에 대한 지각된 행위통제에 유의한 영향을 미치는 것으로 나타났으며, 이타주의 가치관은 친환경 제품에 대한 태도, 친환경 제품에 대한 주관적 규범, 그리고 친환경 제품에 대한 지각된 행위통제에 통계적으로 유의한 영향을 미치는 것으로 나타났다. 소비자의 혁신성은 친환경제품에 대한 태도, 친환경 제품에 대한 주관적 규범, 그리고 친환경 제품에 대한 지각된 행위통제에 유의한 영향을 미치는 것으로 나타났다. 친환경 제품에 대한 태도와 주관적 규범, 그리고 지각된 행위통제는 친환경 제품의 구매의도에 유의한 영향을 미치는 것으로 나타났다.

윤효실과 윤혜현(2015)은 친환경농산물을 구매하는 소비자의 개인소비가치 5가지 요인과 구매의도간의 영향 관계를 규명하고, 환경 의식행동이 친환경 농산물의 개인소비가치와 구매 의도 간에 조절효과가 있는지를 연구하였다. 개인소비가치 요인은 기능적 가치, 사회적 가치, 감정적 가치, 탐색적 가치, 상황적 가치로 요인화 되었으며, 탐색적 가치를 제외한 모든 요인이 구매의도에 긍정적인 영향을 미쳤다. 개인소비가치가 구매의도에 미치는 상대적 영향력은 감정적 가치, 기능적 가치, 상황적 가치, 사회적 가치의 크기순으로 나타났다. 환경의식행동은 사회적 가치와 감정적 가치 차원에서만 구매의도 간의 관계에서 조절효과를 보였다.

민웅기, 김현정, 김남조(2015)에 의하면 기후변화로 인한 자연적 위험지각은 직접적으로 친환경 관광상품 구매의도에 영향을 주지 않았으나, 감정적 소비가치를 매개하여 간접적으로 친환경관광 구매의도에 양의 방향으로 영향을 미쳤다. 기후변화의 재정적 위험지각은 고객의 감정적 소비가치에는 영향을 주지 않았으며, 직접적으로 친환경구매의도에 양의 방향으로 영향을 주었다. 기후변화로 인한 신체적 위험가치는 소비자의 친환경구매의도에 영향을 주지 않았다. 즉 기후변화의 위험지각 중 재정적 위험 지각만이 친환경 관광상품 구매의도에 직접적인 영향을 주었으며, 소비자의 자연적 위험지각은 감정적 소비가치를 매개하여 친환경 관광상품 구매의도에 영향을 주는 것으로 나타났다.

최은정과 김수현(2013)에 의하면, 사회적 기업에 대한 가치는 환경친화, 지역사회 공생, 종업원 복지, 사회 공헌의 4개 하위가치로 구성되고, 지역사회 공생을 제외한 나머지 3개가치는 사회적 기업과 소비자간 가치 일치성에 긍정적 영향을 미쳤다. 소비자들은 자신이 추구하는 사회적 가치가 일치하는가를 고려할 때 사회적 기업의 환경친화, 종업원 복지, 사회공헌의 가치를 중요하게 여긴다고 해석할 수 있다. 사회적 기업의 가치와 소비가 간의 일치성이 높을수록 긍정적인 기업태도를 형성하였고, 긍정적인 기업태도는 구매의도를 높이는 요인이 되었다.

Holbrook(2006)은 소비자가 지각하는 가치를 경제적 가치, 쾌락적 가치, 사회적 가치, 이타적 가치로 분류하였다. 경제적 가치는 제품 및 서비스가 제공하는 가치가 효율성과 탁월성의 목표를 충족하는 것이고, 정서적 가치는 정서적 목표를 충족시켜주고, 사회적 가치는 지위를 강화하고 호의적인 인상을 주고 존경을 부여하고, 이타적 가치는 이타적 목표를 충족시켜준다.

황미진(2014)은 정성조사를 통하여 한국소비자의 지각된 가치의 차원을 밝혔다. 지각된 가치는 크게 4개의 차원으로 인식되고 있었다. 경제적 가치는 '가격대비 성과의 탁월함', '소비자가 들인 노력대비 편익'으로 정의되며, 개인사용 경험에 비추어 휴대폰 제품 사용이 제공하는 가치는 휴대폰 구입에 들인 돈과 시간에 비해 만족할 만한 핸드폰을 편리하게 구매하는 정도로 인식되었다. 사회적 가치는 '타인의 인정을 통한 나의 존재의 완성'으로 정의되며, 제품을 쓰는 사람들 간의 동질감 또는 연예인 등 준거집단과 동일한 제품을 사용한다는 우월감으로 인식된다. 정서적 가치는 '제품의 소유와 사용을 통해 긍정적 감정 변화를 가져옴으로써 정서적인 가치를 획득하는 상황'을 의미한다. 휴대폰은 음악청취와 게임을 통해 무료한 상황을 즐거움으로 전환해 주거나 우울한 날 힘을 실어주는 도구로 인식된다. 이타적 가치는 '도움과 기여의 실현'으로 정의되었다. 이타적 가치의 개념은 '휴대폰을 통한 정기적 무료 상담봉사 활동'을 비롯하여, 제품구입가격 또는 통신이용요금의 일부를 기부하거나 불우이웃 돕기 및 저소득층 생활개선 활동에 동참하는 것으로 인식되었다.

2. 윤리적 소비와 관련된 가치에 대한 일반적 수준

〈표 2-1〉 윤리적 소비 관련 가치의 일반적 수준

	문항	M(SD)	신뢰성
자기주도성	1. 자신의 가치에 대한 믿음, 자기존중감	5.83(1.10)	.872
	2. 행동과 사고의 자유	5.43(1.10)	
	3. 스스로도 문제를 해결할 수 있는 독립성	5.76(1.05)	
	4. 내 자신의 목표를 선택	5.90(1.09)	
	5. 모든 것에 대한 흥미, 호기심	5.30(1.08)	
	7점 환산평균	5.64(0.88)	
관대함	1. 친구, 소속집단에 대한 충성심	5.09(1.11)	.860
	2. 진실한 우정	5.59(1.13)	
	3. 정직함	5.93(1.08)	
	4. 타인에게 도움이 되는 삶	5.36(1.13)	
	5. 신뢰성과 책임감	5.95(1.06)	
	7점 환산평균	5.58(0.95)	
보편성	1. 약자 보호, 불공정을 바로잡는 시회적 정의	5.88(1.14)	.924
	2. 평화로운 세상	5.93(1.16)	
	3. 자연과의 조화	5.81(1.13)	
	4. 타인의 생각을 수용하는 넓은 마음	5.69(1.12)	
	5. 환경보호	5.87(1.15)	
	6. 모든 사람에게 공평한 기회	5.85(1.17)	
	7점 환산평균	5.84(0.97)	

<표 2-1>은 실증연구를 통해 나타난 조사대상자들의 윤리적 소비와 관련된 가치를 제시하고 있다. 본 연구에서 각각의 가치는 7점 리커트 척도로 측정되었고 각 가치에 대한 신뢰성 또한 크론바하

알파값이 .80이상으로 신뢰성이 충분한 것으로 나타났다. 윤리적 소비와 관련된 세 가지 가치의 평균은 모두 5점 이상으로 중간보다 약간 높은 것으로 나타났는데, 평균점수를 기준으로 볼 때 보편성의 평균점수가 제일 높았고 다음이 자기주도성, 관대함의 순으로 나타났다. 먼저 자기주도적 가치 문항의 경우 '내 자신의 목표 선택'이 5.90점으로 평균점수가 가장 높았고 다음이 '자신의 가치에 대한 믿음, 자기존중감' 문항이 5.83점으로 나타났다. 관대함의 경우 '신뢰성과 책임감' 문항이 5.95점으로 가장 높았고 다음이 '정직함'으로 나타났다. 보편성 가치에 있어서는 '평화로운 세상'이 가장 높은 점수를 보였고 다음이 '약자 보호, 불공정을 바로잡는 사회적 정의'로 나타났다.

3. 인구사회학적 특성에 따른 윤리적 소비 관련 가치

〈표 2-2〉 인구사회학적 특성에 따른 윤리적 소비관련 가치의 차이

		자기주도성	관대함	보편성
성별	남성	27.98	27.81	34.72
	여성	28.40	28.00	35.29
	t값	-1.481	-0.687	-1.525
결혼지위	미혼	29.11	28.31	35.66
	기혼	27.64	27.66	34.63
	t값	5.161***	2.257*	2.720**
연령	20대	29.30 b	28.16	35.44
	30대	28.44 ab	28.02	35.58
	40대	27.51 a	27.89	34.54
	50대 이상	27.32 a	27.46	34.33
	F값	10.983***	1.018	2.840*
교육수준	고졸이하	27.79 a	27.49	34.48
	전문대졸	28.28 ab	28.27	35.57

	대졸이상	28.56	b	28.16	35.33
	F값	3.277*		3.073*	3.032*
직업	주부	27.59	a	27.80	34.59
	학생	29.49	b	28.03	35.49
	전문/사무직	28.42	ab	28.05	35.09
	판매/서비스/기능직	27.73	ab	27.85	35.12
	농업/노무직/기타	27.41	ab	27.31	34.79
	F값	5.312***		0.530	0.550
종교	기독교	27.95		28.17	34.83
	불교	27.93		28.06	35.19
	천주교	28.62		28.12	35.64
	무교/기타	28.34		27.69	34.95
	F값	0.911		0.815	0.532
월평균 가계소득	200만원미만	26.66	a	27.47	34.01
	200-300만원	28.01	ab	27.39	35.15
	300-400만원	28.57	b	28.12	35.34
	400-500만원	28.56	b	28.02	35.39
	500만원이상	28.76	b	28.37	35.01
	F값	6.399***		1.934	1.476

*p〈 .05 **p〈 .01 ***p〈 .001

<표 2-2>는 조사대상자들의 인구사회학적 특성변수에 따른 윤리적 소비관련 가치의 차이를 분석한 결과이다. 먼저 자기주도성 가치의 경우 연령, 교육수준, 직업, 월평균 가계소득에 따라 유의한 차이를 나타내었다. 연령의 경우 40대와 50대에 비해 20대의 경우 자기주도성 가치가 높은 것으로 나타났고, 교육수준에 있어서는 고졸이하 집단보다는 대졸이상 집단에서 자기주도성 가치가 유의하게 높았다. 직업의 경우 주부보다는 학생집단이 자기주도성 가치가 유의하게 높았고, 월평균 가계소득에 있어서는 가계소득이 제일 낮은 200만원 미만집단에 비해 300-400만원, 400-500만원, 500만원 이

상 집단이 자기주도적 가치가 높은 것으로 분석되었다.

관대함 가치의 경우 결혼지위와 교육수준에 따라 통계적인 차이를 보였다. 기혼집단보다는 미혼집단이 관대함 가치가 높았고, 교육수준의 경우 고졸집단이 전문대졸이나 대졸이상 집단보다 관대함 가치가 낮았으나 집단 간 차이가 통계적으로 유의하지는 않았다.

보편성 가치에 있어서는 결혼지위, 연령, 교육수준에 따라 유의한 차이를 나타내었다. 관대함 가치의 경우와 마찬가지로 기혼집단보다 미혼집단이 보편성 가치가 높았고, 연령에 있어서도 20대와 30대가 40대와 50대 이상보다 보편성 가치가 높았으나 집단 간 차이가 유의하지는 않았다. 고졸집단보다 전문대졸과 대졸이상에서 보편성 가치가 높았으나 이 또한 통계적인 차이는 유의하지 않았다.

제3장

물질주의

한국 소비자들의 물질주의 가치관은 매우 강하다. 1960년대 급속한 산업화를 거치면서 한국인들은 돈을 벌기 위하여 가족과 함께 저녁을 먹지 못하는 것을 당연하게 생각하였다. Inglehart의 세계가치관 조사에 의하면 한국인의 물질주의는 미국인의 3배, 일본인의 2배에 해당되었다. 이러한 물질주의적 성향 때문에 소득은 크게 증가했지만 삶의 만족도는 OECD 국가 중에서 가장 낮은 것으로 나타났다. 10점 만점으로 측정한 삶의 만족도는 OECD 평균인 6.7보다 낮은 5.7에 불과하였다. 이 수치는 폴란드나 체코보다 낮다. 물질적으로 성공했지만 정신적으로 실패한 한국의 역설이 발생한 것이다(조선일보, 2011년 1월 1일).

돈은 인간이 고안해 낸 발명품들 중 가장 강력한 도구로서 개인과 사회 전체를 순식간에 노예로 만들거나 평정하는 막강한 지배자로 군림한다. 전근대적 봉건사회에서 공업중심의 산업사회로 옮아가는 근대화를 촉진시키는 중추적 역할을 했던 돈은 인류가 존속되는 한 영원히 지속될 인간 삶의 현실적인 문제이자 전반적인 삶을 통제할 수 있는 가장 강력한 힘으로 우리의 삶을 지배하고 있다. 사람들은 더 이상 돈 없이 살 수 없을 만큼 강하게 돈에 의존하고 있고, 그 결과는 돈을 가지려는 강력한 욕망과 강한 물질주의로 나타난다. 현대사회에서 경제적 가치를 최고로 실현한 돈은 행복한 삶을 위한 필수품인 동시에 자신의 가치를 드러내는 중요한 본질로 빠르게 대체되고 있다(홍경자, 2015).

1. 관련연구 고찰

Belk(1985)는 물질주의 가치를 물질적 소유와 소비를 행복의 주요 원천이라고 보고, 자유재량적 소비를 통하여 심리적 행복을 추구하는 것으로 정의하고, 개인의 인성차원에서 소유욕, 부러움, 비관용의 세 가지 하위차원으로 구성되어 있다고 조작적 정의를 하였다. 소유욕은 물건의 귀속을, 부러움은 다른 사람의 소유물을 부러워하는 것, 비관용은 자신의 소유물을 다른 사람과 함께 나누려는 마음의 정도를 의미한다.

Csikszentmihalyi와 Rochenberg-Halton(1978)은 수단적 물질주의와 궁극적 물질주의로 구분하였다. 수단적 물질주의는 좀 더 안전하고 즐거운 삶을 영위하기 위한 수단으로 물질을 소유하여 사용하는 것으로 속성상 한계가 있고, 궁극적 물질주의는 소유 자체를 목적으로 삼기 때문에 끝없이 상승하는 속성이 있다. 문화계발이론에 의하면 오락프로그램의 시청과 밀접한 관련이 있는 것으로 나타났다. 드라마를 중심으로 하는 텔레비전 오락프로그램은 유명 브랜드 의류, 고급 외제차 등의 부유층의 삶을 일상적인 것으로 보여 준다는 점에서 이를 시청한 소비자들의 물질주의적인 가치관 형성에 큰 영향을 미친다(금희조, 2006).

우리나라 텔레비전 프로그램의 내용을 분석한 양혜승(2009)의 연구에 의하면, 텔레비전에서 과도하게 부유한 소유와 소비수준을 보여 주고 있으며, 특히 경제적으로 최상층만이 누릴 수 있는 소비의 이미지가 지나치게 많이 등장하고 있다. 드라마에서 재벌 2세나 3세가 주인공으로 등장하지 않는 드라마를 찾기 어렵고, 이들은 주로 고급주택에서 부를 과시하며, 고급 승용차를 이용하고 고가의 의상과 액세서리 등을 착용하고 등장한다. 모 드라마에서 등장했던 재벌 2세 남자주인공은 이탈리아 장인이 한땀 한땀 손으로 만든 운동복을 가난한 여자주인공에게 자랑해서 한동안 우리나라에서 화제가 되기도 했다.

양문희(2013)는 수용자의 물질주의와 체면중시 브랜드 소비성향이 PPL 수용태도와 관계가 있는지를 대학생을 대상으로 조사하여 분석하였다. 수용자가 물질주의 성향과 체면중시 브랜드 소비성향이 강할수록 PPL에 대하여 긍정적인 광고태도를 가지고 있었고, PPL 제품에 대해서도 긍정적인 태도를 지녔고, PPL 제품을 구매할 의사가 강한 것으로 나타났다. 특정 프로그램에 주인공이 입거나 가지고 있던 물건이 실제로 다 팔린 것을 의미하는 완판남 또는 완판녀 등으로 회자될 정도로 PPL이 소비자에게 미치는 영향을 강하다고 볼 수 있다.

Richins와 Dawson(1992)은 Rokeach(1973)의 가치관 중에서 소유의 중요성에 초점을 맞추어서 물질주의를 물질의 소유를 통해 행복을 추구하는 경향으로 정의하고, 생활중심적 물질주의(acquisition centrality), 행복추구적 물질주의(acquisition as the pursuit of happiness), 성공수단적 물질주의(possession-defined success)의 세 가지 하위차원이 있다고 하였다. 물질주의 성향이 강한 사람들은 유명브랜드를 많이 소유할수록 성공하고 행복한 사람이라고 인식하기 때문에 유명브랜드와 고가의 브랜드를 중요하게 생각하고, 삶에 대한 만족도가 낮고, 다른 사람을 위해 봉사하거나 돈을 쓰려는 경향이 낮다고 하였다. 주섭종(1995)은 Richins와 Dawson(1992)이 개발한 척도를 우리나라의 생활양식에 적합하게 수정한 척도를 개발하여 검증한 결과 우리나라의 경우에도 동일한 세 가지 차원이 있음을 규명하였다.

서정희와 석봉화(1998)는 청소년소비자의 물질주의 가치는 성공수단적 물질주의를 지향하는 차원, 생활수단적 물질주의를 지향하는 차원 및 행복추구적 물질주의를 지향하는 차원의 세 가지 차원으로 구성되어 있음이 경험적으로 입증되었다. 그리고 세 가지 차원의 수준별 조합에 따라 행복추구적 물질주의 가치지향형, 물질주의 가치 소극적 지향형, 성공 , 생활수단적 물질주의 가치지향형 및 물질주의 가치 적극적 지향형의 4개 유형으로 분명하게 유형화되었다. 울산광역시에 거주하고 있는 청소년소비자들의 물질주의 가치유형별로 분포를 보면 행복추구적 물질주의 가치지향형이 전체의 절반 이상을 차지함으로써 가장 많은데 비하여 물질주의 가치 소극적 지향형, 성공, 생활수단적 물질주의 가치 지향형 및 물질주의 가치 적극적 지향형은 상대적으로 적은 수를 차지하였다.

박진영, 최혜원, 서은국(2012)은 우리 사회의 고질적인 문제인 물질주의와 인간관계를 경시하는 심리적 원인을 살펴보았다. 일반적으로 신뢰 수준이 낮은 사람일수록 인간관계보다 물질을 더 추구하고 인간관계를 폄하하였다. 사람들을 믿지 못한다는 인식이 강해지면 동아리 친구, 동창들, 친한 친구와 같은 다양한 인간관계 보다는 차, 집, 돈과 같은 물질을 더 가치 있게 여겼다.

이민아와 송리라(2014)는 전국 18세 이상의 남녀를 대상으로 수집한 2009년 한국종합사회조사(KGSS) 자료를 이용하여 소득수준과 물질주의 가치관이 한국인의 행복에 어떠한 영향을 미치는지를 분석하였다. 물질주의 가치관을 가진 사람들이 그렇지 않은 응답자들에 비해 행복감과 삶의 만족도가 낮았다. 물질주의적 성향을 지닌 사람들은 타인과의 비교를 통해 자신의 삶에 대해 부정적인 평가를 내릴 가능성이 있다. 물질적 소유와 소비는 내적인 성취나 가족관계 등의 다른 가치에 비해서 가시적이고 비교가 쉽다. 이러한 결과는 인구학적 배경과 주관적 건강상태 및 우울을 통제한 상태에서도 유의하였고, 물질주의 가치관의 부정적 효과는 가구소득이 상승하여도 감소하지 않았다. 소득이 높은 경우라도 물질주의 가치관을 갖는 경우는 그렇지 않은 경우에 비해 행복감과 삶의 만족도의 수준이 떨어졌고 높은 소득이 물질주의 가치관의 부정적인 효과를 감소시키지 못했다. 상위계층이나 소득수준이 높은 집단은 자신의 물질적 성취에 대해 상대적으로 하층 집단과 비교하는 것이 아니라 자신과 유사하거나 더 높은 집단을 준거로 할 수 있다.

유연재와 이성준(2015)은 자기존중감과 물질주의를 매개변수로 하여 마음챙김이 개인의 행복을 어떻게 향상시키는지를 분석하였다. 마음챙김은 행복에 직접적으로 영향을 주기보다는 자기존중감과 물질주의를 통해 간접적으로 영향을 미쳤다. 마음챙김은 물질주의를 감소시키며, 자기존중감을 증진시켜 행복에 긍정적으로 영향을 미친다. 자기존중감을 통한 간접효과가 물질주의를 통한 간접효과에 비해 상대적으로 높게 나타났다. 윤지우(2011)는 물질주의 성향이 높을수록 공정무역제품을 덜 소비하고, 로컬소비를 덜 하며,

기부와 나눔을 적게 하고, 기업이 물질주의를 조장하고 있다고 인식할수록 지속가능한 소비, 적극적 구매, 기부와 나눔을 더 많이 한다고 하였다.

홍기원과 김연우(2015)는 대학생들을 대상으로 물질주의와 행복감에 영향을 주는 매개변인으로서 자기 운명에 대한 통제감, 남성성과 여성성, 그리고 자아실현에 대한 열망등과 함께 각종 정신 신체적 질환의 관계를 연구하였다. 물질주의가 높을수록 외부 통제성이 높았고, 더 낮은 공동체와의 유대감, 더 낮은 자아실현 욕구를 보였다. 한편 남성성이 높을수록 더 물질주의적 경향성이 높았고, 물질주의가 높을수록 더 활력감이 낮았고, 더 높은 우울증을 보였다.

기독교에서는 청지기적인 물질관을 강조하고 있다. 재물은 하나님께서 주신 복이므로 재물을 잘 관리하고 사용해야 한다. 청지기는 주인이 맡긴 재산을 관리하도록 위탁을 받은 대리인이기 때문이다. 재물은 사람을 위하여 존재하고 하나님께서 주신 것이기 때문에 자기 것인 양 자랑하거나 인색하거나 재물로 인해 염려하는 것은 선물로 주신 하나님의 의도를 망각하는 행위가 된다(홍기원, 김연우, 2015). 성경은 부가 우상숭배의 대상이 될 수 있고, 부의 소비를 통해 얻는 쾌락이 우상숭배의 대상이 될 수 있다고 강조하고 있다. 소비를 통한 만족 자체는 죄가 아니나 소비를 통한 쾌락에 탐닉해서 하나님에게 무관심하고, 가난한 이웃에게 무관심한 것은 죄가 된다(이재율, 2001). 물질주의 수준이 높은 소비자는 물질에 관심이 많기 때문에 재화를 구매하고 사용하는 것을 중요하게 여기며 소비지향적인 쾌락주의로 나타날 수 있다(송인숙, 1991).

최경숙(2015)은 청소년들의 윤리적 소비행동을 정착시키기 위해 청소년들의 윤리적 소비행동 경향을 알아보고 사회심리적 요인과 윤리적 소비교육 경험이 청소년 소비자의 윤리적 소비행동에 미치는 영향력을 살펴보았다. 청소년 소비자의 윤리적 소비 행동은 상대적으로 낮은 수준으로 나타났다. 인구통계학적 변수에 따른 청소년 소비자의 윤리적 소비행동의 차이를 살펴본 결과, 공정무역제품 소비의 경우, 종교가 있는 집단, 계층인식이 중상층이상 집단, 부의 학력이 대학원이상 집단, 기부와 나눔은 종교가 있는 집단, 계층인식이 중상층이상 집단, 부의 학력이 대학원이상 집단, 모의 학력이 대학이상 집단, 환경친화적 소비에서도 종교가 있는 집단, 계층인식이 상층이상 집단, 모의 학력이 전문대졸이상 집단이 상대적으로 윤리적 소비행동 수준이 높은 것으로 나타났다. 종교, 계층인식, 부와 모의 학력이 청소년 소비자의 윤리적 소비행동에 영향을 미치는 요인임을 알 수 있다.

위계적 회귀분석을 통하여 청소년 소비자의 윤리적 소비행동에 미치는 사회심리적 요인과 윤리적 소비교육 경험의 영향을 살펴본 결과, 공정무역제품 소비는 윤리적 소비자교육, 환경친화적 가치, 물질주의, 절약성, 대중매체 순으로 상대적 영향력이 나타났다. 기부와 나눔에 대한 상대적 영향력은 물질주의, 윤리적 소비자교육, 대중매체와 환경친화적 가치 순으로 나타났다. 로컬소비는 환경친화적 가치, 소비자교육, 물질주의, 대중매체, 절약성 순으로 상대적 영향력이 나타났다. 환경친화적 소비의 상대적 영향력은 환경친화적 가치, 물질주의 순으로 나타났다.

홍은실과 신효연(2010)의 연구에 의하면, 대학생 소비자의 경우 상거래에서의 윤리적 소비에 가장 큰 영향을 미치는 변수는 물질주의 가치관으로 물질주의 가치관이 낮을수록 상거래에서의 윤리적 소비 행동 수준이 높았다. 다음으로 영향을 미치는 변수는 이상주의와 사회 책임의식으로 이상주의 성향이 높고 사회적 책임의식이 높을수록 상거래에서의 윤리적 소비수준이 높았다. 동시대 인류를 위한 윤리적 소비에 가장 큰 영향을 미치는 변수는 사회적 책임의식과 윤리적 소비 관련 매체 접촉 빈도다. 사회적 책임의식이 높을수록, 윤리적 소비 관련 매체를 보다 많이 접촉할수록 동시대 인류를 위한 윤리적 소비행동 수준이 높았다. 물질주의 가치관과 이상주의도 부분적으로 영향을 미쳐서 물질주의 가치가 낮을수록 이상주의 성향이 높을수록 동시대 인류를 위한 윤리적 소비행동 수준이 높았다. 미래세대를 위한 윤리적 소비에 가장 큰 영향을 미치는 변수는 사회적 책임의식과 윤리적 소비 관련 매체 접촉 빈도로 사회적 책임의식이 높을수록 윤리적 소비 관련 매체를 보다 많이 접할수록 미래세대를 위한 윤리적 소비 수준이 높았다. 그 다음으로 영향을 미치는 변수는 이상주의와 물질주의 가치관으로 이상주의 성향이 높을수록, 물질주의 가치관이 낮을수록, 미래세대를 위한 윤리적 소비 수준이 높았다.

박현희와 오송대(2005)는 물질주의 성향은 의복재활용에 직접적으로 영향을 미치지는 않으나, 물질주의 성향의 하위차원인 행복추구 차원이 윤리 공동체 수준인 환경의식에 영향을 미쳐서 의복재활용 태도나 행동에 간접적으로 영향을 미친다고 하였다. 행복을 추구하는 물질주의 성향이 강할수록 환경의식이 약하고, 환경의식이 약한 소비자일수록 의복재활용에 부정적인 태도를 가지고 있고, 재활용행동도 적극적으로 하지 않는다고 볼 수 있다.

홍은실과 신효연(2011)은 윤리적 소비행동에 따라 대학생들을 다섯 집단으로 분류하였다. 윤리적 소비행동 수준이 높은 순서대로 배열하면 '전영역 적극집단', '전영역 평균집단', '미래 지향집단',

'상거래윤리지향집단', '전영역 소극집단' 순이다. 전체 조사대상자의 윤리적 소비행동 유형별 비율을 살펴보면 '전영역 평균집단'이 41.6%로 가장 많았으며, '전영역 소극집단'이 18.7%, '전영역 적극집단'이 16.7%, '미래지향 집단'이 13.9%, '상거래윤리 지향집단'이 9.1%를 차지하였다. '전영역 적극집단' 대학생은 연령이 높고, 4학년이 많으며, 가계소득이 낮고, 종교 가운데 기독교 비율이 높고, 신앙심이 높았다. 또한 소비교육경험과 소비윤리관련 매체에 자주 접한 집단이며, 사회적 책임의식과 이상주의 성향이 높고 물질주의 가치 성향과 상대주의 성향은 낮은 집단이다. '전영역 평균집단' 대학생은 소비자교육경험이 적으며, 사회적 책임의식과 이상주의 가치성향이 높지 않고 물질주의 성향이 어느 정도 존재하였다. '미래지향집단', '상거래윤리지향집단' 및 전영역 소극집단'은 사회의식과 이상주의 성향이 낮고, 물질주의 가치관과 상대주의 성향이 높았다.

송인숙과 제미경(2006)에 의하면, 우리나라 기혼 여성은 재화의 소유나 소비를 중요하게 생각하며, 기업 활동이 이러한 물질주의를 조장하고 있다고 강하게 인식하고 있었다. 기혼여성의 비윤리적 상거래 행동에 영향을 미치는 변수들의 상대적 영향력은 물질주의 성향, 소득, 교육수준, 연령, 기업의 물질주의 조장 인식정도의 순이었고, 물질주의 성향이 높을수록, 소득이 낮을수록, 고졸집단에 비해 대졸집단이, 30대에 비해 20대와 40대인 경우, 기업의 물질주의 조장에 대한 인식정도가 낮을수록 비윤리적 상거래행동 수준이 높았다.

제미경과 Weagley(2007)는 한국과 미국의 대학생들을 대상으로 상거래에서의 소비자 비윤리 지각과 행동수준 간에 차이가 있는가를 파악하고 소비자 비윤리 지각과 행동에 영향을 미치는 요인을 분석하였다. 소비자 비윤리 지각수준은 미국대학생이 한국대학생보다 높았으며, 소비자 비윤리 행동수준은 한국대학생이 미국대학생보다 높은 것으로 나타났다. 대학생의 상거래 소비자 비윤리 지각수준은 이상주의가 낮을수록 물질주의 수준이 높을수록 한국대학생에 비해 미국대학생일수록 기업에 대한 태도가 부정적일수록 연령이 어릴수록 높은 것으로 나타났다. 반면, 이상주의가 낮을수록 미국대학생에 비해 한국대학생일수록 물질주의 수준이 높을수록 여학생에 비해 남학생인 경우 연령이 어릴수록 상거래에 대한 소비자 비윤리 행동을 많이 하는 것으로 나타났다.

음식윤리는 인간의 생존, 건강 및 복지를 고려해야 하고, 인간사회와 자연환경의 공존질서인 생태계의 지속가능성을 전제해야 하고, 사회적 형평성과 동물복지를 감안해야 한다. 동시대를 살고 있는 사람들은 상대방에 대한 인간적 배려와 각자의 행복추구권을 보장해 줄 도덕적 의무감을 가지고 있다. 이러한 점에서 부유한 소비자들은 가난해서 굶주리고 있는 소비자들을 배려해서 자신의 음식소비를 줄이고, 특히 음식쓰레기를 감소시키도록 노력해서 절제와 나눔을 실천해야 한다. 특히 인간의 복지 뿐 아니라 동물도 착취하지 않고 도덕적으로 대해야 할 것이다. 육식과 채식 논쟁, 공장식 축산업과 동물복지 또는 생태친화적 축산업에 대한 광범위한 논의가 다학제적 관점에서 논의되어야 한다(허남결, 2015).

2. 물질주의에 대한 조사대상자들의 일반적 수준

〈표 3-1〉 물질주의에 대한 일반적 수준

문 항	M(SD)
1. 좋은 물건을 갖는 것은 중요하다.	4.97(1.12)
2. 무엇이든 원하는 물건을 살 수 있을 만큼 부자가 되고 싶다.	5.56(1.26)
3. 물건을 더 많이 살 수 있는 경제능력이 있으면 행복할 것이다.	5.42(1.29)
4. 사고 싶은 물건을 모두 살 수 있는 경제능력이 없어 때로는 괴롭다.	4.87(1.35)
5. 주위 사람들보다 경제적인 면에서 뒤지고 싶지 않다.	5.25(1.21)
7점 환산평균	5.21(.98)
Cronbach's α	.844

<표 3-1>은 실증연구를 통해 나타난 조사대상자들의 물질주의에 대한 일반적 수준을 제시하고 있다. 본 연구에서 물질주의는 5문항으로 측정되었고 신뢰성은 크론바하 알파값이 0.8이상으로 신뢰할 만하다. 전체 물질주의 평균은 5.21점으로 중간보다 약간 높은 것으로 나타났다. 구체적으로 '무엇이든 원하는 물건을 살 수 있을 만큼 부자가 되고 싶다'는 문항의 평균이 5.56점으로 가장 높았고 다음이 '주위 사람들보다 경제적인 면에서 뒤지고 싶지 않다'가 5.25점으로 나타났다.

3. 인구사회학적 특성에 따른 물질주의

<표 3-2>는 인구사회학적 특성에 따른 물질주의의 차이를 분석한 결과이다. 분석결과 결혼지위, 연령, 직업, 종교에 따라 조사대상자들의 물질주의는 유의한 차이를 보였다. 먼저 결혼지위에 있어서는 기혼집단보다 미혼집단의 물질주의 성향이 유의하게 높았고, 연

〈표 3-2〉 인구사회학적 특성에 따른 물질주의의 차이

독립변수		물질주의	독립변수		물질주의	
성별	남성	25.99	연령	20대	27.27	b
	여성	26.12		30대	26.85	b
				40대	25.00	a
				50대 이상	24.71	a
	t값	-0.413		F값	17.804***	
결혼지위	미혼	27.02	종교	기독교	24.93	a
	기혼	25.46		불교	26.18	b
				천주교	26.56	b
				무교/기타	26.48	b
	t값	4.968***		F값	5.998***	
교육수준	고졸이하	26.04	직업	주부	25.00	a
	전문대졸	26.43		학생	27.42	b
	대졸이상	25.96		전문/사무직	25.92	ab
				판매/서비스/기능직	26.65	ab
				농업/노무직/기타	25.88	ab
	F값	0.540		F값	5.794***	
월평균 가계소득	200만원미만	25.50				
	200-300만원	26.49				
	300-400만원	25.86				
	400-500만원	26.02				
	500만원이상	26.21				
	F값	1.063				

*p〈 .05 **p〈 .01 ***p〈 .001

령의 경우 40대와 50대 이상보다 20대와 30대의 물질주의 성향이 유의하게 높았다. 직업에 있어서는 주부보다 학생의 물질주의 성향이 통계적으로 높은 것으로 나타났고, 종교의 경우 기독교를 믿는 집단이 불교, 천주교, 무교나 기타집단보다 물질주의 성향이 낮은 것으로 나타났다.

제4장

이타주의

피터 싱어의 저서 효율적 이타주의자는 사회의 도덕기반과 윤리 이슈들을 다루는 예일대학교 캐슬 강연을 토대로 만들어진 책으로, 세계적으로 새롭게 부상하고 있는 사회운동인 효율적 이타주의를 소개하고 있다. 효율적 이타주의란 더 나은 세상을 만드는 가장 효과적인 방법을 찾아 실천하는 운동이다. 저자 피터 싱어 교수는 나눔 운동의 시작점을 제시하며 자선과 기부에 대한 선명한 가이드라인을 그려준다. 또한 반짝 기부자들의 환상을 깨고 묻지마 자선단체들의 투명성을 요구하며 감정적 기부의 단점을 지적하는 동시에, 진정으로 착한 행동이 무엇인지를 새롭게 정의한다.

1. 관련연구 고찰

이타주의는 타인의 선이나 이익의 추구를 기준으로 삼는 것으로, 타인에 대한 비이기적인 배려로 보상을 기대하지 않는 것(정상모 2007; Batson, 1991; Macaulay and Berkowitz 1970), 자신을 희생하고 타인의 행복에 관심을 갖거나 그런 관심에 따라 동기화된 행동(Blum, 1980), 다른 사람들에게 개인적 만족이나 안정감이 생성되게 하는 것(Skumanich & Kintsfather, 1996) 등으로 정의된다.

이타주의라는 용어를 처음으로 사용한 사회학자인 꽁트는 친사회적 동기는 궁극적인 목적이 자신의 복지를 증진시키기 위한 것일 때는 이기주의적인 것이고, 다른 사람들의 복지를 증진시키기 위한 것일 때 이타주의가 된다고 하였다. 대부분의 심리학자들은 깊은 동정과 공감, 관심이 이타주의를 촉발시킨다는 점에 동의하고 있다(이지연, 2001). 이타주의는 한 개인이 소속된 또래집단이나 집단 구성원으로부터 인정받고 존경받으며 수용되는 정도를 결정하는 중요한 요인이며, 소속집단의 안정과 행복을 결정하는 중요한 요소이다. 이타주의는 다른 사람과 관계를 맺을 때 도와주기, 나누기, 기부하기, 위로하기, 협동하기 등 사회적으로 바람직한 행동인 친사회적 행동의 중요한 동기가 된다(Eisenberg & Miller, 1987).

종교의 친사회적 행위에는 여러 가지가 있을 수 있으나 가장 중요한 것은 이타적 행위다. 세계의 모든 종교는 도움이 필요한 사람들에 대한 자비의 중요성을 강조한다. 가난하고 약하고 병들고 사회에서 소외당한 자들을 돌보는 것은 사랑, 자비, 동정을 보여주는 종교들의 중심적 부분이 되고 있다(이원규, 2009).

그리스도의 삶과 죽음 부활에 대한 선포로 시작되었고, 그리스도의 삶을 따라갈 것을 결단하는 교회는 본질적으로 타자 지향적이고 이타적인 공동체가 되어야 한다. 그리스도의 영과 생명을 영위하는 공동체로서 교회는 그리스도 안에서 형제자매가 된 타자들을 위하여 그리고 그리스도 밖에서 죄 가운데 있으나 그리스도께서 화해를 요청하신 타자들을 위하여 대신 십자가를 지고 대신 변론하는 그리스도의 인격으로 살아가도록 부름 받았다고 보기 때문이다. 예수님이 우리에게 요청하고 있는 섬김은 주는 만큼 돌려받는 사랑, 서로의 유익을 위하여 돕는 호혜적 봉사가 아니라 초과의무를 이행하는 것이다. 누가복음 10장에 있는 착한 사마리아인의 비유는 적절한 예가 될 수 있다. 사마리아인은 강도를 만난 이웃에게 가까이 가서 올리브기름과 포도주를 붓고 싸매어 준 후에 여관으로 데리고 가서 주인에게 두 데나리온의 돈을 지불하고 돌보아주라고 요청하였다. 강도를 만난 이웃에게 응급조치를 해준 것은 기본적 의무에 해당되고, 두 데나리온의 돈을 준 것은 추과의무에 해당된다(고수진, 2015).

이슬람교에서도 가난한 사람을 돕는 것을 무슬림의 다섯 의무 가운데 하나로 간주한다. 비록 사회적 평등 개념과는 반대되지만 힌두교의 종성체계는 공동체의 모든 구성원들을 위하여 사회적 산물을 나눌 것을 촉구한다. 불교에서도 영적인 목표를 지향하지만, 또한 자비를 베푸는 것을 마땅한 도리라고 가르친다. 이렇게 자비에 대한 규범은 세계종교들의 보편적 가치의 하나이다(이원규, 2009).

불교의 이타주의는 대승불교 특히 후기 대승불교와 동아시아 불교에서 두드러지게 나타난다. 대승불교운동은 보편적 구제를 보살의 이상으로 하여, 선업의 축적을 이타행이라는 형태로 보살행속에 도입하였다. 이타주의가 정신적 성향이나 태도 수준을 넘어서 구체적인 행위의 지침으로 발전하는 지점이다. 이는 선업의 축적에 의한 성불이라는 관념을 수용하고, 또한 더 구체적인 수준에서 자신의 해탈인 자리와 유정의 성숙이라는 이타의 균형을 꾀하려고 시도하였다(김성철, 2009).

이타주의를 설명하는 중요한 진화생물학 이론으로는 Hamilton의 혈연선택론과 Trivers의 호혜적 이타주의론을 들 수 있다. 혈연선택론은 이타성을 유발하는 유전자는 친족들의 번식 성공도를 높이는 간접적인 방식으로 친족들 속에 들어있는 자기 자신의 복사본을 후세에 전달한다고 본다. 만일 그 친족이 그 자신의 직계자손인 경우 직접적 효과가 있으며, 자신의 형제, 자매의 관계와 같이 비직계 친족 사이에서 일어나는 경우 간접적 효과가 있다. 해밀턴은 간접 효과가 직접효과보다 덜 강력하다고 말할 아무런 이유가 없다고 주장하면서 직접적 효과를 개체적응도라고 하고, 간접적 효과까지 합친 모든 것을 포괄적응도라고 하였다. 호혜적 이타주의 이론은 혈연관계를 떠나서 자신에게 이익을 주거나 도움을 주었던 개체에게 이타행동을 한다고 본다. 두 개체가 평생 단 한 번밖에 만나지 못한다면, 도움을 준 것에 대해 나중에 보답하거나 받을 기회가 없기 때문에 호혜적 관계가 성립될 수 없다. 또한 두 개체는 자신이 도움을 주거나 받은 개체와, 그 도움의 내용에 대해서 기억할 수 있는 고도의 능력 있어야 한다(정지웅, 2013).

이타주의를 이론적으로 접근할 때는 사회규범적 접근과 공감적 접근으로 구분된다. 사회규범적 접근은 이타주의가 사회규범에 의하여 나타난다는 관점으로 사회적 책임의 규범, 상보성 규범, 형평의 세 가지 규범이 있다. 사회적 책임의 규범은 자신에게 의존하고 있는 사람들을 도와주어야 한다는 것이고, 상보성 규범은 도움을 받아온 사람은 도움을 준 사람을 도와줄 의무를 느껴야 한다는 것을 의미한다. 형평 규범은 사람들이 자신이 노력한 만큼 보상을 받아야 하며 부당하게 벌을 받거나 고통을 받아서는 안 된다는 것을 의미한다. 공감적 접근은 다른 사람들의 고통에 대한 공감적 정서가 일어나면 다른 사람들의 처지와 감정을 느끼게 되어 이타주의를 유발한다는 관점이다(김선우, 2013).

미국의 조던 그래프먼 박사는 몇 명의 자원자를 대상으로 좋은 일에 기부금 내기와 무관심하기 중 하나를 선택하게 한 다음 이들의 뇌를 MRI로 관찰했다. 그 결과 기부금 내기를 선택한 실험 참가자들의 경우, 만족과 기쁨을 느끼는 뇌 부위에 반응이 일어났다. 이에 대해 그래프먼 박사는 뇌에서 쾌감을 느끼는 부위와 기부금을 낼 때 반응한 부위가 동일한 것으로 볼 때 이타적 행동이 뇌의 본능일 수 있음을 시사 하는 것이라고 평했다(김보희, 2009).

정대현, 설선혜, 이민우, 김학진(2014)은 타인의 시선에 따른 윤리적 소비 행태 변화의 신경학적 기제를 조사하였다. 타인의 시선 여부를 조작하기 위해 평판 조건 참가자들에게는 과제를 수행하는 동안 연구자가 외부 모니터를 통해서 매 시행의 결과를 관찰 및 기록하게 될 것이라고 지시하였고, 통제집단 참가자들은 관찰에 대한 언급 없이 실험을 진행하였다. 모든 참가자들은 다양한 가격대의 사회적 기업 혹은 일반 기업 제품들에 대해 구매여부를 선택하는 총 140회의 윤리직 소비과제를 기능적 자기 공명 영상 장치(fMRI) 안에서 수행하였다. 과제에 대한 몰입도를 높이기 위해 실험이 끝난 후 각 참가자는 실험 중 구매하였던 제품들 중 무작위로 선정된 하나를 실제로 구매하도록 지시받았다.

통제집단보다 평판집단이 평균 가격대에서 사회적 기업 제품을 일반 기업 제품보다 더 많이 구매하였다. 뇌영상 자료를 분석한 결과, 사회적 기업 제품이 제시될 때 평판 집단에서 상대적으로 분계선조 침대핵 영역(BNST, Bed Nucleus of the Stria Terminalis)이 더 활성화되었다. 타인의 시선을 의식하는 상황이 평판에 대한 위협으로 지각될 수 있음을 뒷받침하는 신경학적 증거가 될 수 있다. 통제집단보다 평판집단에서 일반 기업 제품에 비해 사회적 기업 제품을 더 구매할수록 미상핵(Caudate nucleus)과 측좌핵(Nucleus Accumbens) 영역이 더 활성화됨을 확인하였다. 이러한 연구결과들은 타인의 관찰 상황이 평판에 대한 염려를 증가시켜 윤리적 행동의 보상적 가치를 증가시키는 것으로 해석될 수 있으며, 특히 동양 혹은 한국문화에서 두드러지게 관찰되는 평판에 민감한 사회적 행동들의 생물심리학적 토대를 이해하는데 중요한 실마리를 제공해줄 수 있다.

이타주의는 자발적이고, 행동 목표가 타인을 이롭게 하는데 있으며, 보상을 기대하지 않고 수행된다는 특징을 갖는다. 이타주의는 다양한 요인에 의해 영향을 받지만 비교적 안정적인 성격적 특질을 갖고 있다. 이타주의는 개인이 속해있는 또래집단, 집단 구성원으로부터 얼마나 인정받고 존경받으며 수용되는가를 결정하는 요인이며, 한 개인이 속해있는 집단의 안정과 행복의 정도를 결정하는 중요한 요소이기도 하다. 이타주의가 집단 구성원 혹은 사회 일원으로서 행동으로 나타날 때 친사회적 행동이 된다. 이타주의는 기부의도에 정적인 영향을 미치는데, 특히 기부 경험이 적은 사람들은 정서적 관여가 이타주의에 영향을 미치고 이타주의는 기부의도에 영향을 미쳤다(김봉철, 최명일, 김유미, 2012).

미국 조지타운대학 연구진은 장기기증 경험이 있는 실험참가자 19명과 해당 경험이 전혀 없는 일반 실험참가자 20명을 대상으로 각자 분노, 공포, 무표정한 사람 이미지를 관찰하게 했다. 참고로 실험이 진행 동한 연구진은 MRI를 통해서 실험참가자들의 뇌가 어떻게 변하고 차이가 나타나는지를 비교했다. 장기기증 경험이 있는 참가자들은 그렇지 못한 참가자들보다 감정과 학습 등을 담당하는 뇌의 오른쪽 편도체가 더욱 활성화되는 것으로 나타났다. 특히 이들은 공포에 질린 사람 표정 이미지를 볼 때 더 큰 감정 변화를 보였고, MRI에서 이들의 오른쪽 편도체 부분이 다른 사람보다 용량이 더욱 큰 것으로 확인됐다(나우뉴스 2014년 10월 3일).

허은정(2011)에 의하면 이타주의는 윤리적 상품태도와 윤리적 상품구매의도에 직접 영향을 미칠 뿐 아니라 윤리적 상품태도를 매개하여 윤리적 상품구매의도에 간접적인 영향도 미친다고 하였다. 즉 이타주의가 강할수록 긍정적인 윤리적 상품태도를 가지고 있었고, 윤리적 상품을 구매할 의도도 높았다. 허은정과 김우성(2012)의 연구에서도 이타주의가 강할수록 보이콧운동을 잘 실천하고 있었다. 고애란(2009)도 이타적인 자기이미지 추구가 윤리적 소비의 기본적인 결정요인이라고 하였다.

김선우(2013)도 사회문화적 제도가 서로 다른 한국, 미국, 스웨덴에서 공통적으로 이타적 책무감이 윤리적 기업의 제품 구매성향에 의미있는 영향을 미쳤다. 미국과 스웨덴에서는 이타적 책무감이 윤리적 소비성향에 가장 큰 영향을 미치는 변수였으나, 한국에서는 이타적 책무감과 자원봉사/활동의 영향력이 동일하게 나타났다. 그러므로 윤리적 소비를 확산시키기 위해서는 이타적 책무감을 주지시킬 수 있는 자기주도적 참여방식의 액션러닝을 활용해서 실천과 행동의지를 높일 필요가 있다.

Loureiro와 Lotade(2004)는 이타주의는 자신과 가족의 복지에만 관심을 가지는 것이 아니라 미래세대와 다른 나라에 살고 있는 사람들의 복지에도 관심을 갖는 것이라고 정의하였다. 그리고 이타주의 성향이 높은 소비자일수록 공정무역 커피를 구매할 의사가 더 많았다고 하였다.

공감능력이 높은 사람일수록 이타성향이 강했고, 공감의 속성 중에서는 이타적 측면이라고 볼 수 있는 개인적 관심이 이기적 측면이라고 할 수 있는 개인적 고통보다 이타성향을 더 잘 설명해준다는 실증연구 결과도 있다(조효진, 2006). 그러므로 다른 사람들의 고통에 대하여 관심이 많고, 공감할 수 있는 능력이 뛰어난 소비자일수록 불의에 의하여 고통을 당하는 약자들에게 관심을 기울이고 그들을 도우려는 이타주의 성향이 강하고, 이를 실천하기 위한 방안의 하나로 윤리적 소비자불매운동에 참여한다고 볼 수 있다.

장우성, 박윤서, 이승인(2014)은 최근 중요 소비트랜드로 주목받고 있는 Well-being과 LOHAS를 주제로, 친환경인증마크 유무와 유형(로하스 인증마크 vs. 웰빙 인증마크)에 따른 소비자들의 친환경제품에 대한 태도, 구매의도와의 관계를 살펴보고, 이러한 관계가 소비자의 개인적 특성 중 친환경제품 구매 시 중요한 영향을 미칠 것으로 예상되는 소비자의 환경의식 수준과 이타주의 성향에 따라서 어떻게 조절되는가를 살펴보았다. 소비자들은 친환경인증마크가 부착되지 않은 제품보다 인증마크가 부착된 제품에 대해서 보다 긍정적인 태도와 높은 구매의도를 보이는 것으로 나타났다. 반면, 인증마크의 유형(로하스 인증마크 vs. 웰빙 인증마크)은 소비자들의 친환경제품에 대한 태도 및 구매의도에 차이를 주지 못하는 것으로 나타났다. 친환경인증마크 유무와 제품태도의 관계에 있어서 환경의식 수준의 조절효과는 유의하게 나타났으나, 이타주의 성향의 조절효과는 유의하지 않은 것으로 나타났다. 또한, 인증마크 유무와 소비자들의 제품에 대한 구매의도와의 관계에 있어서 환경의식 수준과 이타주의 성향의 조절효과는 모두 유의한 것으로 나타났다. 마지막으로 친환경인증마크 유형(로하스 인증마크 vs. 웰빙 인증마크)과 제품태도, 구매의도와의 관계에 있어서 환경의식 수준과 이타주의 성향의 조절효과는 모두 유의하지 않은 것으로 나타났다.

Robert(1998)는 친사회적 행동의 동기를 일반적인 이타주의에 초점이 맞춰진 현상에 대해 문제를 제기하며, 일반적 이타주의 동기로는 설명되지 않는 이타적인 행동에 대하여 연구하였다. 이러한 일반적 이타주의로 설명되지 않는 친사회적 행동을 진화심리학에서는 경쟁적 이타주의라고 설명하고 있다. 경쟁적 이타주의는 개인의 친사회적 행동의 동기가 일반적인 이타주의와 함께 이타적인 행동을 통해 자신이 속한 사회에서 평판, 명성 등을 얻고, 장기적으로 타인과의 관계 속에서 유리한 이점을 얻기 위해 이타적인 행동을 하는 성향을 말한다(McAndew, 2002; Robert, 1998). 진화심리학에서는 '경쟁적 이타주의'를 인간이 가족을 위해서 행동하거나 상호주의 원칙에 따라 타인을 돕는 행동을 하지만 유형, 무형의 대가를 얻기 위해서도 남을 돕는 행동이라고 정의하고 있다(이인식 2009).

기부와 같은 행동에 있어서도 순수한 이타적 기부동기(Trivers, 1971)뿐 아니라 자신의 이익과 만족을 추구하려는 이기적 기부동기가 서로 밀접하게 작용하며 영향을 준다(Seageantet. al. 1999). 특히 자신의 이타적 행위를 통해 도움을 주게 될 대상과 협력 관계를 유지 할 경우, 관계를 통해 얻을 이익을 기대하여 더욱 높은 이타적 행동을 하려는 동기를 가지게 된다(Barklay and Robb, 2006). 경쟁적 이타주의에서도 친사회적 행동의 동기가 이타주의 동기와 이기적인 동기가 동시에 작용하는데 오히려 자신의 행동을 통해 얻을 보상을 기대하는 이기적인 동기가 더 큰 영향을 주기도 한다(Brembs, 1996).

Robert(1998)은 경쟁적 이타주의는 자신이 얻게 될 이익에 대한 반응이라고 하였고, 다른 사람들을 의식하여 자신의 행동을 잘 보이기 위한 값비싼 신호(Costly signal) 이론으로 설명하는 학자들도

(Hardy 2006; Zahavi, 1997) 있다. 즉 상대에게 신호를 보내는데 드는 비용이 신호의 신뢰성을 보장한다는 의미이다. 수컷 공작이 화려하고 긴 꼬리를 펼치는 이유는 생존 능력을 암컷에게 광고하기 위한 것이다. 적응도가 낮은 개체들이 따라 하기 어렵게 신호를 보내야 스스로를 확실히 과시할 수 있다는 이론이다.

이러한 경쟁적 이타주의에 관한 결과들은 기존의 호혜적 이타주의로는 한계를 가졌던 이타주의 행동을 경쟁적 이타주의로 설명하고 있다(Zahavi 1997; Bird et. al. 2001; Gintis et. al. 2001; Hawkes and Bird 2002; Lotemet. al. 2003). 현재 이러한 경쟁적 이타주의가 일어나는 환경과 조건 등을 알아보기 위해 다양한 실험연구가 이루어지고 있다(Hardy and van Vugt, 2009; Roberts 1998; Lotemet. et al. 2003; Goldsteinet. et al., 2008).

Barklay와 Robb(2007)의 연구는 기부와 같은 이타적 행동을 할 때도 자신에게 좀 더 이익을 가져올 수 있는 전략적 선택을 하고 더 많은 투자를 하는 것을 발견하였다. 특히 상대방의 이타적 행동의 결과를 관찰하고 비교할 수 있는 경우 더욱 적극적인 선택을 통해 이타적 행동을 하였는데, 이는 이타적 행동을 하기 전 타인의 행동을 관찰하며 그 결과에 따라 자신에게 돌아올 유형의 보상과 성과를 의식하는 전략적인 경쟁적 이타주의 행동을 하는 것을 알 수 있다.

Goldstein 등(2008)은 호텔 객실의 수건을 재사용하는 환경보호운동에 객실 사용자를 참여시키기 위한 연구를 하였다. 단순히 캠페인에 참여하라는 메시지를 노출시켰을 때보다 과거에 참여했던 사람들에 대한 메시지를 보여줌으로써 경쟁적인 참여를 유도했을 때 참여율이 더 높았고, 경쟁적 이타주의 메시지의 비교 대상에 따라서도 참여율이 차이가 났다. 참여자들을 인식하고 그들에 대한 동질성을 더 많이 느낄수록 이타적인 행동을 하는 경쟁적 이타주의가 나타났다.

Hardy와 van Vugt(2006)는 집단의 경쟁적 이타주의 행동을 연구하였다. 경쟁적으로 이타주의 행동을 할수록 집단에서 높은 평판과 지위를 얻게 되고, 이러한 개인의 이타적 행동이 더 많이 알려질수록 이타적 행동을 더 많이 하게 된다. 이타주의 행동을 통해 무형의 보상과 성과를 얻기 위해 다른 참여자들을 의식하고 경쟁적으로 이타주의 행동을 한다. Griskevivius 등(2010)의 연구에서도 친환경 제품을 선택하는 행동이 다른 사람들에게 보이고 이를 통해 무형의 이익을 얻을 수 있는 경우에 더 경쟁적으로 이타적인 행동을 하게 된다고 하였다.

Goldstein 등(2008)은 경쟁적 이타주의 메시지가 이타적인 행동을 호소하는데 있어 개인의 이타성에 호소하는 것이 아닌, 타인의 이타적 행동을 의식하게 하여 개인의 행동에 영향을 주는 메시지라고 정의 하였다. 이를 통해 구체적이고 명확하게 캠페인에 참여한 사람들의 행동을 비교 할 수 있는 메시지를 전달하였을 때 캠페인에 참여하는 비율이 그렇지 않을 때 보다 더 높이 나타났다. 실제로 온라인 모금참여 메시지에서도 다른 기부자들의 현황을 언급하여 경쟁적 이타주의를 자극하는 전략은 효과적인 것으로 나타났다 (Hart, 2002).

경쟁적 이타주의 메시지는 온라인 캠페인에 기부하는 사람들 중, 기부행위에 대하여 중요하고 의미 있게 생각하는 고기부관여도를 가진 기부자 일수록 메시지는 기부자에게 중요한 영향을 줄 것이다 (Hart, 2002; Goldsteinet. al. 2008). 반면에 기부에 대한 중요도가 떨어지는 저기부관여도를 가진 기부자일수록 메시지에 대한 적극적인 정보탐색의 동기가 떨어져 캠페인 방문자에게 영향을 주기 힘들 것이다(Berger et al., 1996).

박철과 이상혁(2012)은 온라인 모금 캠페인을 구성하고 있는 캠페인 메시지, 댓글, 모금현황을 경쟁적 이타주의 관점에서 경쟁적 이타주의 메시지, 동조 정보, 투명성의 세 가지 변수로 설정해서 실험을 통하여 이 변수들이 온라인 모금 기부의도에 영향을 미치는지를 분석하였다. 온라인 모금 캠페인에서 메시지 특성인 경쟁적 이타주의, 동조 정보인 온라인 댓글, 투명성을 확보하기 정보공개 등이 있는 경우에 온라인 모금캠페인 기부의도가 높았다. 온라인 환경에서의 모금 캠페인에서도 기부관여도에 따른 기부의도에 차이가 있었고, 모금 캠페인을 구성하고 있는 메시지특성(경쟁적 이타주의), 동조 정보(온라인 댓글), 투명성(정보공개)이 기부 관여도 수준에 따라 기부의도에 미치는 영향에 차이가 있었다.

오종철(2014)은 윤리적 소비와 관련된 선행연구를 통해 가장 영향력 있는 변수를 도출해내고 이를 바탕으로 윤리적 소비 의도를 가장 잘 설명할 수 있는 모형을 제시하였다. 윤리적 소비를 설명하는데 있어 Shaw와 Shiu(2002)의 수정된 계획 행위이론에서 지각된 행동통제를 제외하고 정서적인 측면을 고려한 긍정적 예기정서를 반영한 수정된 합리적 행위이론을 적용하여 윤리적 소비에 대한 태도, 주관적 규범, 윤리적 의무 및 자아 동일시 변수 외에 보다 윤리적 소비를 잘 설명할 수 있는 이타주의 및 긍정적 예기정서 변수를 추가하여 통합된 관점의 윤리적 소비모형을 제안하였다. 윤리적 소비에서 윤리적 제품에 대한 신뢰정도에 따라 윤리적 소비모형에서 변수간의 관계가 어떻게 나타나는지를 검정하였다. 윤리적 의무는 윤리적 소비에 대한 태도와 윤리적 소비의도에 모두 유의한 영향을 미치고, 자아정체성은 윤리적 소비에 대한 태도에만 유의한 영향을 미치는 것으로 나타났다. 이타주의는 윤리적 소비에 대한 태도와 윤리적 소비의도에 모두 유의한 영향을 미치는 것으로 나타났다. 윤리적 소비에 대한 태도와 윤리적 소비에 대한 긍정적 예기 정서는 윤리적 소비의도에 유의한 영향을 미치는 것으로 나타났다. 끝으로 윤리적 제품에 대한 신뢰 정도에 따라 윤리적 소비모형의 각 변수간의 관계가 다르게 나타나 신뢰는 조절효과를 나타낸다고 할 수 있다.

이지연(2003)은 우리나라의 모범적 이타주의자들의 특성을 알아보기 위해 1998년부터 상영된 MBC '칭찬합시다' 프로그램의 출연자 170여명 가운데 한국인으로, 타인을 위한 이타적 행동이 현격하고, 다른 이타적 인물 1인 이상에 의해 추천을 받은 사람으로, 이타적 행동이 생계 유지수단으로 행해지지 않으며, 정부의 보조나 기타 공식적인 외적 보상을 받지 않고, 1회적인 이타적 행동에 그치지 않는다는 기준에 부합하는 사례 60명을 심층면접하고, 면접한 결과를 바탕으로 이타주의자들의 심리적, 사회적 특성, 유지변수, 인간관계변수를 밝혔다.

이타주의자들의 심리적 특성 가운데 성격적 측면은 어떠한 상황에서도 일관성 있게 이타적 행동을 계속해 나가는 지속성과 끈기가 확인되었다. 그리고 이타적 행동을 수행하는 데 있어서 자발적이고 1회적 행동에 그치는 것이 아니라 다른 이타적 행위를 연결해서 수행해 나가면서 효능감을 경험한다. 상황이나 주변의 시각 등에 흔들림 없이 이타적 행동을 수행하며 그 행동을 여러 가지 방향으로 확대하고 이것이 자신의 삶에 통합되어 안정성 있는 성격특성으로 확고하게 확립되어가는 것으로 보인다. 이타주의자들은 또한 타인에 대한 관심과 고통에 대한 높은 공감능력과 다른 사람의 입장에서 이해하고 생각하는 조망수용능력을 보여주었다. 타인의 고통에 대한 절절한 공감이 때로는 눈물로, 때로는 수혜대상을 무시하는 법적, 사회적 시선에 대한 분노로 드러났다. 또 이런 행동과 태도가 자신을 규정하는 하나의 개념으로 자리 잡는다. 다시 이것은 이타적 행동이 더 이상 자신과 분리되어서는 존재하지 않고, 또 이타적 행동을 하지 않을 경우 이것이 자기도식과 어긋나기 때문에 통합적인 자기개념을 손상시키는 것으로 경험하는 것이다. 이는 비단 대인관계 뿐 아니라 정치적인 이념이나 입장에도 영향을 주는데 모범적 이타주의자들 가운데 몇몇은 진보적인 정치적 입장들을 보여주었다. 그들은 실제 노동운동과 학생운동의 경험이 있었고, 사회구조변화와 소외계층에 대한 관심을 보였다. 높은 도덕적 추론과 내면화된 규범을 보여주는데 특히 어려운 사람을 돕는 것을 하나의 책임으로 생각하는 사회적 책임감이 나타났다.

모범적 이타주의자들의 이타성을 유지시키는 부분을 분석한 결과 내적 강화와 종교가 영향을 미치고 있었다. 이타주의는 다른 사람들로부터의 명성 뿐 아니라 그 자체가 이타주의자들의 삶을 거듭나게 하고 보다 큰 자신을 만나는 자기의 확대, 자존감 증대와 같은 내적 강화를 낳았다. 이는 이타주의가 가지고 있는 치유적 힘을 보여주는 것이기도 하다. 모범적 이타주의자들은 종교를 통해서 이런 이타적 행동을 유지하고 자기의 틀로 통합시켜나가는 경우들이 있었다. 또한 도덕적 추론에서도 외부적인 조건이나 승인, 자기충족적 측면보다는 내면적인 규범에 따라 움직이는 것을 볼 수 있었는데 이는 종교에서와 마찬가지로 내면화된 자신의 틀과 행동규범이 중요한 역할을 한다는 것을 보여준다.

모범적 이타주의자들은 발달과정에서 부모나 유의미한 대상과의 끈끈한 애정관계와 모델링, 동일시 등이 드러났고, 경제적 빈곤에서도 양육자와의 긍정적 관계형성이 있었음을 보여주었다. 경제적으로 어려운 상황임에도 불구하고 타인을 배려하는 모습을 보여준 부모의 모습, 그리고 헌신적이면서 자녀와 심리적인 끈끈한 유대관계를 유지해온 부모 밑에서 자란 경우 이타적 행동의 뿌리를 지적하는 경우가 많았다. 이는 경제적 어려움이 비행이나 정서적 병리를 야기하는 충분조건이라기보다는 그런 물리적 여건에서도 부모와의 관계형성이 얼마나 인간성을 달리 변화시킬 수 있는가를 보여주는 측면이라고 하겠다.

2. 이타주의에 대한 조사대상자들의 일반적 수준

〈표 4-1〉 이타주의의 조사대상자들의 일반적 수준

문 항	M(SD)
1. 나는 다른 사람을 돕는데 많은 시간을 할애한다.	4.00(1.21)
2. 제 3세계 등 다른 나라에 살고 있는 노동자들의 복지에 대해 관심을 가지고 있다.	4.11(1.31)
3. 나는 윤리적으로 행동해야 하는 사회적 책임감을 가진다.	4.56(1.15)
4. 사회구성원으로서 공익에 일조해야 한다.	4.67(1.12)
5. 부유한 국가는 자신들의 재산의 일부를 가난한 나라들과 공유해야 하는 도덕적 의무를 가지고 있다.	4.64(1.28)
6. 현세대를 넘어 미래세대의 복지에 대해서도 관심을 가지고 있다.	4.69(1.25)
7점 환산평균	4.45(.93)
Cronbach's α	.855

<표 4-1>은 이타주의에 대한 조사대상자들의 일반적 수준을 제시하고 있다. 이타주의는 6문항으로 측정되었고 신뢰성은 크론바하 알파값이 0.8이상으로 신뢰할만하다. 분석결과 이타주의 전체 평균은 4.45점으로 대략 중간 수준으로 나타났고, 물질주의 평균점(5.21점)보다 낮았다. 구체적으로 보면, '현세대를 넘어 미래세대의 복지에 대해서도 관심을 가지고 있다'가 4.69점으로 가장 높은 반면 '나는 다른 사람을 돕는데 많은 시간을 할애한다' 문항은 4.00점으로 가장 낮았다.

3. 사회인구학적 특성에 따른 이타주의

〈표 4-2〉 사회인구학적 특성에 따른 이타주의의 차이

		이타주의			이타주의	
성별	남성	26.77	연령	20대	26.16	a
	여성	26.59		30대	26.00	a
				40대	27.62	b
				50대 이상	27.08	ab
	t값	0.518		F값	4.945***	
결혼지위	미혼	26.57	교육수준	고졸이하	26.00	a
	기혼	26.74		전문대졸	26.40	ab
				대졸이상	27.36	b
	t값	-0.476		F값	6.581***	
종교	기독교	27.00		주부	26.39	
	불교	27.36		학생	26.55	
	천주교	26.71		전문/사무직	27.07	
	무교/기타	26.30		판매/서비스/기능직	26.63	
				농업/노무직/기타	25.51	
	F값	1.795			1.541	
월평균 가계소득	200만원미만	25.92				
	200-300만원	26.63				
	300-400만원	26.80				
	400-500만원	26.43				
	500만원이상	27.22				
	F값	1.396				

*p〈 .05 **p〈 .01 ***p〈 .001

<표 4-2>는 사회인구학적 특성에 따른 조사대상자들의 이타주의 차이를 분석한 결과이다. 분석결과 연령과 교육수준에 따라 유의한 차이를 나타내었다. 연령의 경우 40대가 다른 연령층에 비해 이타주의 성향이 유의하게 높은 것으로 나타났다. 교육수준에 있어서는 고졸이하 집단보다 대졸이상 집단이 이타주의 성향이 유의하게 높은 것으로 분석되었다.

제5장

자기감시성

마음챙김과 마음챙김 소비는 자신에게 끊임없이 주의를 기울이고 관찰하는 것을 기본으로 하고 있다. 마음챙김 소비는 환경과 타인들에 대한 감시를 통해 자신의 행동 반응 양식을 조절하는 자기감시와 비슷한 면도 있지만 마음챙김은 감시를 통해 자신의 행동을 조절하는 자기감시와 달리 비판적으로 자신의 감정과 느낌 등을 고찰하고 자각한다는 점에서 자기감시와 구분된다(유연재, 김완석, 2014).

1. 관련연구 고찰

개인의 행동이 사회적 상황의 영향을 받는 정도를 의미하는 자기감시성은 사회적으로 적합한 행동을 판단하는데 유용한 상황적 단서를 기준으로 자신을 표현하는 행동을 관찰하고 통제하며 관리할 수 있는 능력을 의미한다. 개인의 사회활동과 대인관계에서 자신이 처해 있는 상황에 잘 적응하고 효능감을 제고하기 위하여 사회적 단서를 활용하여 자기표현을 조작하는 것을 말한다(Snyder, 1974).

자기감시성이 높은 사람은 타인이 자신을 어떻게 보고 평가할지를 신경 쓰고, 다른 사람들이 좋아하는 방향으로 자신의 이미지와 행동을 끊임없이 수정하고 자신을 표현하기 위한 수단으로 상황적 단서를 이용한다. 그러나 자기감시성이 낮은 사람들은 사회적 상황보다는 자신의 가치, 선호, 확신 등과 같은 내적 성향의 영향을 더 많이 받는다(양윤, 2003).

자기감시성은 합리적 행동이론에 포함된 다양한 구성개념에 다양한 방법으로 영향을 미치고 있다. 자기감시성은 태도와 주관적 규범이 의도나 행동에 미치는 효과를 조절할 뿐 아니라, 규범적 신념을 통하여 주관적 규범에 영향을 미친다. 자기감시성은 또한 구매행동에 대한 태도에 직접 영향을 미치고, 태도는 자기감시성이 의도에 미치는 효과를 매개한다. 자기감시성은 주관적 규범이 의도에 미치는 효과를 감소시킨다(구순이, 2000).

박윤지와 김기옥(2012)은 자기감시성을 공공수행성과 타인지향성의 두 하위차원으로 구분하여 제품유형에 따라 추구하는 가치를 분석하였다. 공공수행성이 높은 집단은 지위와 존경의 가치를 더 많이 추구하였고, 타인지향성이 높은 집단은 집안 실용형으로부터 우수성을, 쾌락형 제품유형에서는 즐거움을 더 많이 추구하였다.

박소진(2013)은 선한 제품과 악한 제품으로 구성된 선택대안에서 다수의 제품을 선택할 때 자신을 위한 선택과 타인을 위한 선택행동을 비교하기 위하여 자기감시성의 조절효과를 분석하였다. 피험자들에게 선한 제품 4개와 악한 제품 4개의 간식으로 구성된 선택대안에서 4개를 선택하도록 한 실험에서 자신보다 타인을 위한 선택행동에서 착한 제품을 더 많이 선택하였다. 또한 자기감시성이 높은 집단은 자기감시성이 낮은 소비자들에 비하여 자신을 위한 선일 때보다 타인을 위한 선일 때 악한 제품의 선택 점유율이 크게 감소하였다.

박소진(2014)는 선한 제품과 악한 제품으로 구성된 선택대안에서 타인을 위한 선택상황을 가정하고, 악한제품 선택점유율에 대한 유대강도(오래된 친한 친구 대 최근 알게 된 일반 동료)와 자기감시성 수준(낮음 대 높음)의 상호작용효과를 검증하였다. 강한 유대관계에 있는 친한 친구를 위한 선택에서는 소비자의 자기감시성 수준 차이에 따라 악한 제품 선택 점유율에 큰 변화가 없었다. 그러나 약한 유대 관계에 있는 일반 동료를 위한 선택에서는 소비자 자신의 자기감시성 수준에 따라 악한 제품 선택 점유율에 큰 차이가 있었다. 약한 유대 관계에서는 자기감시성 수준이 낮은 사람들보다 높은 사람들이 악한 음료를 상대적으로 더 적게 선택하였다.

한승희와 김혜지(2014)는 기부와 연계된 가격할인 전략이 순수한 가격할인 전략에 비해 소비자들에게 경제적으로 불리한 조건을 제공하는 상황에서도 구매의도에 더 긍정적인 영향을 미칠 수 있는지를 조사하였다. 순수하게 가격할인만 제시한 경우보다 기부와 연계된 가격할인을 제시한 경우에 금전적으로 이득이 적음에도 불구하고 소비자들의 구매의도가 높았다. 특히 기부와 연계된 가격할인 전략의 효과는 자기감시성이 높은 사람들에게서 더욱 컸다.

계산적으로 사고하도록 조작했을 때 보다 감정적으로 사고하도록 조작했을 때 기부와 연계된 가격할인 전략의 효과가 더 컸다. 도덕적 정체성 수준이 높은 경우에는 사고모드를 어떻게 조작하던간에 순수한 가격할인만 제시된 상황에 비하여 기부와 연계된 가격할인 상황에서의 구매의도가 높게 나타났으나, 도덕적 정체성 수준이 낮은 경우에는 사고모드에 따라 순수한 가격할인 조건 대 기부를 포함한 가격할인 조건에서의 구매 의도에 차이가 있었다. 감정적으로 사고하도록 유도한 경우에는 도덕적 정체성이 낮아도 가격할인만 제시된 상황에 비하여 기부와 연계된 가격할인 상황에서의 구매의도가 높았으나, 계산적으로 사고하도록 유도한 경우에는 순수한 가격할인만 제시된 상황과 기부와 연계된 가격할인 상황의 구매 의도가 비슷했다.

함수연과 조창환(2014)은 공정무역 제품 구매에 영향을 미치는 다양한 요인들을 알아보기 위하여 가상의 인쇄 광고를 제작하여 광고 속 공정무역 메시지(광고 속 제품이 공정무역을 통해 거래된 것임을 나타내는 메시지)의 유무에 따라 광고효과가 어떻게 다르며, 소비자 윤리성, 자기감시성, 사회적 증거 메시지가 조절변수로 어떤 영향을 미치는지를 분석하였다.

공정무역 메시지가 광고효과에 미치는 주효과는 광고태도와 구매의도에는 유의미한 영향력을 미쳤으나, 제품태도에는 영향을 미치지 않았다. 소비자윤리성의 조절효과는 제품태도와 구매의도에만 유의미한 것으로 나타났다. 즉 소비자윤리성이 높을수록 공정무역 제품에 대하여 더 긍정적인 태도를 가지고 있었고, 구매의도도 더 높았다. 자기감시성의 조절효과를 검증한 결과 자기감시성이 높을 경우 공정무역메시지에 대하여 더 긍정적인 광고태도를 보였고, 공정무역 제품에 대해서도 더 긍정적인 태도를 보였다. 그러나 사회적 증거 메시지의 조절효과는 구매의도에서는 나타났지만 공정무역메시지의 효과는 사회적 증거메시지가 추가됨으로써 오히려 역효과를 나타내는 것으로 나타났다.

2. 자기감시성에 대한 조사대상자들의 일반적 수준

〈표 5-1〉 자기감시성에 대한 조사대상자들의 일반적 수준

문 항	M(SD)
1. 나는 다른 사람의 행동을 쉽게 모방하는 편이다.	3.57(1.25)
2. 나는 회식이나 여러 사람들 모임에서 다른 사람들이 좋아할 만한 말을 하거나 그러한 행동을 하고자 노력한다.	4.37(1.24)
3. 나는 상황에 따라 가끔 평소 나와는 다른 사람처럼 행동하곤 한다.	4.34(1.31)
4. 나는 다른 사람들이 나를 좋아하도록 만드는데 능숙하다.	4.22(1.24)
5. 나는 다른 사람을 기쁘게 하거나 그들의 호의를 얻기 위해서 내 의견을 쉽게 바꾸는 편이다.	3.76(1.31)
6. 다른 사람들은 나를 흥을 돋우는 사람으로 생각한다.	3.78(1.39)
7. 나는 주어진 상황에 맞추어 평소의 내 행동스타일을 바꾸는데 어려움이 없다.	4.15(1.25)
8. 나는 어떤 사람을 정말로 싫어할지라도 거짓으로 친한 척 할 수 있다.	3.79(1.51)
7점 환산평균	4.00(.86)
Cronbach's α	.806

<표 5-1>은 자기감시성에 대한 조사대상자들의 일반적 수준을 제시하고 있다. 본 연구에서 자기감시성은 8문항으로 측정되었고 신뢰성은 크론바하 알파값이 .806으로 신뢰할만한 수준이다. 분석 결과 조사대상자들의 자기감시성 평균점수는 7점으로 환산했을 때 4.00점으로 중간수준으로 나타났다. 구체적으로 '나는 회식이나 여러 사람들 모임에서 다른 사람들이 좋아할만한 말을 하거나 행동을 하고자 노력한다' 문항이 4.37점으로 가장 높았고, 반면 '나는 다른 사람의 행동을 쉽게 모방하는 편이다' 문항의 평균점수가 3.57점으로 가장 낮은 것으로 나타났다.

3. 인구사회학적 특성에 따른 자기감시성

〈표 5-2〉 인구사회학적 특성에 따른 자기감시성

		자기감시성			자기감시성	
성별	남성	32.15	연령	20대	33.27	b
	여성	31.82		30대	31.75	ab
				40대	31.49	a
				50대 이상	31.13	a
	t값	0.760		F값	4.803**	
결혼지위	미혼	32.50	교육수준	고졸이하	32.13	
	기혼	31.63		전문대졸	31.95	
				대졸이상	31.83	
	t값	1.944		F값	0.207	
종교	기독교	32.01		주부	30.67	a
	불교	31.84		학생	33.20	b
	천주교	33.04		전문/사무직	32.10	ab
	무교/기타	31.77		판매/서비스/기능직	32.08	ab
				농업/노무직/기타	32.12	ab
	F값	0.987		F값	2.971*	
월평균 가계소득	200만원미만	30.74				
	200-300만원	32.25				
	300-400만원	32.06				
	400-500만원	32.03				
	500만원이상	32.33				
	F값	1.460				

*p〈 .05 **p〈 .01 ***p〈 .001

<표 5-2>는 인구사회학적 특성에 따른 조사대상자들의 자기감시성 차이를 분석한 결과이다. 자기감시성은 연령과 직업에 따라 유의한 차이를 나타내었다. 연령의 경우 40대와 50대 이상 집단보다 20대 집단이 자기감시성이 유의하게 높았고, 직업에 있어서는 주부에 비해 학생이 자기감시성 수준이 유의하게 높은 것으로 나타났다.

제 2 부
윤리적 소비에 대한 인식

윤리적 소비는 우리나라 뿐 아니라 전 세계적으로 하나의 중요한 소비트렌드가 되고 있다. 2005년 교토의정서의 agenda 21에도 지속가능한 생산과 소비를 위해 윤리적 소비에 대한 내용이 반영되어 있고, 경영컨설팅 회사 매킨지의 2007년 '경쟁의 새 규칙' 이라는 보고서에서 윤리적 소비자의 성장을 전망하였다(박미혜, 강이주 2009). 이러한 윤리적 소비트렌드는 마케팅과 기업환경에도 중요한 영향을 행사하고 있다. 윤리적 소비는 기업으로 하여금 환경보호에 적극적이고 사회적 책임과 윤리적 요소에 입각하여 제품을 생산하고 경영활동을 하도록 요구하며, 기업의 존속과 지속적인 성장을 위해 앞으로 그 중요성이 더 커질 것이다.

제6장

윤리적 소비의 효과성 지각

윤리적 소비의 개념을 이야기할 때 먼저 소비윤리의 개념과 구분할 필요가 있다. 소비윤리는 사회 구성원으로서 개개인의 생활의 기준이 되는 규범체계인 사회윤리의 하나이며(이기춘 1991; 채정숙 외 2004) 개인의 소비행동에 대한 잘잘못을 판단할 수 있는 기준이다(송인숙 2005). 반면 윤리적 소비는 일상생활에서 소비윤리를 실천하는 소비행동을 의미한다(천경희 외 2010).

소비자는 윤리적 소비가 좁게는 자신이 살고 있는 공동체와 넓게는 전지구를 보다 바람직하고 행복하게 하는데 효과가 있다고 생각해야 윤리적 소비행동을 더 적극적으로 하게 된다. 자신의 작은 행동이 사회변화에 아무런 도움이 되지 못하다고 생각하거나 계란으로 바위를 치는 것과 같다고 생각할 때는 윤리적 소비를 할 동기가 형성되지 못하는 경우가 많다.

1. 관련연구 고찰

소비자효과성 지각(perceived consumer effectiveness)은 개인의 노력이 문제해결에 도움이 된다고 생각하는 신념으로 문제해결과 관련된 소비행동의 범위를 예측할 수 있게 한다. 소비자효과성 지각은 윤리적 소비자 혹은 그린소비자를 설명하는 중요한 개념이다(고애란 2009; Koh and Noh 2009). 지각된 소비자효과성은 환경적으로 의식있는 소비자행동, 친환경소비 등을 예측하고 설명해주는 중요한 변수라는 사실이 여러 경험적 연구에서 밝혀졌다(김연신, 2004; Baker et al., 2014; Berger와 Corbin, 1992; Han et al., 2009; Schubert et al., 2010; Szuchnicki, 2009). Koh와 Noh(2009)의 연구에 의하면 지각된 소비자효율성은 윤리적 패션상품에 대한 태도에는 유의한 영향을 미쳤지만 구매의도에는 영향을 미치지 않는 것으로 나타났다.

류을순과 서상원(2015)은 외식기업의 친환경경영활동과 소비자의 친환경적 태도, 지각된 소비자의 효과성 지각이 소비자의 구매의도에 미치는 영향을 살펴보았다. 친환경경영활동, 친환경적 태도, 지각된 소비자의 효율성은 친환경 외식기업 구매의도에 영향을 미치는 것을 나타났다. 구체적으로 친환경 경영활동 중에서는 '자원의 절약'을 제외한 '친환경 식자재', '재사용. 재활용' '친환경 커뮤니케이션'의 요인이 밝혀졌다. 친환경적 태도 중에는 '친환경 행동의 중요성'과 '친환경 행동의 불편 감수'라는 두 요인이 추출되었다. 소비자효과성을 많이 지각할수록 구매의도가 더 높은 것으로 밝혀졌다.

2. 윤리적 소비의 효과성 인식에 대한 조사대상자의 일반적 수준

〈표 6-1〉 윤리적 소비의 효과성 지각 일반적 수준

문 항	M(SD)
1. 내가 윤리적 소비를 실천하면 사회에 긍정적인 영향을 줄 수 있다.	4.90(1.17)
2. 나 자신이 윤리적 소비생활을 실천함으로써 우리나라의 소비로 인한 문제점(물질만능주의, 과소비 등)을 해결하는데 기여할 수 있다고 생각한다.	4.78(1.22)
3. 내가 윤리적으로 생산된 제품을 구매함으로써 다른 사람의 윤리적 소비의 참여를 이끌 수 있다.	4.66(1.23)
7점 환산 평균	4.78(1.21)
Cronbach's α	.878

<표 6-1>은 윤리적 소비의 효과성 인식에 대한 일반적 수준을 제시하고 있다. 본 연구에서 윤리적 소비의 효과성 인식은 3문항으로 측정되었고 신뢰성은 크론바하 알파값이 0.878으로 신뢰할만하다. 소비자의 효과성 지각은 자신의 행동이 사회의 변화에 어느 정도 영향을 주는가를 의미하며, 점수가 높을수록 소비자는 자신의 행동이 사회에 큰 영향을 미칠 수 있다고 자각함을 나타낸다. 조사대상자들의 윤리적 소비의 효과성 인식의 평균점수는 4.78점으로 나타나서 중간보다 약간 높은 것으로 조사되었다.

3. 사회인구학적 특성에 따른 윤리적 소비의 효과성 인식

<표 6-2>는 사회인구학적 특성에 따른 윤리적 소비의 효과성 인식의 차이를 분석한 결과이다. 연구결과 교육수준과 월평균 가계소득에 따라 조사대상자의 윤리적 소비의 효과성 인식은 유의한 차이를 보였다. 교육수준의 경우 고졸이하 집단보다 대졸이상 집단이

〈표 6-2〉 사회인구학적 변수 따른 윤리적 소비의 효과성 지각

		효과성 지각			효과성 지각	
성별	남성	14.20	연령	20대	14.20	
	여성	14.45		30대	14.08	
				40대	14.83	
				50대 이상	14.26	
	t값	-1.222		F값	2.775*	
결혼지위	미혼	14.29	교육수준	고졸이하	13.89	a
	기혼	14.37		전문대졸	14.36	ab
				대졸이상	14.72	b
	t값	-0.406		F값	7.023***	
종교	기독교	14.48	월평균 가계소득	200만원미만	13.43	a
	불교	14.34		200-300만원	14.31	ab
	천주교	14.63		300-400만원	14.22	ab
	무교/기타	14.21		400-500만원	14.74	b
				500만원이상	14.73	b
	F값	0.682		F값	4.622**	
직업	주부	14.24				
	학생	14.47				
	전문/사무직	14.63				
	판매/서비스/기능직	14.01				
	농업/노무직/기타	13.49				
	F값	2.728*				

*p〈 .05 **p〈 .01 ***p〈 .001

윤리적 소비의 효과성을 더 지각하는 것으로 나타났고, 월평균 가계소득에 있어서는 소득이 가장 낮은 집단(200만원 미만)에 비해 소득이 상대적으로 높은 집단(400-500만원, 500만원 이상)이 윤리적 소비의 효과성을 더 높게 지각하는 것으로 분석되었다.

4. 윤리적 소비의 효과성 지각과 관련변수들의 상관관계

〈표 6-3〉 소비자 가치, 물질주의, 이타주의, 자기감시성 및 윤리적 소비의 효과성 지각의 상관관계

변수	자기 주도성	관대함	보편성	물질 주의	이타 주의	자기 감시성	효과성 지각
자기주도성							
관대함	.705**						
보편성	.715**	.755**					
물질주의	.460**	.315**	.358**				
이타주의	.268**	.365**	.338**	.125**			
자기감시성	.120**	.071*	.045	.220**	.235**		
효과성 지각	.475**	.419**	.424**	.102**	.470**	.081*	

*p〈 .05 **p〈 .01

<표 6-3>은 윤리적 소비자의 특성변수들과 윤리적 소비의 효과성 인식 변수간의 상관관계를 제시하고 있다. 윤리적 소비와 관련된 소비자가치인 자기주도성, 관대함, 보편성은 상관계수가 .70 이상으로 서로 간에 강한 정적 상관을 가지는 것으로 나타났다. 즉 소비자가 자기주도적인 가치성향이 높을수록 관대할 뿐만 아니라 보편성도 강한 것으로 볼 수 있다. 물질주의는 윤리적 소비와 관련된 3가지 가치 중에서 자기주도적 가치와 중간정도의 정적 상관(r= .460)을 가지는 반면, 관대함과 보편성의 가치는 약한 정적 상관(r= .315, r= .358)을 가지는 것으로 나타났다. 한편 이타주의는 소비자 가치 중에서 관대함과 보편성과는 약한 정적 상관(r= .365, r= .338)을, 자기주도성과는 낮은 정적 상관(r= .268)을 가지고 있었다. 윤리적 소비의 효과성 지각은 자기주도적 가치, 관대함, 보편성 및 이타주의와 중간정도의 정적 상관을 가지는 것으로 분석되었다.

제7장

윤리적 소비의 동기

동기는 개인을 어떤 행동들, 활동들, 대상들, 또는 상태로 다가가거나 떨어지도록 몰아대는 긍정적 또는 부정적 필요들, 목표들, 소망들, 힘이라고 정의할 수 있다(Bennett 1995). 긍정적 동기가 부여된 소비자는 어떤 것을 할 준비가 되어 있고 목표지향적인 행동을 기꺼이 수행하게 된다. 따라서 윤리적 소비와 관련된 소비자들의 동기를 파악하면 그들이 왜 윤리적 소비행동을 하는가에 대해 더 큰 통찰력을 얻을 수 있다.

1. 관련연구 고찰

Freeston과 McGoldrick(2008)은 1,000명의 사람들을 대상으로 한 질문지조사를 통해 16가지의 윤리적 이슈들에 대한 소비자들의 인식과 관심, 행동의 정도를 수량화하였다. 요인분석 결과 개인적 긍정동기, 사회적 긍정동기, 개인적 부정동기, 사회적 부정동기, 금전 문제의 5가지 요인들로 분류되었다. 연구자들은 신뢰성과 타당성에 기초하여 윤리적 행동의 동기를 금전문제를 제외한 4가지 요인들로 선택하였다. 그들은 DBS(Decisional Balance Scale)을 윤리적 의사결정 맥락에서 사용하여 윤리적 소비의 동기에 대한 구조를 규명하였다. 윤리적 소비동기가 윤리적 문제에 대한 인식, 관심, 행동의 단계의 함수라고 제시하면서 가설검증 결과 개인적 부정동기와 사회적 부정동기는 윤리적 동기가 보다 낮은 수준인 반면, 개인적 긍정동기와 사회적 긍정동기는 윤리적 동기 수준이 다소 높은 단계라고 주장하였다.

McEachern과 McClean(2002)은 윤리적 신념이 유기농 유제품에 대한 스코틀랜드 소비자들의 지각, 신념, 태도 및 구매결정에 어느 정도 영향을 주는가를 연구하였다. 연구결과 소비자들의 구매동기는 이타주의보다는 자신의 이익을 더 중요시하는 이기적인 동기로 나타났다.

Lockie 등(2002)은 호주 소비자 1,200명을 대상으로 유기농 식품 선택에 영향을 미치는 동기를 연구하였다. 연구결과 이들 소비자들의 유기농 식품 구매동기는 건강, 식품의 자연성분, 동물복지, 환경보호, 체중통제, 정치적 가치, 기분으로 나타난 반면 가격과 종교는 구매동기로서 유의하지 않은 것으로 나타났다. 유기농 식품 소비자들은 식품선택에 있어서 가장 중요한 동기들로서 건강과 식품의 자연성분이라고 답하였고, 동물복지와 환경보호에 대한 윤리적 관심이 가격만큼이나 식품선택에 있어서 중요하다고 응답하였다. 그들은 결국 유기농식품 소비자들의 동기는 개인적, 가족적 건강만으로 구성된 것이 아니라 윤리적 관심이 포함되어 있다고 결론지었다.

Honkanen 등(2006)은 노르웨이의 성인소비자들을 대상으로 유기농 식품선택의 동기, 태도, 구매의도의 관계를 규명하였다. 환경적 동기, 정치적 동기, 종교적 동기로 구성한 식품선택의 동기 중에서 환경적 동기가 가장 높았고 다음이 정치적 동기였고, 종교적 동기가 가장 낮았다. 구조방정식모형에서, 태도에 가장 큰 영향을 주는 동기는 환경적 동기이며 다음이 정치적 동기였고 종교적 동기는 의미 있는 영향을 미치지 않았다. 태도는 구매의도에 직접 영향을 미쳤다.

Michaelidou와 Hassan(2008)은 건강에 대한 의식, 윤리적 정체성 및 식품안전에 대한 관심이 유기농 식품에 대한 태도와 구매의도에 어떤 영향을 미치는가를 구조방정식 모델을 사용하여 분석하였다. 태도에 가장 큰 영향을 주는 변수는 식품안전이고 다음이 윤리적 정체성, 건강에 대한 의식 순으로 나타났다. 또한 구매의도에 영향을 주는 변수들은 태도와 윤리적 정체성으로 나타나서, 윤리적 문제에 대한 소비자의 동일시가 유기농 식품에 대한 태도에 영향을 주고 나아가 이들 제품의 구매의도에도 영향을 미쳤다.

박소진과 유소이(2007)는 주부를 대상으로 건강동기와 환경에 대한 관심이 유기농 식품 구매행동에 미치는 영향을 분석하였다. 유기농 식품선택의 동기로 건강과 환경에 대한 관심으로 구성하고 건강식품 선택의 중요성과 환경 친화적으로 생산된 식품의 선택 중요성을 매개변수로 하여 태도와 구매행동 간의 관계를 구조방정식 모형을 통해 분석하였다. 개인의 건강동기와 환경에 대한 관심이 높을수록 건강에 도움이 되는 식품, 환경 친화적으로 생산된 식품을 선택하며, 건강식품과 환경 친화적으로 생산된 식품을 중요하게 고려할수록 소비자는 유기농 식품에 대해 호의적인 태도를 가지며, 직접적으로 구매하는 것으로 나타났다.

홍연금과 송인숙(2008)은 친환경농산물을 구매하는 주부소비자의 구매동기를 질적 연구방법으로 분석하여 그들이 진정한 윤리적 소비자들인지를 평가하였다. 친환경농산물 구매자의 구매동기를 안전한 식품과 가족 건강과 같은 이기적인 동기와 환경, 농업, 지역 공동체, 로컬푸드 등의 이타적인 동기로 분류하였고, 이기적인 동기만 가지고 있는 소비자는 윤리적 소비자가 아니며 이타적인 동기를 가진 소비자만이 윤리적 소비자라고 주장하였다.

김송이와 박명숙(2011)은 기혼여성 소비자를 대상으로 질문지조사를 통해 윤리적 제품에 대한 구매동기와 만족도를 분석하였다. 구매동기를 요인 분석한 결과 사회와 환경을 고려한 사회적 책임 동기, 안전하고 건강을 위한 동기, 윤리적 제품을 구매하는 자체가 자신의 취향에 맞거나 체면 유지를 위한 감성적 취향 동기, 생산자를 배려하기 위한 동기, 기존 제품이나 비윤리적 기업에 대한 불만 때문에 윤리적 제품을 구매하는 기존제품에 대한 저항동기 등과 같이 5개 요인으로 밝혀졌다. 구매동기는 안전과 건강이 가장 높았고, 사회적 책임, 생산자 배려, 기존제품에 대한 저항과 감성적 취향의 순으로 나타났다. 윤리적 제품의 구매동기에 영향을 미치는 사회경제적 변수들의 영향력을 분석한 결과 교육수준이 높을수록 모든 영역의 구매동기가 높은 것으로 나타났고 각각의 구매동기 영역에 대한 첫째자녀의 연령, 종교유무, 배우자의 교육수준의 영향력은 다소 다르게 나타났다.

허은정과 김우성(2014)은 윤리적 소비행동에 따라 소비자 유형 및 윤리적 소비동기 유형을 분류하고, 분류된 소비자 집단 간에 윤리적 소비동기와 인구통계학적 변수들의 차이가 있는가를 분석하였다. 윤리적 소비행동 항목들과 척도를 사용하여 분석한 결과 조사대상 소비자들은 네 개의 집단으로 분류되었다. 구체적으로 이

네 집단들은 윤리적 소비행동의 하위영역들을 중간수준으로 실천하는 집단이 34.6%로 가장 많았고, 윤리적 소비행동을 가장 높은 수준으로 실천하는 집단은 26.9%로 세 번째로 많았으며, 윤리적 소비행동 수준이 가장 낮은 집단은 10.3%로 가장 적었다. 사회적 책임을 고려한 소비행동 수준은 낮은 반면에 절제와 간소, 상거래 윤리와 같은 개인적인 소비를 강조하는 개인 및 거래윤리 실천집단은 28.2%로 두 번째로 많았다. 소비자들의 윤리적 소비 동기는 윤리적 소비와 관련된 어려움, 불편함 등의 부담을 극복하고 윤리적 소비를 하는 동기(윤리적 부담 극복 동기), 윤리적 소비를 통해 사회가 더 좋아지는데 기여하는 동기(사회적 동기), 개인적 동기로 분류되었다. 이 중에서 사회적 동기의 평균값이 가장 높고 윤리적 부담 극복 동기의 평균값이 가장 낮은 것으로 나타났다.

소비자 집단 간 윤리적 소비동기의 차이를 분석한 결과, 높은 수준 실천집단은 3가지 윤리적 소비동기 점수가 가장 높았고 중간수준 실천집단은 3가지 소비동기 점수가 중간수준이었다. 개인 및 거래윤리 실천집단은 사회적 동기 점수는 중간수준이었으나 나머지 동기의 점수는 낮은 반면, 낮은 수준 실천집단은 3가지 소비동기 점수 모두가 가장 낮았다. 소비자 집단 간 인구통계학적 특성들의 차이를 분석한 결과, 높은 수준 실천집단과 중간수준 실천집단은 둘 다 기혼, 대졸이상의 교육수준, 전문사무직 및 주부의 직업군에서 높은 비율을 보였다. 반면에 개인 및 거래윤리 실천집단과 낮은 수준 실천집단은 둘 다 20대 연령층, 고졸이하의 교육수준에서 높은 비율을 나타내었다.

박미혜(2015)는 현상학적 연구방법을 사용하여 소비자가 윤리적 소비와 관련하여 경험한 감정의 본질을 6개의 범주와 18개의 주제로 도출하였다. 범주화는 '책임감: 알아야 되고 알게 된 것에 대한 의무', '정의감: 동행하는 삶을 위한 옳은 길', '만족감: 뿌듯하고 기분 좋은 행복', '유대감: 나와 너가 아닌 우리', '자존감: 가치있는 의미를 추구하는 자부심', '불편한 감정: 나와 인간, 구조를 바라보는 아쉬움'의 6가지로 요약되었다. 이러한 감정들은 서로 관련되었고 소비의 동기와 결과로 작용하였으며 소비행동 전반에 영향을 주었다. 이러한 감정경험을 포괄하는 본질은 "지구공동체에 대한 책임과 사랑으로 행복한 공존을 위해 불편도 감수하는 떳떳한 충족감"이라고 볼 수 있었다. 각 범주를 구성하는 주제를 살펴보면, 책임감은 '생산과정의 이면', '소비의 지속가능성', '전파하는 소비윤리'가 추출되었다. 정의감은 '약자를 배려하는 공정성', '동물과의 조화로운 공존', '화폐투표는 소비자주권'이 발견되었다. 만족감은 '안전과 신뢰', '수용 가능한 합리성', '지구환경을 생각', '더 행복한 나눔', '시장거래보다는 관계'였다. 유대감의 주제는 '소비자에서 동반자로', '마음이 통하는 사람'으로 나타났다. 자존감의 주제는 '인격과 수준의 표현', '양심과 떳떳함'이 추출되었다. 불편한 감정은 '신념과 행동의 불일치', '다른 생각과 관점', '구조와 한계'로 요약되었다. 참여자들은 윤리적 소비를 통해서 개인적 만족뿐만 아니라 이를 넘어서 다음세대의 환경과 현세대의 인간과 동물의 복지를 고려하는 다양한 감정을 경험하고 있었다. 공공선을 지향하는 윤리적 소비는 결국 자신의 행복을 위한 길이라고도 볼 수 있으며 행복한 공동체를 만들어 내는 근본적인 방법이 될 것이다. 따라서 윤리적소비의 동기화를 위해서는 개인의 만족과 공공의 이익을 위한 통합된 인격으로서의 덕의 함양이 필요하다고 볼 수 있다.

유두련과 김년희(2012)는 친환경소비행동의 외적 동기로 친환경

소비에 대한 준거집단의 사회규범과 친환경상품에 대한 시장정보 상품선택 안의 가능성 정도, 환경정책 제도 등을 제시하였다. 내적 동기는 환경보호 중요성에 대한 의식, 친환경행동에 대한 지각된 효과성, 환경상품에 한 추가비용 지출의사 등이 있다.

김종흠과 박은아(2015)는 친환경 행동의도 및 친환경 소비의도에 대한 규범과 동기의 영향력을 살펴보았다. 규범은 개인의 행동이 타인의 평가에 영향을 받는 주관적 규범과 개인의 내면화된 가치로부터 영향을 받는 도덕적 규범으로 구분하였다. 2가지 유형의 규범과 친환경 행동의도 사이의 관련성을 분석한 결과 주관적 규범과 도덕적 규범은 친환경 행동 의도에 긍정적인 영향을 미치며, 도덕적 규범이 주관적 규범보다 더 설명력이 높은 것으로 나타났다. 또한, 환경에 대한 지각된 위험이 개인의 도덕적 규범과 친환경 행동의도 사이에서 매개적 역할을 하였다. 동기는 외재적 동기와 내재적 동기로 구분하여 각각의 동기가 친환경 관련 행동의도와 어떠한 관련성이 있는가를 살펴보았는데, 외재적 동기는 친환경 관련 행동의도를 설명하는 예측변수가 되지못했고, 내재적 동기는 친환경 행동의도 및 친환경 소비의도와 의미 있는 영향을 미쳤다. 연구의 최종 모형으로서 외재적 동기를 제외하고 내재적 동기, 주관적 규범, 도덕적 규범이 친환경 관련 행동의도에 미치는 영향을 분석한 결과 주관적 규범의 영향력이 줄어들었다. 친환경 관련 행동의도는 타인의 시선이나 평가 혹은 보상이나 처벌과 같은 외부의 영향력보다는 개인 내면의 도덕적 가치와 심리적 만족감에 의해서 유발된다는 것을 알 수 있다.

가습기 살균제 사건 이후 화학성분을 포함한 생활용품 전반에 대해 전라북도내에서도 소비자들의 불안이 확산되면서 대체수단으로 친환경 제품의 판매가 증가하고 있다. 소비자들이 많은 마트에서 세제와 섬유유연제 등 화학성분이 들어간 생활용품코너는 다른 코너에 비해 상대적으로 썰렁했다. 한 주부는 "옥시에 이어 페브리즈까지 유해성 논란에 휘말리니 모든 화학제품들에 거부 반응이 든다. 앞으로는 모든 생활용품을 구매할 때 모든 성분을 꼼꼼히 따져볼 계획이다." 라고 말했다.

이같은 분위기를 반영하듯, 전주시내 대형마트의 경우, 화학성분으로 이루어진 제품의 판매량이 줄고 있는 반면 베이킹소다, 구연산 등 천연재료를 사용한 제품의 판매량은 늘고 있었다. 농협 하나로마트 전주점에 따르면 2016년 5월 2일부터 17일까지 화학소재 위생용품의 전년 동월대비 매출은 40.6% 감소한 반면, 친환경 위생용품 매출은 약 4배정도 상승한 것으로 나타났다. 홈플러스 전주효자점은 화학성분으로 만들어진 세탁세제 매출이 전년 동월대비 20.1% 감소했으며, 베이킹소다 · 구연산이 포함된 주방세제 제품군 매출은 7.8% 상승한 것으로 집계됐다. 온라인 판매에서도 친환경을 찾는 소비자들의 변화가 뚜렷하게 나타나고 있다. 온라인쇼핑사이트 G마켓도 천연 세정제로 사용되는 베이킹소다 · 구연산 판매가 전년 동기 대비 23% 증가했다고 밝혔다(전북일보 2016년 5월 19일).

2. 윤리적 소비동기에 대한 조사대상자들의 일반적 수준

본 연구에서 윤리적 소비동기는 4가지 차원 즉, 개인적 차원의 긍정적 동기, 사회적 차원의 긍정적 동기, 개인적 차원의 부정적 동기, 사회적 차원의 부정적 동기로 구분하였다. 아래의 표들은 각 동기들의 구체적인 문항과 평균점수를 제시하고 있다. 개인적 차원의 긍정적 동기는 5문항, 사회적 차원의 긍정적 동기는 4문항으로 측정되었고 각 문항은 7점 리커트 척도로 측정되었다. 윤리적 소비 동기에 있어서 사회적 차원의 긍정적 동기의 평균(4.14점)이 개인적 차원의 긍정적 동기의 평균(3.66점) 보다 약간 높게 나타나서 조사대상자들은 윤리적 소비행동을 할 때 사회적 차원의 긍정적 동기를 개인적 차원의 긍정적 동기보다 더 중요하게 인식하고 있음을 알 수 있다.

〈표 7-1〉 개인적 차원의 긍정적 동기

문 항	M(SD)
1. 윤리적 문제를 위반하는 기업에 대한 보이콧에 참여한다면, 다른 사람들은 나를 좋게 생각할 것이다.	3.70(1.21)
2. 윤리적 문제를 강조하는 상품을 선호하는 것은 소비자로서 책임감을 느끼기 때문이다.	4.01(1.14)
3. 윤리적 문제는 내가 연관하고 싶은 이슈이다.	3.64(1.21)
4. 내가 윤리적 문제에 관심을 가진다면 나에게 중요하지 않은 사람들도 나를 존경할 것이다.	3.49(1.25)
5. 나의 친구들은 윤리적 문제에 대해 관심을 가진다.	3.47(1.27)
7점 환산평균	3.66(1.22)
Cronbach's α	.882

<표 7-1>에서 보면, 구체적으로 개인적 차원의 긍정적 동기를 중에서 '윤리적 문제를 강조하는 상품을 선호하는 것은 소비자로서 책임감을 느끼기 때문이다' 문항의 평균점이 가장 높은 반면, '나의 친구들은 윤리적 문제에 대해 관심을 가진다' 문항의 평균점이 가장 낮게 조사되었다. 나는 윤리적 소비를 하는 것이 사회적 책임을 다하는 것이라고 생각하지만 자신의 준거집단은 자신보다는 윤리적 문제에 대하여 덜 관심을 가지고 있다고 볼 수 있다.

〈표 7-2〉 사회적 차원의 긍정동기

문 항	M(SD)
1. 소비자가 윤리적인 기업의 상품을 구매한다면 사회 전체에 도움이 될 것이다.	4.07(1.09)
2. 소비자가 윤리적인 상품을 선호하는 사회라면 모든 사람들이 더 좋을 것이다.	4.12(1.06)
3. 어떤 기업이 높은 윤리적 기준을 가지고 있는가에 대해 사람들이 알게 된다면 사람들은 더 공정한 선택을 할 수 있다.	4.16(1.18)
4. 윤리적 문제를 위반하는 상품을 제거하면 사회는 더 좋아질 것이다.	4.20(1.16)
7점 환산평균	4.14(1.12)
Cronbach's α	.880

<표 7-2>에서 보면, 사회적 차원의 긍정적 동기에 있어서는 '윤리적 문제를 위반하는 상품을 제거하면 사회는 더 좋아질 것이다' 문항의 점수가 제일 높았고 반면, 소비자가 윤리적인 기업의 상품을 구매하면 사회 전체에 도움이 될 것이다 문항의 점수가 상대적으로 낮게 조사되었다. 윤리적 소비가 근본적으로 개인의 입장에서 보면 경제적으로 약간의 손해가 있고, 실천하는데 어려움이 따르더라고 사회를 위하여 도움이 되는 행동이라는 전제가 바탕이 되기 때문에 이러한 결과가 나왔다고 해석할 수 있다.

〈표 7-3〉 개인적 차원의 부정적 동기

문 항	M(SD)
1. 내가 윤리적 문제를 지지하는 상품만 구매해야 한다면 쇼핑이 힘들 것이다.	3.55(1.21)
2. 윤리적 문제를 무시하는 상품을 없앤다면 사람들의 선택을 불합리하게 제한하는 것이다.	3.44(1.24)
3. 윤리적 문제를 지지하는 상품만 구매해야 한다면 쇼핑의 즐거움이 사라질 것이다.	3.40(1.23)
4. 윤리적 문제를 위반하지 않는 기업의 상품만 구매하는 것은 너무 힘들다.	3.57(1.24)
5. 윤리적 문제에 대해 관심을 갖는 것을 내 친구들이 쿨하지 못하다고 생각한다.	3.04(1.29)
6. 내 주변의 사람들은 윤리적 문제에 대해 관심을 기울이지 않는다.	3.36(1.23)
7. 윤리적 문제를 무시하는 기업을 처벌하는 것은 내 책임이 아니다.	3.35(1.23)
7점 환산평균	3.39(1.24)
Cronbach's α	.861

〈표 7-4〉 사회적 차원의 부정적 동기

문 항	M(SD)
1. 윤리적 문제를 고려하는 것은 사람들의 쇼핑을 불편하게 만든다.	3.29(1.24)
2. 윤리적 문제에 관심을 가지도록 압력을 받게되면 사람들은 괴로울 것이다.	3.49(1.27)
3. 오늘날 사람들은 너무 바빠서 윤리적 문제에 관심을 가질 수 없다.	3.52(1.28)
4. 대기업에게 윤리적 문제에 대해 관심을 갖도록 시도하는 것은 시간 낭비이다.	3.07(1.34)
5. 쇼핑을 할 때 윤리적 문제를 고려하는 것은 비용이 더 많이 든다.	3.47(1.27)
6. 쇼핑할 때 윤리적 문제를 고려하는 것은 돈이 들지 않는다.	3.24(1.25)
7점 환산평균	3.35(1.27)
Cronbach's α	.794

<표 7-3>과 <표 7-4>는 개인적 차원의 부정적 동기와 사회적 차원의 부정적 동기에 대해 제시하고 있다. 개인적 차원의 부정적 동

기는 7문항으로, 사회적 차원의 부정적 동기는 6문항으로 측정되었고, 전체 평균점수는 개인적 차원의 부정적 동기(3.39점)와 사회적 차원의 부정적 동기(3.35점)는 비슷하게 나타났다. 구체적으로 살펴보면, 개인적 차원의 부정적 동기에 있어서 '내가 윤리적 문제를 지지하는 상품만 구매해야 한다면 쇼핑이 힘들 것이다' 문항의 점수가 3.55점으로 상대적으로 높은 반면, '윤리적 문제에 대해 관심을 갖는 것을 내 친구들이 쿨하지 못하다고 생각한다' 문항 점수는 상대적으로 낮게 나타났다. 사회적 차원의 부정적 동기의 경우 '오늘날 사람들은 너무 바빠서 윤리적 문제에 관심을 가질 수 없다'의 문항이 상대적으로 높은 점수인 반면 '대기업에게 윤리적 문제에 대해 관심을 갖도록 하는 것은 시간낭비다' 문항의 점수가 상대적으로 낮게 나타났다.

3. 인구사회학적 특성에 따른 윤리적 소비동기

인구사회학적 특성에 따른 윤리적 소비동기의 차이를 분석한 결과는 <표 7-5>와 <표 7-6>에 제시되어 있다. <표 7-5>에 의하면, 개인적 긍정동기의 경우 종교를 제외한 모든 변수에 있어서 그리고 사회적 긍정동기의 경우 결혼지위, 연령, 교육수준, 직업 및 월평균 가계소득에 따라 유의한 차이를 나타내었다. 먼저 개인적 긍정동기에 있어서 성별의 경우 남성, 미혼집단에 비해 기혼집단이 개인적 긍정동기가 높은 것으로 나타났다. 연령의 경우 20대에 비해 모든 다른 연령층에서, 교육수준이 낮은 집단보다 대졸이상인 집단이 개인적 긍정동기가 높게 나타났다. 직업의 경우 학생집단이 주부와 전문/사무직보다 개인적 긍정동기가 낮았으며, 월평균 가계소득이

〈표 7-5〉 인구사회학적 변수에 따른 개인적 차원의 긍정동기와 사회적 차원의 긍정동기

		개인적 긍정동기		사회적 긍정동기	
성별	남성	18.82		16.70	
	여성	17.88		16.40	
	t값	2.985**		1.257	
결혼지위	미혼	17.42		16.10	
	기혼	18.87		16.81	
	t값	-4.472***		-2.890**	
연령	20대	16.67	a	15.59	a
	30대	18.20	b	16.64	b
	40대	19.33	b	17.06	b
	50대 이상	19.37	b	17.01	b
	F값	16.739***		8.498***	
교육수준	고졸이하	17.60	a	15.95	a
	전문대졸	17.71	a	16.36	ab
	대졸이상	19.13	b	17.11	b
	F값	11.289***		10.126***	
직업	주부	18.67	b	16.68	ab
	학생	16.73	a	15.59	ab
	전문/사무직	18.81	b	16.93	b
	판매/서비스/기능직	18.30	ab	16.67	ab
	농업/노무직/기타	17.45	ab	15.42	a
	F값	5.351*		5.131*	
종교	기독교	18.33		16.60	
	불교	18.86		16.72	
	천주교	18.14		16.84	
	무교/기타	18.16		16.39	
	F값	0.790		0.601	
월평균 가계소득	200만원미만	17.46	a	15.54	a
	200-300만원	18.11	ab	16.36	ab
	300-400만원	18.16	ab	16.74	ab
	400-500만원	18.41	ab	16.66	ab
	500만원이상	19.04	b	17.04	b
	F값	2.529*		3.990	

* $p<0.05$ ** $p<0.01$ ***$p<0.001$

가장 낮은 집단(200만원 미만)보다 가장 높은 집단(500만원 이상)이 개인적 긍정동기가 유의하게 높았다.

사회적 긍정동기의 경우 미혼에 비해 기혼이 사회적 긍정동기가 높았으며, 반면 연령의 경우 20대가 다른 모든 연령층보다 사회적 긍정동기가 낮게 나타났다. 교육수준의 경우 고졸이하 집단보다 대졸이상 집단이, 직업의 경우 농업/노무직/기타 집단에 비해 전문/사무직 집단이 사회적 긍정동기가 유의하게 높았다. 월평균 가계소득의 경우 개인적 긍정동기와 마찬가지로 200만원 미만의 집단이 500만원 이상 집단보다 사회적 긍정동기가 유의하게 낮은 것으로 나타났다.

〈표 7-6〉 인구사회학적 변수에 따른 개인적 차원의 부정동기와 사회적 차원의 부정동기

		개인적 부정동기	사회적 부정동기	
성별	남성	24.15	20.25	
	여성	23.37	19.93	
	t값	1.929	0.919	
결혼지위	미혼	23.13	19.53	
	기혼	24.09	20.42	
	t값	-2.318*	-2.542*	
연령	20대	23.06	19.35	a
	30대	23.33	19.78	ab
	40대	24.18	20.60	ab
	50대 이상	24.60	20.79	b
	F값	3.007*	3.940**	
교육수준	고졸이하	23.52	20.08	
	전문대졸	23.53	19.69	
	대졸이상	23.97	20.19	
	F값	0.619	0.494	
직업	주부	24.10	20.62	
	학생	22.80	19.10	
	전문/사무직	23.55	19.85	
	판매/서비스/기능직	24.48	20.76	

	농업/노무직/기타	23.77	20.16
	F값	1.562	2.517*
종교	기독교	23.71	19.95
	불교	23.80	20.01
	천주교	23.91	20.46
	무교/기타	23.60	20.07
	F값	0.045	0.223
월평균 가계소득	200만원미만	23.63	20.81
	200-300만원	23.52	19.73
	300-400만원	23.79	20.33
	400-500만원	23.67	19.91
	500만원이상	23.94	20.28
	F값	0.137	0.483

* p〈0.05 ** p〈0.01 ***p〈0.001

<표 7-6>에 의하면 개인적 부정 동기는 결혼지위와 연령, 사회적 부정 동기는 결혼지위, 연령, 직업에 따라 유의한 차이를 나타내었다. 개인적 부정 동기의 경우 미혼집단에 비해 기혼집단에서 개인적 부정동기가 높게 나타났고, 연령의 경우 20대와 30대에 비해 40대와 50대 이상에서 개인적 부정동기가 높은 것으로 나타났지만 통계적인 차이는 유의하지 않았다. 사회적 부정동기에 있어서는 미혼집단보다 기혼집단에서, 연령의 경우 20대보다 50대 이상에서 사회적 부정동기가 유의하게 높게 나타났다. 직업의 경우 학생이 다른 집단보다 사회적 부정동기가 다소 낮았지만 각 직업 간 차이는 통계적으로 유의하지는 않았다.

제8장

윤리적 소비의 정체성

신자유주의는 직접적인 경제적 삶의 세계는 물론 교육, 보건, 복지와 같은 종래 사회적 삶의 세계로 생각되었던 영역을 모두 기업화하는 것이며, 그 안에서 활동하고 살아가는 주체를 기업가적 주체 혹은 기업가적 정신에 따라 살아가는 개인, 집단, 조직, 사회체로 주체화하는 것이다(서동진, 2011). 노동자는 고용자와 거래하는 기업가로, 주부는 한 가정의 CEO로, 정부 기관의 활동은 국민을 고객으로 삼는 경영활동으로 변형된다(김주환, 2012).

신자유주의의 주체화 방식은 소비 자본주의 속에서 급증하고 있는 윤리적 소비 실천 담론 속에서 구체적으로 나타난다. 소비자로서 개별화하는 동시에 사회적 연대를 통해 공동체 의식을 소비자에게 심어줌으로써, 사회적 책임을 자발적으로 수용하는 윤리적 시민이자 소비자로 변화하고 있다. 윤리적 소비에 있어 선택권은 소비자 개개인들에게 놓인 세상을 바꿀 수 있는 힘이 마치 소비자들에게 있는 것처럼 만들고 있다(김병연, 2014).

현대 소비사회에서 신자유주의 통치성은 소비의 성격이 소비자 개개인의 윤리적이고, 책임 있는 행위로 변화하는 과정에서 잘 작동되면서, 윤리적 소비를 통하여 더 나은 세계를 만들 수 있고, 자신의 정체성을 윤리적 시민으로 구성할 수 있다는 점을 강조하고 있다. 신자유주의 시대의 권력은 개인의 자유를 억압하는 것이 아니라, 개인이 자기실현을 통해 힘을 얻고, 사명감에 기초하여 스스로 행위를 관리하고 조직할 수 있는 자율적 공간을 구조화한다(Lemke, 2002: 이희영, 2010, 재인용).

아름다운 가게가 운영하는 아름다운 커피에서는 교육과 캠페인 등을 통하여 소비자들이 자신들의 소비습관을 윤리적으로 변화시킬 수 있는 구체적인 내용과 방법을 동원하고 있다. 이를 통해 소비자들은 다양한 윤리적 소비실천을 통하여 자신의 정체성을 윤리적 시민으로 구성해 갈 수 있는 토대를 마련해 나간다(김병연, 2014).

1. 관련연구 고찰

사람들은 도덕적인 가치가 중요하다고 말하며, 도덕적인 사람이 되고 싶다고 말하지만, 실제로 도덕적 가치를 소비행동에 잘 반영하지 않는다. 품질이나 가격과 같이 개인의 이익과 관련된 속성들과 윤리적 속성이 서로 상충하는 상황에 처한 제품구매환경은 자신의 편익을 더 추구하게 함으로써 자신의 도덕적 가치를 행동에 반영하기가 쉽지 않다. 윤리적인 제품의 선택은 나에게 주어지는 혜택을 추구할 것인가, 타인이나 사회에 주는 혜택을 추구할 것인가 사이에서 상충관계가 될 수 있기 때문이다 (White and Peloza 2009).

환경을 생각하는 주부들이 증가함에 따라 생활용품과 식료품광고에 '유기농', ' 친환경', '그린'이라는 용어가 많이 등장하고 있다. 기업은 그린마케팅을 내세워 생활 속 친환경상품 개발을 새로운 경영전략으로 채택하고 있다. 환경을 지키면서 가족의 건강도 돌보려는 주부들을 의미하는 에코맘이 주도하고 있는 녹색소비는 소비트렌드를 만들고, 그린경영, 환경경영 등 기업의 마케팅에도 영향을 미치고 있다. 에코맘의 등장에 따라 소비자로서 환경에 대한 관심이 증가하고 있다는 점과 환경의식을 일상생활 속에서 실천함으로써 그것이 사회 전체적으로 녹색사회로의 순기능적인 변화를 선도하고 있다는 점은 중요한 의미를 가질 수 있다. 그러나 에코맘들은 실질적으로 환경의식이 뛰어난 윤리적 소비자라기보다는 주부라는 역할이 전통적으로 더욱 강화되어 일상생활에서 자기만족적으로 녹색생활을 실천하는 사람들이라는 점에서 녹색상품에 대한 정보권력을 가진 소비자로는 발전하지 못하고 있다. 또 그들은 '웰빙'이나 자연주의 소비행동을 환경친화적 소비행동으로 인식하는 경향을 보여주고 있으며, 이러한 행동을 자신이나 가족에게 돌아올 위험요소를 회피하기 위한 행동 및 과시적 소비로서 의미화하고 있었다. 이러한 인식을 통해 볼 때 에코맘이 진정한 그린소비자로 전환될 수 있으려면 에코맘에 대한 사회적 담론형성을 재고하고 소비자교육을 강화하는 한편, 소비자 주권을 행사하는 전제가 되는 소비자의 정보습득능력 강화와 이에 발맞춘 기업의 제품정보 제공 노력이 요구된다(서선영, 2010).

조영주(2015)는 도덕정체성이라는 동기적 측면과 도덕적 이슈와 관련된 판단에 사용되는 사고방식의 유형이라는 인지적 측면, 그리고 의사결정상황의 특성이라는 상황적 측면을 동시에 고려하여 이들 변수들이 구매의사결정에서 소비자들의 윤리적 제품선택에 미치는 영향을 살펴보았다. 도덕정체성이란 내가 도덕적인 사람이라는 것이 나를 설명하는데 있어 얼마나 중요한가와 관련이 있는 개념이고, 도덕적 문제를 판단할 때 사고방식 유형은 옳고 그름을 판단하는데 있어서 결과에 기초하여 판단하는가, 아니면 규칙에 기초하여 판단하는가를 말한다. 의사결정상황에 대한 해석은 소비자가 의사결정상황을 어떻게 해석하는가, 구체적으로 도덕성과 관련이 있는 의사결정으로 판단하는가, 아니면 도덕성과 관련이 없는 의사결정상황으로 판단하는가와 관련된다.

비상업적 환경과 상업적 환경을 비교하여 윤리적 제품을 선택할 때 도덕정체성의 긍정적 효과가 나타나는 인지적, 상황적 조건을 알아보고, 도덕정체성의 효과가 나타나지 않는 조건은 무엇이며 그 조건에서 도덕 정체성의 긍정적 효과를 촉진하는 방안을 구체적으로 제안하였다. 기존에 윤리적 행동을 촉진하는 방법들로서 캠페인이나 광고와 같은 촉진 전략을 통해 소비자들의 행동을 유발하거나 품질이 좋으면서 윤리적인 속성도 함께 갖고 있는 제품과 같이 품질 속성과 윤리적인 속성의 상충관계를 완화시키는 방안은 소비자들의 의식적 의사결정 전제로 하기 때문에 소비자들의 실제적 행동으로 이어지기는 현실적으로 쉽지 않았다. 이러한 한계점을 극복하기 위해 이 연구는 비의식적 의사결정을 전제로 소비자들의 윤리적 의사결정을 증가시키는 방안을 모색하였다.

실험 1A에서는 의사결정상황에 따라 윤리적 행동의도에 도덕정체성의 효과가 다르게 나타나는가를 살펴보았다. 실험 결과, 기부환경 조건에서는 도덕정체성이 높을수록 기부단체에 기부를 할 의도가 높아지는 것으로 나타났지만, 구매 환경 조건에서는 도덕정체성이 높을수록 윤리적인 제품을 구매할 의도가 증가하지는 않았다.

실험 1B는 1A에서 두 개의 다른 조건에서 종속변수가 상이하여 직접적 비교가 힘들다는 한계점을 보완하기 위하여 동일한 제품에 대해 의사결정상황을 달리하여 도덕정체성의 효과를 검토하였다. 연구결과, 실험 참가자들이 기부상황에 노출될 때, 친환경 세제에 대한 선호도는 도덕정체성이 높은 조건에서 도덕정체성이 낮은 조건에 비해 높게 나타났다. 그러나 구매상황에서 세제에 대한 구매의도는 도덕정체성의 수준에 따라 차이가 없는 것으로 나타났다.

실험 2는 도덕정체성과 의사결정상황이 윤리적 행동에 미치는 상호작용효과가 소비자들의 사고방식 유형에 의해 조절되는가를 알아보기 위해 실시되었다. 실험 결과, 도덕정체성, 의사결정상황, 사고방식 유형의 상호작용효과가 나타났다. 구체적으로, 기부 상황에서는 사고방식의 유형에 관계없이 도덕정체성이 높을수록 윤리적 제품에 대한 기부의도가 증가하는 도덕정체성의 긍정적 효과가 나타났다. 그러나 구매상황에서는 실험참가자들이 결과중심적 사고방식을 가질 때에는 도덕정체성의 긍정적 효과가 나타났지만, 규칙중심적 사고방식을 가질 때에는 도덕정체성의 증가가 윤리적 행동을 유발하지 않았다. 이러한 결과는 소비자들이 기부환경과 구매환경을 도덕성과 관련된 의사결정으로 해석하느냐 그렇지 않느냐에 의해 기인할 것이라고 추론하였다. 기부환경은 개인의 도덕정체성이 의사결정에 반영되기 쉬운 도덕적 관련성이 높은 의사결정상황이지만, 구매환경은 소비자들이 그 환경을 도덕성과 관련된 의사결정으로 생각할 수도 있고, 그렇지 않을 수도 있는 환경으로 해석될 수 있는 의사결정상황이다. 결과중심적 사고방식의 사람들은 대안의 선택이 얼마나 바람직한 결과를 가져오는가에 초점을 맞추어 의사결정을 하는 경향이 있기 때문에 윤리적 속성이 포함된 대안들을 평가할 때, 도덕정체성이 높은 사람들의 윤리적 속성을 판단의 기준으로 생각할 수 있다. 그러나 규칙 중심적 사고방식의 사람들은 대안의 결과에 초점을 맞추기 보다는 의사결정을 하는데 있어서 어떤 규칙을 사용할 것인가에 즉, 어떤 의사결정을 하는가에 초점을 맞추기 쉽기 때문에 의사결정의 도덕성 관련성에 주목하게 되고, 개인의 이익 추구가 기본이 되는 구매환경의 특성은 의사결정이 도덕적으로 관련성이 적은 상황으로 해석하는 것을 용이하게 만든다.

실험 3은 구매환경에서 소비자들의 윤리적 소비행동을 촉진하는 방안으로 제품제시방법의 차이가 효과가 있는가를 검토하였다. 가설 3에서는 품질 속성과 윤리적 속성이 상충되는 대안들을 도덕성 정보가 처리되기 용이한 방향으로 수직적으로 배치할 경우, 제품을 수평적으로 제품을 배치하는 경우보다 윤리적 속성의 차이를 크게 지각하게 되어 윤리적인 제품에 대한 선호를 증가시킬 것이라고 예측하였다. 따라서 도덕정체성, 사고방식의 유형, 제품 제시방법의 삼원상호작용효과가 구매환경에서 나타나는가를 살펴보았다. 실험 결과, 대안들을 수평으로 제시할 경우에서만 결과중심적 사고를 하는 조건에서 도덕정체성의 효과가 나타나고, 규칙중심적 사고방식 조건에서는 도덕 정체성 효과가 나타나지 않는 이원 상호작용이 나타났다. 제품들을 윤리적 제품을 위에 제시하는 수직적 제시방법을 사용할 경우, 사고방식 유형에 관계없이 도덕정체성의 효과가 나타났다.

마지막으로, 실험 4에서는 구매환경에서 소비자들의 윤리적 소비행동을 촉진하는 다른 방안으로 열등대안의 존재여부가 효과가 있는가를 검토하였다. 실험 결과, 열등대안이 있는 조건은 열등대안이 없는 조건에 비해 윤리적 제품에 대한 선호가 증가하는 열등대안의 주효과가 나타났다. 초점분석을 통해, 각 조건의 차이를 살펴보니 열등대안의 효과는 도덕정체성이 높은 조건(vs. 낮은 조건)에서만 나타났으며, 결과중심 사고조건에서뿐만 아니라, 규칙중심 사고조건에서도 나타났다. 또한, 열등대안의 존재는 실험참가자들이 구매상황을 도덕적으로 관련이 있는 의사결정 상황으로 지각하는 정도를 증가시켰으며, 상충되는 두 대안간 차이 또한 증가시키는 결과를 가져왔다. 실험 4의 연구 결과는 열등대안이 높은 도덕성을 가지는 동시에 규칙 중심적 사고를 하는 소비자들이 결과 중심적 사고를 하는 소비자들과 유사한 행동패턴을 갖도록 유도하는 방법으로 사용될 수 있음을 시사하였다.

자기조절은 소비자가 자신이 한 윤리적 의사결정을 실제로 행동하고 실천하게 하는 도덕적 근육과 같은 역할을 한다. 소비자가 성공적으로 자기조절을 하기 위해서는 자기주도성을 관리할 수 있는 평가적인 행위자의 속성을 지닌 통제체제를 갖추고, 자신이 실현가능한 목표를 설정하고, 그 목표를 달성하려는 적극적인 동기가 있어야 한다. 특히 자기조절은 연습과 훈련을 통하여 학습될 수 있다는 점에서 자주 자기조절을 경험할수록 자기조절의 자동화가 이루어져 윤리적 습관으로 나타난다(추병환, 2012).

민승기와 강정석(2013)은 이타주의가 이타적 소비행동에 영향을 미치는 중요한 변수라고 본 연구들과는 달리 도덕적 자기조절이론(Zhong, Liljenquist, & Cain, 2009)에 의하여 이타주의 이외에 선행한 이타적 행동이 도덕적 자아개념의 수준을 변화시켜서 다음에 나타나는 이타적 행동에 영향을 미칠 수 있다고 제안하였다. 본 실험을 하기 전에 여대생 42명으로 하여금 자신의 도덕적 자아개념과 이타주의를 평가하게 하였다. 일주일 후 본 실험에 21명에게는 첫 번째

소비선택상황에 이타적 소비(이타적 소비조건)를 나머지 21명에게는 이기소비(이기적 소비조건)를 하도록 조작했다. 이후 모든 실험 참가자들 자신의 도덕적 자아개념을 다시 평가하고, 후속 소비선택 상황에서 기부의 비율이 다른 소비선택지 중 하나를 선택하게 했다.

연구결과 후속 소비선택에서 기부 비율은 이타적 소비 조건에서보다 이기적 소비 조건에서 높게 나타났다. 그러나 두 조건 모두에서 첫 번째 소비선택 이후 도덕적 자아 개념의 변화는 없는 것으로 나타났다. 두 조건에서 이타주의의 차이가 없음에도 불구하고, 이타적 소비 조건에서는 이타주의가 높을수록 후속 소비선택에서 기부 비율이 높았다. 그러나 이기적 소비 조건에서는 이타주의와 소비선택에서의 기부 비율간 관련성이 없는 것으로 나타났다.

2. 윤리적 소비 정체성에 대한 조사대상자들의 일반적 수준

윤리적 소비의 정체성은 윤리적 이슈들이 소비자의 자기정체성에 얼마나 중요한가에 대한 관심을 의미한다. 각 문항들은 7점 리커트 척도로 측정되었고, 점수가 높을수록 각 문항들이 소비자들의 자기정체성에 중요하다는 것을 나타낸다.

<표 8-1>에 의하면, 12개의 윤리적 소비 정체성 문항 중에서 조사대상자들은 '건강' 에 대해 상대적으로 가장 중요하게 생각하고 있었으며, 다음이 환경문제, 인권과 근로자 권리, 기업행동 등의 순으로 나타났다. 반면 '과소비'에 대해 상대적으로 가장 덜 중요하게 생각하는 것으로 조사되었다. 12문항의 평균은 5.46점으로 조사대상자들은 12개의 이슈가 자신의 정체성에 대해 약간 중요하다고 느끼고 있었다.

〈표 8-1〉 윤리적소비 정체성 문항의 일반적 수준

문 항	M(SD)
1. 공정무역	5.12(1.11)
2. 인권	5.87(1.14)
3. 근로자 권리	5.87(1.07)
4. 기업행동	5.72(1.12)
5. 유전공학	5.02(1.19)
6. 환경문제	5.99(1.14)
7. 동물의 복지	5.11(1.26)
8. 유기농법	5.38(1.08)
9. 제품의 원산지	5.57(1.11)
10. 로컬생산	5.10(1.12)
11. 건강	6.21(1.08)
12. 과소비	4.53(1.56)
7점 환산평균	5.46(1.17)
Cronbach's α	.897

3. 사회인구학적 특성에 따른 윤리적 소비의 정체성

<표 8-2>는 인구사회학적 특성에 따른 윤리적 소비의 정체성 차이를 분석한 결과이다. 윤리적 소비의 정체성은 성별, 결혼지위, 연령에 따라 유의한 차이를 나타내었다. 성별의 경우 남성에 비해 여성이 그리고 결혼지위의 경우 기혼집단에 비해 미혼집단이 윤리적 이슈들이 자신들의 정체성이 중요하다고 응답하였다. 또한 연령에 있어서는 50대 이상의 집단에 비해 20대들이 윤리적 이슈들이 자신의 정체성에 중요하다고 인식하는 것으로 나타났다.

〈표 8-2〉 사회인구학적 변수에 따른 윤리적 소비 정체성

		윤리적 정체성			윤리적 정체성	
성별			연령	20대	66.89	b
	남성	64.66		30대	65.77	ab
	여성	66.19		40대	64.80	ab
				50대 이상	64.09	a
	t값	-2.517*		F값	3.868**	
결혼지위			교육수준	고졸이하	65.03	
	미혼	66.53		전문대졸	66.11	
	기혼	64.84		대졸이상	65.69	
	t값	2.718**		F값	0.863	
종교			월평균 가계소득	200만원미만	64.14	
	기독교	64.97		200-300만원	64.89	
	불교	65.86		300-400만원	65.78	
	천주교	66.94		400-500만원	65.42	
	무교/기타	65.34		500만원이상	66.62	
	F값	1.118		F값	1.840	
직업	주부	64.66				
	학생	66.93				
	전문/사무직	65.38				
	판매/서비스/기능직	65.87				
	농업/노무직/기타	64.86				
	F값	1.307				

* p〈 0.05, ** p〈0.01

4. 윤리적 소비의 정체성과 관련변수들의 상관관계

〈표 8-3〉 물질주의, 이타주의, 자기감시성, 효과성 지각 및 윤리적 소비 정체성의 상관관계

변수	물질주의	이타주의	자기감시성	효과성 지각	윤리적 소비 정체성
물질주의					
이타주의	.125**				
자기감시성	.220**	.235**			
윤리적 소비 정체성	.411**	.436**	.124**	.435**	

** $p < 0.01$

<표 8-3>은 물질주의, 이타주의, 자기감시성, 효과성 지각 및 윤리적 소비 정체성의 상관관계를 분석한 결과이다. 윤리적 소비의 정체성은 물질주의, 이타주의, 효과성 지각에 대해 약한 정적 관계를 가지는 것으로 나타났고, 자기감시성과는 낮은 정적관계를 가지는 것으로 분석되었다.

제9장

윤리적 소비의 실천의도

이제 우리는 정치적으로나 생태적으로 함께 살아가는 법을 배워야 합니다. 우리만의 독특한 문화를 고수하는 것은 불가능합니다. 우리가 착각하고 있는 것 중 하나가, 흔히 '세계적으로 사유하고 지역적으로 행동하자(Think Globally, Act Locally)!'는 모토입니다. 이런 생각은 여전히 이분법적입니다. 현대 세계는 세계적인 것과 지역적인 것을 그렇게 확연히 나눌 수 없기 때문입니다. 저는 그래서 생각도, 행동도 모두 '글로컬(glocal)'하게 해야 한다고 봅니다. 글로벌과 로컬은 실타래가 얽혀있듯 서로 맞물려 있습니다. 분리 불가능한 것이지요(강남순, 크리스천투데이, 2016년 2월 21일).

1. 관련연구 고찰

윤리적 소비자의 구매 의사결정모델 혹은 소비자의 윤리적 상품에 대한 구매행동 모델은 Shaw and Shui(2002a; 2002b; 2003)가 제시한 수정된 계획행동이론에 기초하고 있다. 이성적 행동모델(theory of reasoned action)에 의하면 소비자가 어떤 행동을 취하고자 하는 의도는 어떤 특정행동에 대한 소비자의 태도와 그와 관련된 주관적 규범의 요인으로 구성된다(Ajzen and Fishbein 1980). 여기에 Ajzen (1991)은 지각된 행동통제를 추가하여 '계획된 행동이론'을 만들었다(그림 9-1 참고). Ajzen이 제시한 계획된 행동이론은 행동에 대한 태도와 주관적 규범 뿐 아니라 지각된 행동통제가 행동의도에 영향을 미친다고 본다. 지각된 행동통제는 개인이 하려는 행동을 하는 것을 얼마나 쉽게 생각하고 있는가를 의미한다. 또한 개인이 하려는 행동을 실제로 할 수 있는 것을 의미하는 실제적 행동통제도 행동에 영향을 미친다. 자원과 기회가 행동통제를 결정하는 중요한 요인이 된다.

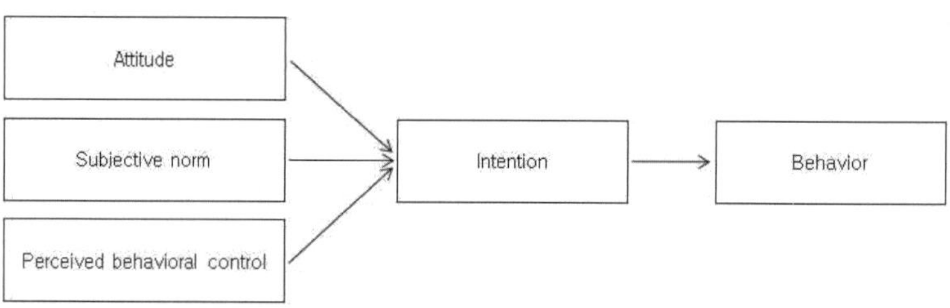

〈그림 9-1〉 계획된 행동이론(The theory of planned behavior)

출처: Ajzen, I.(1991), The theory of planned behavior, *Organizational Behavior and Human Decision Processes*, 50, p179-211.

Shaw와 Shui(2002a; 2002b; 2003)는 윤리적 소비자의 구매행동을 이해하기 위해 '계획된 행동이론'에 기초하여 윤리적 소비자의 구매의사결정 모델을 만들고 이를 '수정된 계획행동이론'으로 명명하였다.

<그림 9-2>의 수정된 계획행동이론에 의하면, 소비자의 윤리적 상품에 대한 구매의도는 태도, 주관적 규범, 지각된 행동통제, 윤리

적 의무, 윤리적 정체성에 의하여 영향을 받고 있다.

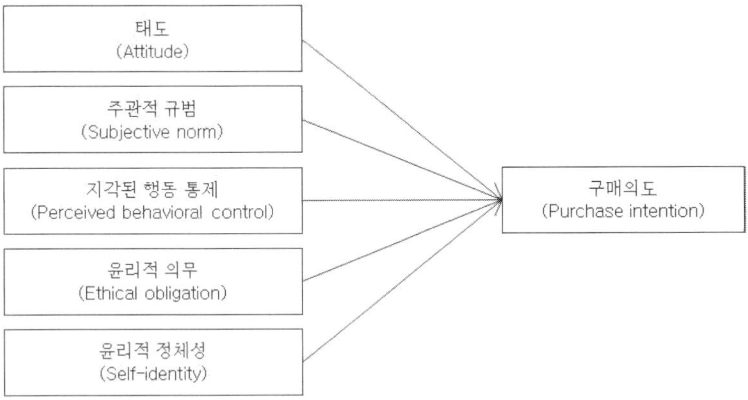

〈그림 9-2〉 수정된 계획행동이론(modified theory of planned behavior)

출처: Shaw & Shiu(2003), Ethics in consumer choice: a multivariate modeling approach, *European Journal of Marketing*, 37(10), p1489.

수정된 계획행동이론을 검증하기 위해 실증연구들이 수행되었는데, 이들 연구에서는 윤리적 구매를 식료품에 있어서 공정무역 식료품 구매로 보고 대규모 질문지조사를 통해 분석한 결과, 윤리적 소비자의 구매의사결정에 있어서 주관적 규범과 지각된 행동통제는 중요하지 않으며(Shaw and Shiu 2003) 대신 윤리적 의무와 윤리적 정체성 변수가 상대적으로 중요하다고 결론을 내렸다(Shaw et al. 2000; Shaw and Shiu 2002a; Shaw and Shiu 2003). 여기서 사용된 윤리적 의무는 소비자가 지각하는 윤리적 혹은 사회적 책임감을 의미하며, 윤리적 정체성은 윤리적 이슈인 환경문제에 대한 관심을 나타낸다. 또한 Shaw와 Shiu(2002b)는 윤리적 의무와 윤리적 정체성은 윤리적 상품의 구매의도 뿐만 아니라 태도에 영향을 주는 선행

변수임을 실증자료를 통해 증명하였다.

Koh와 Noh(2009)는 윤리적 패션 상품의 구매의도에 영향을 미치는 관련변수를 분석했는데, 독립변수로 태도, 윤리적 의무를 나타내는 사회적 책임감, 지각된 행동통제 등을 포함시킨 결과, 태도와 사회적 책임감은 구매의도에 정적 영향을 미쳤으나 지각된 행동통제는 유의한 영향을 미치지 않는 것으로 나타났다. 심층면접을 통해 우리나라 소비자의 윤리적 소비행동 특성을 파악한 고애란(2009)의 연구에 따르면, 소비자를 윤리적 제품 구매로 이끄는 구매행동 관련 변수 중 구매 시 윤리적 소비에 대한 긍정적 태도가 가장 중요한 변수로 나타났다.

허은정(2011)은 수정된 계획행동이론을 바탕으로 하여 소비자들의 윤리적 상품에 대한 태도 및 구매의도에 영향을 미치는 변수들을 규명하고, 이들 변수와 구매의도간의 인과관계를 분석하였다. 조사대상자의 65.3%는 윤리적 상품을 구매한 경험이 있었고, 친환경농산물, 공정무역 커피, 초콜릿, 의류 및 패션제품의 순으로 많이 구매하였다. 조사대상자들의 윤리적 상품에 대한 태도는 7점 기준으로 볼 때 4.85로 윤리적 상품에 대해 약간 긍정적인 태도를 가지고 있으며, 구매의도도 7점 기준으로 볼 때 평균이 5.04점으로 윤리적 상품을 구매할 의사가 다소 있는 것으로 나타났다.

인구사회학적 변수에 따른 윤리적 상품에 대한 태도와 구매의도의 차이를 살펴본 결과, 윤리적 상품에 대한 태도는 교육수준, 월평균 가계소득, 직업에 따라 유의한 차이를 보였고 윤리적 상품에 대한 구매의도는 교육수준, 종교, 월평균 가계소득에 따라 유의한 차이를 나타내었다. 특별히 교육수준이 높은 집단(대졸이상)과 월평균 가계소득이 높은 집단(500만원 이상)은 그렇지 않은 집단에 비해 윤리적 상품에 대한 태도가 긍정적일뿐만 아니라 구매의도 또한 높은 것으로 나타났는데, 일반적으로 윤리적 상품의 경우 제 3세계 근로자들의 생계안정과 경제적 도움을 목적으로 판매하므로 교육수준이 높은 집단이 이에 대한 인식이 높을 것으로 보이며, 윤리적 상품 가격이 일반상품보다 비싸기 때문에 가계소득이 높은 집단이 더 구매할 것으로 해석할 수 있다.

윤리적 상품에 대한 태도에 유의한 영향을 미치는 변수는 보편적 가치, 윤리적 의무, 이타주의, 지각된 소비자 효율성, 인구사회학적 변수 중에는 여성, 교육수준이 고졸보다 높은 집단, 월평균 가계소득이 높은 집단으로 분석되었다. 소비자의 보편적 가치는 윤리적 상품에 대한 태도에 가장 큰 영향을 미치는 변수로 나타났고 다음이 윤리적 의무, 대학재학/대졸이상의 교육수준, 400만원 이상의 가계소득 순이었다. 윤리적 상품에 대한 구매의도의 경우, 태도와 이타주의는 윤리적 상품의 구매의도에 정적 영향을 미치고 있었고, 태도변수가 구매의도에 가장 큰 영향을 미치는 것으로 분석되었다. 이러한 결과는 윤리적 소비자의 특성을 밝힌 선행연구와 일치하는데, 사회전체의 복지뿐 아니라 소비자개인의 복지를 위해서도 일반소비자를 대상으로 윤리적 소비에 대한 정보제공이나 교육을 통해 윤리적 상품에 대해 호의적인 태도를 갖도록 하는 것이 필요하다.

태도변수를 매개변수로 하여 윤리적 상품의 구매의도에 대한 경로분석 결과, 이타주의와 태도는 윤리적 상품의 구매의도에 대해 직접적인 인과효과를 가지고 있었다. 그리고 보편성가치, 지각된 소비자 효율성, 윤리적 의무, 성별(여성), 전문대졸, 대학재학/대졸이상, 가계소득(최상 집단)은 태도변수를 매개로 한 간접적인 인과효과를 가지는 것으로 나타났다. 윤리적 상품의 구매의도에 가장 큰 영향을 주는 변수는 태도이며, 다음으로 보편성가치, 이타주의, 교육수준(대학재학/대졸이상)이 중요한 변수로 나타났다.

최경숙(2015)은 청소년들의 윤리적 소비행동을 정착시키고 지속적으로 함양하기 위하여 다음과 같은 제언을 하였다. 첫째, 윤리적 소비행동의 하위영역을 전반적으로 강조해야 하는데, 특히 기부와 나눔 소비, 공정무역제품 소비 행동수준이 낮으므로 이 영역을 강화하기 위한 소비자교육이 필요하다. 청소년 소비자들은 소비자로서의 역할이 제대로 확립되어 있지 않은 과도기적 성향을 가지고 있기 때문에 성인기의 윤리적 소비행동으로의 지속성을 확보하기 위해서는 청소년기에 자연스럽게 윤리적 소비행동이 자리 잡을 수 있도록 노력해야 한다. 자기중심적인 소비에서 타인지향적인 소비로의 전환을 꾀하고, 공정하고 건강한 소비환경을 구축하기 위한 책임 있는 소비행동에 대한 중요성과 필요성을 인지할 수 있도록 지도해야 한다. 공정무역제품이 구체적으로 무엇을 말하는 것이며, 노동력을 착취한 제품을 왜 구매 하면 안 되는 것인지, 자신의 만족을 위한 소비에서 한발 나아가 함께 살아가는 세상으로 왜 관심을 확대해야하는지, 동시대에 함께 살아가고 있는 어려운 이웃을 위해 나의 소비생활에서 무엇을 실천할 수 있는지, 자신이 소비하는 제품이 누구의 의해 어떻게 만들어지며 소비자에게 오는 동안 환경에 얼마나 영향을 미치는지에 대해 고려할 수 있는 소비자교육의 내용과 방향성이 강화될 필요가 있다.

둘째, 윤리적 소비자교육과 대중매체를 통한 윤리적 소비 접촉이 소비행동에 의미 있는 영향을 미치는 변수기 때문에 이를 활용한 윤리적 소비교육이 이루어져야 한다. 다양한 채널에 의해 윤리적 소비교육 경험이 있는 청소년 소비자일수록 공정무역제품 소비, 기부· 나눔 소비, 로컬소비 그리고 환경친화적 소비를 많이 실천 하고 있다는 결과는 교육의 긍정적인 효과를 반증하기 때문이다. 그러므로 가정, 학교, 사회 등 청소년 소비자가 접촉가능한 모든 교육적 자원과 방법을 체계적으로 활용하여 실천을 강조하는 윤리적 소비교육이 이루어져야 한다. 가정은 청소년의 윤리적 소비교육이 이루어지는 일차적 교육장소로서 생활중심적인 역할을 담당하여야 할 것이며, 교육의 사회적 형평성을 살릴 수 있는 학교교육을 통해서는 윤리적 소비에 대한 이론적 이해와 함께 공동체 프로그램을 통한 실천적 학습이 이루어지도록 해야 한다. 또한 지역사회 윤리적 소비 교육의 기회를 확대하여 청소년 소비자들이 다른 사람과 환경을 공감하고 공동체의식을 가지고 다양한 윤리적 소비를 체험하고 그 효과를 눈으로 확인할 수 있도록 해야 할 것이다.

이 세 가지 교육 주체는 유기적으로 상호보완적 관계를 형성하며 청소년 소비자들이 올바른 소비가치관을 정립하고 바람직한 소비생활의 기틀을 마련할 수 있도록 일관된 교육 체계를 형성해 나가야 한다. 일례로 공정무역제품 소비 교육에 대해 알아보면, 가정에서는 부모와 함께 공정무역 커피와 초콜릿을 구매하며 가치소비를 실현해보고, 학교에서는 제품 생산 및 거래에서 발생하는 저개발국 농민들과 아동노동의 피해를 알아보며 정당한 거래를 위한 방법에 대해 논의해볼 수 있다. 아울러 지역사회의 공정무역 판매기관을 방문하여 현장 체험과 실습을 행해봄으로써 윤리적 소비에 대한 체계적인 교육을 가능하게 하면 그 효과성이 확대될 것이다. 또한 대중매체를 통한 윤리적 교육 접촉을 강화하는 것은 특히 청소년 소비자에게 아주 유용한 교육적 매개체가 될 것으로 사료된다. 다양한 영상매체와 디지털 기기에 노출되어 있는 청소년 소비자들에게 이를 이용한 교육방법은 접근성와 소통성을 확보할 수 있는 통로가 되기 때문이다.

셋째, 윤리적 소비행동의 실효성을 높이기 위해서는 가치 지향적 윤리적 소비교육의 필요성이 제기된다. 연구결과에서 사회심리적 요인 중 환경친화적 가치와 물질주의가 윤리적 소비행동의 하위영역에 의미 있는 영향요인으로 나타남으로써, 실천적 행동으로 이끄는 핵심 요인임을 알 수 있다. 또한 이상주의와 절약성도 로컬소비에 의미 있는 영향 요인으로 나타나므로, 청소년의 가치 증진에 교육의 중점을 두는 것이 요구된다. 청소년기는 점차 독립적인 소비행동을 준비하는 시기로 이 시기에 형성된 가치체계는 성인기 소비행동에 직·간접적으로 영향을 미치게 된다. 즉 윤리적 소 비 가치나 신념이 윤리적 소비행동을 결정하는데 긍정적인 영향력을 갖게 될 것이라 예측할 수 있다. 따라서 청소년의 윤리적 소비 가치를 함양하여, 생활 가치로 형성되도록 강화함으로써 윤리적 소비행동으로의 실천 토대를 마련하여야 한다.

송현정(2015)은 윤리적 정체성, 이타주의, 환경 친화적 태도 및 환경 친화적 행동 의도에 관한 관계를 실증적으로 분석하기 위하여 질문지를 이용하여 수집한 자료를 분석하였다. 윤리적 정체성, 이타주의는 환경 친화적 태도에 유의한 영향을 미쳤으나, 윤리적 의무는 환경 친화적 태도에 영향을 미치지 않았다. 환경 친화적 태도는 재활용 행동의도, 재사용 행동의도, 감량화 행동의도에 의미있는 영향을 미쳤다.

문혜숙(2015)은 중고등학생들의 소비태도의 합리성과 윤리적 소비를 조사하였다. 조사대상자들의 소비태도는 여학생이 남학생보다 구매계획성 및 적극성에서 높게 나타난 반면, 지속성에서는 남학생이 여학생보다 높게 나타났고, 고등학생이 중학생보다 외적요인을 중시하는 비합리적인 소비태도 성향이 높은 것으로 나타났다. 또한 용돈이 낮은 그룹이 높은 그룹보다 지속성이 있는 소비태도를 갖고 있는 반면, 용돈 계층이 높은 그룹이 낮은 그룹보다 외적요인을 중시하는 비합리적인 소비태도의 경향을 보였다. 용돈 계획을 수립한 학생은 계획을 수립하지 않은 학생보다 구매계획을 잘 하고, 적극적인 소비태도를 갖고 있으며, 지속성이 높은 소비태도를 갖고 있는 것으로 나타나 평상시 용돈 사용에 대하여 계획을 한 청소년들이 합리적인 소비태도를 보이는 것으로 확인되었다.

윤리적 소비태도는 성별 및 학년, 용돈금액 그룹에서는 통계적으로 유의한 차이가 발견되지 않았으나 용돈을 규칙적으로 받는 학생이 불규칙적으로 받는 학생보다 녹색소비와 공동체운동의 윤리적 소비 수준이 높았고, 용돈 사용에 대한 계획을 세우는 학생들이 윤리적 소비 수준이 더 높았다. 합리적 소비태도형이 비합리적 소비태도형보다 윤리적 소비의 구매운동, 기부와 나눔, 녹색소비, 로컬소비, 공동체운동, 적극적실천 등 모든 요인에서 높은 수준을 보였다.

홍장현과 김기범(2014)은 착한 소비의 차원을 분석하고 윤리적 소비 행동에 영향을 미치는 심리-사회적 요인들을 분석하였다. 대학생 21명(남 9명, 여 11명)을 대상으로 '윤리적 소비와 연관된 생각', '윤리적 소비 경험', '윤리적 소비 경험의 인지적', '정서적 반응' 등을 질문한 인터뷰를 통해 윤리적 소비를 개념화하였고, 이를 바탕으로 성인남여 144명(남 62명, 여82명)을 대상으로 자료를 수집하여 윤리적 소비 행동에 영향을 미치는 요인을 분석하였다. 면접을 통한 자료를 분석한 결과 대부분의 사람들은 어떤 행동이 윤리적 소비행동인지에 대해 구체적으로 모르고 있었으나 착한 소비는

'공정무역', '자기 자신과 타인을 위한 소비', '친환경적 소비'와 관련이 있고, 기부나 타인에게 도움이 되는 제품 구매 및 공정무역 제품 구매, 친환경적 구매 경험이 있는 것으로 나타나 윤리적 소비는 자기 자신과 타인 및 환경을 고려한 소비 행동으로 인식하고 있었고, 윤리적 소비에 대한 태도는 매우 긍정적이었다. 윤리적 소비의 차원을 개인의 건강, 사회 및 환경으로 구성하여 심리사회적 요인들의 영향력을 분석한 결과, 개인의 건강은 자기존중감, 한국인들의 사회에 대한 윤리적 소비 행동, 공감과 소득이 예측력이 있는 것으로 나타났고, 착한 소비의 사회적 차원은 공감으로만 설명되어졌으며, 환경 차원은 한국인들의 개인의 건강에 대한 태도, 공감, 사회적 비교 및 소득에 의해 예측된 것으로 나타났다.

대부분의 윤리적 소비의 마케팅이나 연구들은 소비자의 사회적 책임과 같은 사회 규범적 가치를 강조함으로써 윤리적 소비를 촉진하려고 하고 있다. 소비자는 윤리적 소비를 해야 한다는 당위성 때문에 추가비용을 지불해야 한다고 생각은 하고 있지만, 실제 소비 행동을 할 때는 가격이 비싸서 구매하지 않는 경우도 많다. 이러한 소비자들의 가격저항은 높은 혜택지각을 통해 감소시킬 수 있기 때문에, 소비자들이 윤리적 소비를 통해 얻는 혜택이나 효용을 어떤 관점에서 지각하는지를 확인해볼 필요가 있다. 윤리적 소비상황에서 소비자가 제품을 구매할 때, 자신의 소비가 초래할 수 있는 사회나 환경 등의 복지를 고려한 공적 결과에 초점을 맞추는지, 자신이 얻게 될 이익과 효용과 같은 사적 결과에 초점을 맞추는지를 분석해야 한다. 또한 총 가격이 같다고 하더라도 가격을 제시하는 형태에 따라 소비자들이 느끼는 혜택이나 공정성이 달라질 수 있기 때문에, 각각의 초점화된 결과에 맞추어 보다 높은 혜택을 느낄 수 있도록 추가 비용의 표현방식도 다르게 제시해야 한다(백명진과 김재휘, 2012).

2. 윤리적 소비의 실천의도에 대한 조사대상자들의 일반적 수준

〈표 9-1〉 윤리적 소비 실천의도에 대한 일반적 수준

문 항	M(SD)
1. 나는 윤리적 소비를 적극적으로 실천할 것이다.	4.56(1.07)
2. 나는 윤리적인 상품을 구매하거나 이용할 것이다.	4.71(1.09)
3. 나는 물건이나 쓰레기를 환경을 고려하여 윤리적으로 처분하도록 할 것이다.	5.13(1.11)
4. 나는 다른 사람이 윤리적인 소비생활을 하도록 참여를 권하거나 도울 것이다.	4.52(1.12)
5. 나는 윤리적인 소비생활을 널리 전파할 수 있도록 적극적으로 정보를 생산하고 다양한 매체(인터넷, TV 등)를 이용하여 알릴 것이다.	4.13(1.25)
7점 환산평균	4.61(1.13)
Cronbach's α	.868

<표 9-1>은 윤리적 소비의 실천의도에 대한 조사대상자들의 일반적 수준을 제시하고 있다. 윤리적 소비의 실천의도는 5문항으로 측정되었고 신뢰도는 크론바하 알파값이 0.868로 신뢰할 만하다. 각 문항은 7점 리커트 척도로 측정되었고, 점수가 높을수록 윤리적 소비를 더 적극적으로 실천하려는 것을 나타낸다. 조사대상자들의 윤리적 소비의 실천의도 전체평균은 4.61점으로 중간수준보다 약간 높음을 의미한다. 구체적으로 '나는 물건이나 쓰레기를 환경을 고려하여 윤리적으로 처분하도록 할 것이다' 문항의 평균점(5.13점)이 상대적으로 높았고, 반면 '나는 윤리적 소비생활을 널리 전파할 수 있도록 적극적으로 정보를 생산하고 다양한 매체를 이용하여 알릴 것이다' 문항이 상대적으로 점수가 낮았다.

3. 인구사회학적 변수에 따른 윤리적 소비의 실천의도

〈표 9-2〉 인구사회학적 변수에 따른 윤리적 소비의 실천의도

		윤리적 소비 실천의도			윤리적 소비 실천의도	
성별			연령	20대	22.34	a
	남성	23.05		30대	22.65	ab
	여성	23.06		40대	23.85	c
				50대 이상	23.55	bc
	t값	-0.038		F값	6.377***	
결혼 지위	미혼	22.78	교육수준	고졸이하	22.55	a
	기혼	23.22		전문대졸	22.94	a
				대졸이상	22.94	b
	t값	-1.484		F값	4.896**	
종교	기독교	23.57	월평균 가계소득	200만원미만	22.39	
	불교	23.35		200-300만원	22.96	
	천주교	23.22		300-400만원	23.32	
	무교/기타	22.68		400-500만원	22.98	
				500만원이상	23.35	
	F값	2.442		F값	1.251	
직업	주부	23.08				
	학생	22.82				
	전문/사무직	23.20				
	판매/서비스/기능직	23.32				
	농업/노무직/기타	22.03				
	F값	1.313				

** p〈 0.01, ***p〈0.001

<표 9-2>는 사회인구학적 특성에 따른 윤리적 소비의 실천의도 차이를 분석한 결과이다. 윤리적 소비의 실천의도는 연령과 교육수준에 따라 유의한 차이를 나타내었다. 연령의 경우 20대에 비해 40

대와 50대 이상 집단이 윤리적 실천의도가 유의하게 높았고, 30대에 비해 40대의 윤리적 실천의도가 유의하게 높았다. 교육수준에 있어서는 고졸이하 집단에 비해 대졸이상 집단에서 윤리적 소비의 실천의도가 유의하게 높은 것으로 나타났다.

4. 윤리적 소비의 실천의도와 관련변수들의 상관관계

〈표 9-3〉 물질주의, 이타주의, 자기감시성, 효과성 지각, 윤리적 정체성 및 윤리적 소비 실천의도 상관관계

변수	물질주의	이타주의	자기감시성	효과성 지각	윤리적 정체성	윤리적소비 실천의도
물질주의						
이타주의	.125**					
자기감시성	.220**	.235**				
효과성 지각	.102**	.470**	.081*			
윤리적 정체성	.411**	.436***	.124***	.435**		
윤리적 소비 실천의도	.143**	.705**	.182**	.552**	.493**	

* P 〈 0.05　　** P 〈 0.01

<표 9-3>은 상관관계분석 결과를 제시하고 있다. 윤리적 소비의 실천의도는 이타주의와는 높은 정적 상관을 가지고 있고, 효과성 지각 및 윤리적 소비 정체성과도 중간정도의 정적 상관을 가지는 것으로 나타났다. 반면 윤리적 소비의 실천의도는 물질주의와 자기감시성 변수와는 낮은 정적 상관을 가지고 있었다.

제 3 부

윤리적 소비행동

윤리적 소비에 대한 관심을 가지게 된 계기로는 가족 및 친구, 대중매체, 사회적 단체 활동, 윤리적 소비 이외의 사회적 문제에 대한 관심 연계의 4개의 차원을 확인할 수 있었다. 이러한 차원을 통해 윤리적 소비에 관한 정보를 처음으로 접하게 되었으며 그에 따라 관심을 가지게 된 것으로 나타났다. 소비자의 특성차원으로는 사회적 책임감, 소비자의 효과성 지각, 사회적 문제에 대한 지속적인 관심, 인간관계 중시, 윤리적 제품 가치부여, 타인에게 도움이 되는 자아이미지 추구, 박애주의 성향, 자선 및 기부 활동 지향, 부모를 통한 교육, 종교의 10개의 차원을 확인하였다. 특히, 인간관계 중시 차원과 윤리적 제품 가치부여 차원에서는 따뜻한 인간관계 중시, 윤리적 제품에 인간적 요소를 부여하는 구체적 차원이 나타났다. 이러한 소비자의 특성차원 중 인간관계 중시, 윤리적 제품 가치부여, 타인에게 도움이 되는 자아이미지 추구, 박애주의 성향 등의 4가지 차원은 특히 인간을 중시하는 등의 인간적 요소가 가미된 차원으로써 윤리적 소비행동을 이해할 수 있는 매우 심층적인 요인이 되리라 예측된다. 구매행동과 관련하여 기부의 한 형태로써 윤리적 소비 선택, 윤리적 제품 구매 유무에 따른 감정변화, 노출빈도에 따른 구매, 윤리적 제품 구매시 취향 반영의 4가지 차원을 확인 할 수 있었고, 윤리적 소비 방해요인으로는 홍보부족이나 제품의 다양성, 품질, 디자인 및 가격 등으로 나타났다(김재현, 2009).

제10장
상거래 윤리

윤리적 소비는 여러 방법으로 실천할 수 있지만 무엇보다 가장 기본적인 일은 상거래를 하는 가운데 소비윤리를 지키는 것이다. 사업자와 계약관계의 의무를 다하며 소비자로서 지켜야 하는 주의를 기울여야 하는 등 소비자로서의 책임을 다해야 한다. 특히 저렴하다고 해서 불법 다운로드를 하거나 사업자에게 지나치게 요구하는 등 다양한 불법적인 방법으로 이익을 취하지 않는 일이 가장 중요하다.

초고속 인터넷 보급이 확산되면서 파일 업로드와 다운로드 시간이 빨라져 이용자들이 불법 다운로드에 쉽게 빠지게 된다. 최근 여러 이용자의 PC에서 같은 종류의 파일을 분산해 다운로드 받는 방식의 '토렌트' 서비스가 확산되면서 더욱 기승을 부리고 있다. 2013년에 문화체육관광부 저작권 특별사법경찰이 국내 대표적인 토렌트 사이트 10곳을 압수수색한 결과, 가입 회원만 378만 명에 달한다고 한다. 이는 국내성인 10명 중 1명 이상이 이미 토렌트를 통해 불법 다운로드를 경험했다고 볼 수 있다. 일정한 비용을 지불하고 파일을 다운로드 받는 웹하드 서비스도 대거 등장했다. 이 경우 이용자는 비용을 지불해 불법이 아니라고 생각할 수 있으나 역시 불법 다운로드이다. 저작권 보호는 소비자로서 살아가는 기본 조건이다(여성신문, 2013년 7월 6일).

1. 관련연구 고찰

비윤리적 상거래행위를 연구하는 거의 대부분의 연구들은 Muncy & Vitell(1992), Vitell & Muncy(1992)의 측정도구를 사용하였다. 이 척도는 소비자 스스로 불법적인 행동을 함으로써 적극적으로 이익을 얻는 경우, 꼭 불법적인 행동이라고 할 수는 없지만 비윤리적인 행동을 함으로써 적극적으로 이익을 얻는 경우, 판매자들의 실수로 인해 소비자가 이익을 얻는 등 다른 사람의 비용지출로부터 이익을 얻는 경우, 소비자가 자신의 행동으로 인해 다른 사람이 피해를 보지 않는다고 판단하고 이익을 받아들이는 경우 등과 같이 4개 요인으로 구성되어 있다.

신상헌(2000)은 고등학생과 대학생의 비윤리적 상거래행위를 조사하였다. 비윤리적 상거래행위는 불법, 판매자에게 손해를 끼치는 행위, 소비자의 오용, 속임 등과 같이 4개 요인으로 구성되어 있었다. 조사대상자들은 불법에 해당되는 문항에서도 무감각한 것으로 밝혀졌다. 양심의 가책기준으로 나눈 집단은 판매자에 대한 평가에서 의미있는 차이가 나타났고 용돈도 적었다.

이유재(2002)는 불량고객의 유형으로 도둑형, 규칙 위반형, 호전형, 내분형, 파괴형, 신용불량형을 제시하였다. 불량 고객과의 관계를 지속시키면서 고객이 올바른 고객으로 거듭날 수 있도록 도와주던가 혹은 불량 고객과의 관계를 끊어버리는 것 이외에도 모든 기업들이 명심해야 할 기본적인 원칙을 다음과 같이 제시하였다. 첫째, 예방이 최선책이다. 둘째, 고객에게 올바른 제품이나 서비스 사용법을 알려 주라. 셋째, 고객과 접하고 있는 종업원들이 중요하다. 넷째, 고객 정보 시스템을 정비하라. 다섯째, 부분의 고객들은 옳다는 것을 명심해야 한다. 여섯째, 고객이 의심되는 점을 고객의 눈에서, 고객에게 유리하게 해석하라. 마지막으로 관계의 청산은 프로페셔널하게 하라.

김정훈과 이은희(2003)는 소비자 비윤리 유형과 판매자와의 상호작용 유형의 관계를 분석하였다. 소비자 비윤리행동은 비양심성, 불법성 및 기만성의 3개 요인, 소비자와 판매자의 상호작용은 소극적 상호작용과 적극적 상호작용의 2개 요인으로 나타났다. 소비자들은 비윤리적 행동을 많이 하는 편이었고, 수동적 상호작용을 더 많이 하는 것으로 밝혀졌다. 성별에 따라 권리주장적 상호작용이, 연령에 따라 비양심성이, 교육수준에 따라 권리주장적 상호작용, 비양심성 및 불법성이, 직업에 따라 비양심성, 불법성, 기만성 및 수동적 상호작용이 차이가 났다. 비윤리 행동유형은 비윤리집단과 윤리집단으로, 상호작용유형은 권리포기형과 권리주장형으로 나뉘어졌다. 비윤리적 집단은 권리포기적 상호작용유형이 많았고, 윤리적 집단은 권리주장적 상호작용유형이 더 많았다.

김정훈(2004)은 전라북도에 거주하고 있는 성인소비자들의 비윤리적 상거래행동을 분석하였다. 시외지역에 사는 소비자들이 시내지역에 사는 소비자들보다, 남성이 여성보다, 고학력층이, 소득이 높은 집단이, 종교를 가진 소비자들이, 다른 연령층이 20대에 비하여 비윤리적 상거래행동을 적게 하였다.

제미경, 서정희, 김영옥(2004)은 대학생의 소비자 비윤리 지각과 행동 및 관련 변수를 연구하였다. 대학생들의 소비자윤리는 지각과 행동이 하위차원에 따라 다르게 나타났다. 특히 저작권과 상표권 등에 관한 소비자윤리 지각과 행동이 가장 불법적인 것으로 나타났다. 컴퓨터 소프트웨어나 게임프로그램의 불법 사용보다 CD나 테이프의 불법사용이 더 많은 것으로 나타났다. 불법 차원의 경우 행동보다 지각이 더 비윤리적인 것으로 나타났다. 윤리적 집단이 비윤리적 집단에 비하여 기업에 대하여 덜 호의적인 태도를 가지고 있고 이상주의 성향이 더 강한 것으로 나타났다. 또한 비윤리적인 소비자 지각과 행동을 할수록 이상주의 성향이 약한 것으로 나타났다. 상대주의 성향이 강할수록 불법행동으로부터 적극적인 이윤추구 행동과 소극적인 이윤추구행동을 더 많이 하는 것으로 나타났다.

박종희, 김도일, 최우리(2005)는 CATV 홈쇼핑에서 최근 문제가 되고 있는 소비자들의 비윤리적인 행위에 영향을 미치는 요인을 규명하고 이러한 요인들이 어떠한 영향을 미치는지를 분석하였다. 홈쇼핑에 대한 신뢰와 전환비용은 소비자들이 홈쇼핑에 대한 충성도를 만드는데 유의한 영향을 미치는 것으로 나타났으나 4단계의 충성도는 소비자들의 비윤리적인 행위의도에 유의한 영향을 미치지 않는 것으로 나타났다.

김효정(2006)은 소비자의 비윤리 상거래 행동과 관련변수를 분석하였다. 비윤리적 소비행동의 하위요인별로 보면 다른 사람들에게 피해를 주지 않으면서 이익을 얻는 행동을 가장 많이 하고 있었고, 의심스러운 행위로 적극적으로 이익을 취하는 행동은 가장 적게 하였다. 불법적인 행동으로 이익을 얻는 행동은 연령, 종교, 소비자지식이, 다른 사람들의 비용 지출로부터 이익을 얻는 행동은 연령과 종교가 영향을 미치는 변수로 밝혀졌다.

제미경과 Weagley(2007)는 한국과 미국의 대학생들을 대상으로 상거래에서의 소비자 비윤리 지각과 행동수준 간에 차이가 있는가를 파악하고 소비자 비윤리 지각과 행동에 영향을 미치는 요인을 규명하였다. 소비자 비윤리 지각수준은 미국대학생이 한국대학생보다 높았으며, 소비자 비윤리 행동수준은 한국대학생이 미국대학생보다 높은 것으로 나타났다. 대학생의 상거래 소비자 비윤리 지각수준은 이상주의가 낮을수록 물질주의 수준이 높을수록 한국대학생에 비해 미국대학생일수록 기업에 대한 태도가 부정적일수록 연령이 어릴수록 높은 것으로 나타났다. 반면, 이상주의가 낮을수록 미국대학생에 비해 한국대학생일수록 물질주의 수준이 높을수록 여학생에 비해 남학생인 경우 연령이 어릴수록 상거래에 대한 소비자 비윤리 행동을 많이 하는 것으로 나타났다.

박경애(2008)는 정당화기술의 응용을 통해 유통환경에서 비윤리적 고객반품행동을 분석하였다. 비윤리적 반품행동의 정당화는 가해와 피해부정, 비난하는 사람 비난, 책임부정, 더 높은 가치에 호소 등과 같은 4개 차원으로 구성되었다. 비윤리적 반품행동의 정당화는 사회인구학적 변수와 관계가 없이 비교적 낮은 수준으로 나타났으나, 비윤리적 행동을 하는 개인에게 책임이 있다고 보기 보다는 유통업체에게 책임을 전가하고 있었다. 비윤리적 행동의식이 높고, 아노미 성향이 강하고, 충동구매 성향이 높을수록 비윤리적 정당화를 더 많이 수용하고 있었다.

박현정과 김상훈(2011)은 컨텐츠 업계에서 큰 이슈가 되고 있는 소비자의 불법복제 행동을 일으키는 원인과 메커니즘을 밝히기 위하여 영화파일의 불법 다운로드를 결정하는 요인을 분석하였다. 편익-비용 분석을 바탕으로 하여 불법적 관람을 합법적 관람의 대체재로 인식하는 정도, 합법적 관람의 효용 및 비용, 불법적인 영화파일 다운로드의 효용 및 비용, 그리고 불법적인 파일 공유에 대한 지식수준을 영향요인으로 분석하였다. 불법적인 파일 다운로드가 가지는 고유 효용은 거래에서 얻는 금전적 효용, 수집적 효용, 이동성 효용, 저장성효용, 반기업 정서 효용, 사회적 효용을 중심으로 살펴보았다. 불법적인 파일 다운로드의 비용은 검색 비용, 도덕적 비용, 법적 비용, 기술적 비용으로 분류하였다. 소비자들의 극장 관람이나 DVD 대여 편수에는 주로 관람에 따르는 금전적이거나 비금전적인 비용이 직접적인 영향을 미치고 있으며 불법 다운로드의 경우 극장 관람보다는 DVD 대여와 연관되어 있는 것으로 나타났다. 불법 다운로드에 가장 직접적인 영향을 미치는 요인은 불법파일이 가지는 고유효용 중에서도 수집적 효용이며 거래적 효용, 저장성 효용, 사회적 효용, 파일공유에 대한 지식도 이 효용과 관계있는 것으로 나타났다.

김지영(2011)은 청소년 소비자들의 비윤리적 상거래 행동의식이 어느 정도 인가를 측정하고, 소비행동 중 많은 문제가 되고 있는 비윤리적 반품행동을 조사하였다. 청소년 반품행동을 법적, 윤리적 허용 기준에 따라 일반적인 반품과 비윤리적 반품으로 세분화하여 분석한 결과, 일반적인 반품행동은 비윤리적 상거래 행동의식(불법/속임수 행동, 타인피해/피해없는 수동적 행동)에 정적인 영향을 미쳤다. 비윤리적 반품행동에 영향을 미치는 요인은 비윤리적 상거래 행동의식(불법/속임수 행동, 사회적 묵인 불법행동)과 부모관련 스트레스가 정적인 영향을 미쳤다. 남녀공학, 남학교, 여학교 순으로,

월평균 용돈 액수와 옷값의 지출비용이 많을수록 비윤리적 반품행동을 많이 하였다. 자아 존중감이 낮은 집단과 스트레스가 높은 집단이 일반적인 반품행동, 비윤리적 반품행동 모두를 보다 더 많이 하였다. 친구관련 스트레스가 클수록, 자아 존중감이 낮을수록, 부모관련 스트레스가 클수록 비윤리적 상거래 행동에 대하여 긍정적인 의식을 가지고 있었다. 불법/속임행동은 남학생이, 사회적 묵인 불법 행동은 여학생이 더 비윤리적으로 나타났다. 불법/속임행동은 남녀공학, 남학교, 여학교 순으로 비윤리성이 높고, 사회적 묵인 불법 행동은 여학교, 남녀공학, 남학교 순으로 비윤리성이 높은 것으로 나타났다. 월평균 용돈 액수가 많을수록 불법/속임행동과 사회적 묵인 불법 행동의 비윤리성이 높게 나타났다. 종교가 없을 경우 사회적 묵인 불법 행동의 비윤리적 성향이 높게 나타났다. 자아 존중감이 낮고 스트레스가 높은 집단이 사회적 묵인 불법 행동, 타인피해/피해 없는 수동적 행동, 불법/속임수 행동 등의 비윤리성이 높았다.

박명숙(2012)은 청소년소비자의 돈에 대한 태도와 과시소비성향이 비윤리적 소비행동에 미치는 영향을 분석하였다. 전반적으로 비윤리적 소비행동 수준은 낮은 것으로 나타났고, 거스름돈을 더 받은 것을 알고도 말하지 않는 경우가 가장 많았다. 소극적 비윤리행동에 영향을 미치는 변수로는 돈을 통제수단으로 생각하는 태도와 과시소비성향으로 나타났다. 적극적 비윤리행동에는 과시소비성향이 가장 큰 영향을 미쳤고, 두 번째는 돈을 통제수단으로 생각하는 태도, 세 번째는 성별이었고, 아버지의 학력은 가장 적게 영향을 미쳤다.

한국 대학생과 재한 중국 유학생소비자의 비윤리적 상거래행동을 비교하여 분석한 류미현(2015b)은 다음과 같은 결론을 발표하였다. 한국 대학생소비자가 재한 중국 유학생소비자에 비해 비윤리적 상거래행동을 더 많이 했는데, 특히 타인손실에 따른 이익 수용행동을 더 많이 하였다. 두 집단 소비자 모두 영화나 음반을 구입하기보다는 무료로 다운 받는 비윤리적 상거래행동을 가장 많이 했다. 한국 대학생과 재한 중국 유학생소비자 모두 주관적 규범이 비윤리적 상거래행동에 가장 큰 영향을 주는 변수로 나타났다. 자기통제력이 강한 한국 대학생소비자들의 경우 사회화된 불법행동이나 타인 손실에 따른 이익 수용행동을 감소시켰고, 재한 중국 유학생소비자들의 경우에도 사회화된 불법행동을 줄였다. 소비자시민성 영역 중 개인적 소비영역은 한국 대학생소비자와 재한 중국유학생소비자 모두 타인 손실에 따른 이익 수용행동에 부적인 영향을 미쳤다. 소비자교육은 중국 유학생소비자들의 비윤리적 상거래행동에 아무런 영향을 주지 못하였으나, 한국 대학생소비자들의 경우 사회화된 불법행동이나 비양심적행동 등과 같은 비윤리적 행동을 감소시키는 효과가 있었다. 사회주의적 성향이 한국보다 강한 재한 중국 유학생소비자들의 경우 국가공동체적 소비영역의 시민성이 높을수록 타인손실에 따른 이익 수용행동을 낮추었다. 한국 대학생소비자들의 경우 남학생이 여학생보다 사회화된 불법행동이 높게 나타났고 반면 여학생들이 남학생에 비해 비양심적 행동이 더 높게 나타났다.

2011년에 대한상공회의소(2011)는 기업을 대상으로 소비자의 악성 클레임 처리 실태를 조사한 결과에 따르면 소비자로부터 과도한 요구를 받은 경험이 있는 경우가 전체의 83%로 나타났다. 일반적으로 제품이나 서비스의 불량을 고의로 유발하고 기업에게 과도한 피해보상을 요구하는 것과 같이 문제행동을 하는 소비자를 블랙컨슈머로 규정하고 있다.

이유재와 공태식(2004)은 고객이 지각하는 서비스 공정성과 부정적 감정 관계에서 상호작용 공정성만이 의미있는 관계를 보였고, 공정성의 모든 하위차원이 고객몰입에 영향을 미쳤다. 그리고 매개변수인 부정적 감정과 고객몰입은 고객 불량행동에 의미있는 영향을 미쳤다.

정규엽, 이승헌, 심성우(2008)은 캐주얼 다이닝 레스토랑의 서비스 불공정성이 고객불량행동의도에 미치는 영향을 조사하였다. 태도공정성과 보상공정성은 모두 부정적 감정에 영향을 미쳤고, 부정적 감정과 물리적 행동의도, 무례함과 법적 대응 의도, 가격보상의도 사이에 의미있는 관계가 나타났다. 즉 서비스 전달과정에서 고객이 부정적 감정을 경험하지 않도록 주의를 기울여야 고객불량행동을 사전에 예방할 수 있다.

박홍식과 정주원(2012)은 EVLN 반응 모형을 도입하여 민원서비스 근무자의 민원인 비윤리 행동에 대한 반응의 분포와 수준, 민원인 비윤리 행동의 경험이 근무자의 EVLN 반응을 예측할 수 있는 유효한 변수인지, 직무만족이 미치는 영향을 검토하였다. 민원서비스 근무자들에게서는 충성과 발언 반응의 강도가 가장 높게 나타났다. 근무자 발언은 불만이 있을 때, 어떻게 개선할지에 대한 대안 제시 등의 반응이라는 점에서, 민원서비스 근무자의 민원인 비윤리 행동에 대한 가장 두드러진 반응은 건설적이나 수동적인 것임을 보여준다. 이밖에 민원인 비윤리 행동 경험의 영향은 단지 이탈에 대해서만 유의하였다. 매스 미디어가 민원인 비윤리 행동을 심각한 이슈로 보도하고, 정부가 이를 행정서비스 제공 상의 새로운 문제로 인식하는 상황에서 EVLN 모형에 의한 민원서비스 근무자의 반응은 이탈의 고민, 스트레스 수준에 해당되고, 특히 불만족 집단에서의 이러한 반응의 강도가 높았다.

곽성희(2014)는 블랙컨슈머의 악성적 행동 사례 중, 법적인 소송이나 제재를 받아 정식 보도된 자료들만을 수집하여 분석하였다. 블랙컨슈머의 태도와 요구내용을 살펴보면, 블랙컨슈머에게는 한 가지 단순한 유형이 아닌 복잡하고 중복된 행동 모습이 나타났다. 이들은 인터넷이나 언론 유포 등의 협박을 일삼았고, 고의적으로 해당 상품에 문제를 만들었다. 무조건적으로 소비자의 권리를 앞세운 폭언이나 심지어 폭행까지 이어지기도 하며 해당 기업의 업무에 치명적인 피해를 같이 보여준 사례들이었다. 대부분의 요구내용은 블랙컨슈머 스스로 만든 억지 문제에 대한 피해보상을 요구하며 비이성적인 태도를 보였고, 사회적 통념상 과대한 보상을 통하여 금전적인 불의한 이득을 상습적으로 취하는 것으로 나타났다. 블랙컨슈머를 경험한 대부분의 피해 중소기업들은 내부적으로 조용히 문제를 해결하려고 일방적인 과도한 보상을 들어주는 경우가 대부분인 것으로 알려졌다. 왜냐하면 중소기업들은 시장에서의 입지가 아직 확고한 위치를 차지한 상황이 아니기 때문에 블랙컨슈머의 불의한 요구임을 알면서도 회사의 이미지 관리를 우선적으로 고려하고 있기 때문이었다. 이러한 비공개적인 피해 기업들의 해결방식이 블랙컨슈머 증가와 같은 악순환의 연결 고리가 된 하나의 이유로 조사되었다.

허경옥(2014)은 소비자요구에 대한 소비자상담사의 태도 및 블랙컨슈머에 대한 정의, 소비자불만 및 블랙컨슈머 불평의 대응행동, 정부와 사회의 소비자편향에 대한 소비자상담사의 인식을 분석하고 상담사와 근무부서의 특성에 따라 어떤 차이가 있는가를 조사하였다. 소비자요구에 대한 상담사의 태도는 약 2/3 정도는 긍정적 태도를 가지고 있었고 소비자들의 불평을 대체로 블랙컨슈머라 인식하고 있었다. 상담사의 약 60%는 소비자불만에 적극적인 대응을 하고 있으나, 블랙컨슈머의 악성적 불평에 대해서는 약 31%의 상담사가 적극적인 것으로 나타났다. 소비자상담사의 연령이 20대와 40대 이상인 경우 근로시간이 40시간이하인 경우, 월평균소득이 300만원을 초과하는 경우, 직위가 사원인 경우 소비자요구에 대해 긍정적인 인식을 갖고 있는 것으로 나타났다. 미혼, 근무년수가 2년 이하, 주당 20시간 이하 근로, 지위가 사원인 경우 소비자의 불평행동을 대체로 블랙컨슈머로 간주하고 있었다. 상담사의 연령이 30대 이상인 경우, 기혼상담사, 대졸상담사, 정규직 상담사, 근무년수가 6년 이상인 경우, 직위가 높은 상담사, 블랙컨슈머 응대교육을 받은 경우, 소비자불만에 대한 대응이 적극적이었다. 상담사의 연령이 낮은 20대의 경우, 근무시간이 20시간 이하인 경우, 월평균소득이 201만원에서 400만원 사이인 경우, 블랙컨슈머 응대교육을 받은 경우 블랙컨슈머에 대한 상담사의 대응행동이 적극적인 것으로 나타났다. 대졸자, 근무 연수가 3년에서 10년 사이인 경우, 근로시간이 21시간에서 40시간인 경우, 직위가 낮은 상담사가 사회가 소비자 편향적이라고 인식하고 있었다. 40세 이상 상담사, 주당근로시간이 20시간 이하인 경우 정부가 소비자 편향적이라고 인식하는 것으로 나타났다.

신재욱과 신민철(2014)은 소비자의 심리특성 중 열등감과 공격성이 블랙컨슈머행동 및 블랙컨슈머들의 삶의 만족도에 미치는 영향력을 검증하였다. 열등감은 블랙컨슈머행동에 유의한 영향력이 없는 것으로 나타났으나, 열등감은 블랙컨슈머의 공격성을 높이는 것으로 나타났다. 공격성은 블랙컨슈머행동을 증가시키고, 블랙컨슈머행동은 블랙컨슈머들의 삶의 만족도를 높이는 것으로 나타났다. 공격성은 블랙컨슈머들의 삶의 만족도를 감소시키는 것으로 확인되었다. 즉 소비자의 열등감은 공격성을 통해 블랙컨슈머행동을 증가시키는 것으로 밝혀졌으며, 소비자의 공격성은 블랙컨슈머행동으로 표출되었을 때, 일정부분 블랙컨슈머들의 삶의 만족도를 높이는 수단으로 분석되었다.

이은경과 전중옥(2014)은 블랙소비행동을 한 경험이 있는 보편적인 소비자를 대상으로 그들의 블랙소비특성과 공모의도 간의 관계를 확인하고 블랙소비행동이 공모행동으로 이어지는데 영향을 미치는 개인 및 사회학습적 요인의 역할을 규명하였다. 상습성, 억지성, 기만성, 그리고 과도성이 높은 소비자일수록 향후 공모행동을 할 가능성이 높았고, 차별적 강화와 차별적 접촉의 두 변수 모두에서 조절효과가 유의한 것으로 나타났다. 소비자의 공모행동에 영향을 미칠 것으로 기대되는 개인적 성향 요인인 자기통제와 자기정당화의 조절효과를 분석한 결과, 자기정당화의 조절효과만이 유의한 것으로 나타났다.

신봉섭(2015)은 블랙컨슈머 성향을 규명하고 인구통계 특성에 따라 이러한 블랙컨슈머 성향에 차이가 나타나고, 보복의도와 자기정당성에 유의한 영향을 미치는지를 살펴보았다. 요인분석을 한 결과 블랙컨슈머 성향은 고의성, 상습성, 억지성의 세 가지 요인이 추출되었고, 50대와 40대는 억지성이, 40대와 30대는 상습성이 높은 것으로 나타났다. 고의성은 자기정당성에, 억지성과 상습성은 각각 보복의도와 자기정당성에 유의한 영향을 미치는 것으로 나타났다.

정창윤, 김인신(2015)은 외식업체의 직무자원 요인과 고객불량행동 요인 중 서비스 접점직원의 사보타주를 발생시키는 구체적인 요인을 밝히고, 서비스 사보타주와 종사자의 직무성과 간의 영향관계를 고찰하였다. 직무자원의 네 개의 요소인 사회적 지원, 업무 자율성, 피드백 및 자기개발기회 중 사회적 지원과 자기개발기회가 종사원의 서비스 사보타주행동을 감화하는데 유의한 영향을 보였고, 고객불량행동의 요인인 물리적 폭력행동과 언어적 폭력행동 모두가 후행변수인 서비스 사보타주에 유의한 영향을 미쳤다. 또한, 서비스 사보타주가 종사원의 직무성과와도 영향관계가 있음을 보였다.

신지윤, 오상아, 이형룡, 진경미(2015)는 고객불량행동이 항공사 승무원의 직무스트레스에 미치는 영향에 있어서 감정노동의 매개효과를 분석하였다. 고객불량행동은 감정노동과 직무스트레스에 유의한 정(+)의 영향을 미치는 것으로 나타났고, 감정노동은 직무스트레스에 유의한 정(+)의 영향을 미치는 것으로 나타났다. 또한 고객불량행동과 직무스트레스의 관계에서 감정노동은 유의한 매개역할을 하는 것으로 나타났다.

허경옥(2015)은 기업에 근무하는 소비자상담사들의 업무스트레스, 블랙컨슈머 대응행동 등 상담사 관련 특성이 소비자상담사의 업무수행평가와 업무만족도에 미치는 영향을 조사하였다. 상담사의 근무 연수가 짧을수록, 소비자의 과다요구건수가 많을수록, 부서규모가 작을수록 블랙컨슈머의 불평에 대한 소비자상담사의 대응행동이 적극적인 것으로 나타났다. 또한, 여성, 연령이 낮은 경우, 고졸, 상담건수가 많은 경우, 상담실 부서 규모가 작은 경우, 소비자상담사의 소비자지향성이 낮은 경우 소비자상담사의 업무스트레스가 많은 것으로 나타났다. 매개변수인 소비자상담사 스트레스는 상담사 업무만족도에 영향을 미치나 상담사의 업무수행평가에는 유의한 영향을 미치지 않음을 알 수 있다. 반면, 소비자상담사의 블랙컨슈머 대응행동은 상담사의 업무수행평가에는 유의한 영향을 미치나 상담사의 업무만족도에는 영향을 미치지 않는 것으로 나타났다. 학력과 상담사의 소비자지향성이 소비자상담사 업무만족도에 직접적 영향 그리고 간접적 영향을 미치고 있었으며, 연령, 상담건수, 상담실 부서규모는 상담사의 업무스트레스인 매개변수를 통해 간접적 영향만 미치는 것으로 나타났다. 소비자상담사의 업무수행평가의 경우 근무 연수와 상담실 부서 규모가 상담사 업무수행평가에 직접적 그리고 간접적 영향을 미치는 것으로 나타났다.

이미연(2016)은 태권도장 경영자를 대상으로 하여 경험한 블랙컨슈머 사례와 대처경험 그리고 그들이 생각하는 대응방안을 CIT 기법을 이용하여 분석하였다. 태권도장의 블랙컨슈머 경험에 대한 중요 단어 추출결과 총 273개의 단어가 추출되었다. 이를 금전문제, 상해문제, 차량문제, 프로그램 불만, 무리한 요구, 경영에 대한 불만, 인성교육책임, 지도자 인격무시, 태권도장 본질상실, SNS 이용의 10개의 유형으로 분류하였다. 태권도장의 블랙컨슈머 대처경험에 대한 중요 단어 추출결과 총 281개의 단어가 추출되었다. 이를 금전적 보상, 요구수용, 사과, 원칙고수, 타인의 도움, 지속적 상담, 차후대책마련, 법적절차, 무시와 퇴관의 10개 유형으로 분류하였다. 태권도장의 블랙컨슈머 대응방안에 대한 중요 단어 추출결과 총 129개의 단어가 추출되었다. 이를 지도자들의 인식개선, 전문성 구축, 도장만의 원칙제정, 대응단체 신설, 학부모와 유대감 형성, 정보공유의 6개 유형으로 분류하였다.

이혜정과 김영규(2016)는 여행사 종사원이 지각한 블랙컨슈머의 행동, 자기 효능감, 소진과 관련된 문헌연구를 통해 블랙컨슈머의 행동이 소진에 미치는 영향을 파악하고, 블랙컨슈머의 행동과 소진과의 관계에 자기효능감의 매개변수 역할을 규명하였다. 블랙컨슈머 행동은 감정고갈과 비인격화, 자기효능감에 정(+)의 영향을 미친다. 자기효능감은 감정고갈과 비인격화에 부(-)의 영향을 미치나, 개인성취감에는 정의 영향을 미친다. 자기효능감은 블랙컨슈머와 감정고갈과의 관계, 블랙컨슈머와 비인격화와의 관계, 블랙컨슈머와 개인성취감과의 관계에서 매개효과가 있는 것으로 나타났다.

하정남(2016)은 호텔 종사원이 지각하는 고객불량행동이 종사원의 일차 분노사고와 이차 분노사고 미치는 영향, 호텔 종사원의 일차 분노사고와 이차 분노사고가 분노표현에 미치는 영향, 호텔 종사원의 분노표현이 소진에 미치는 영향을 확인하였다. 고객불량행동 중 파괴형과 언어·물리적 폭력형에 대한 지각수준이 높을수록 일차 분노사고가 높아지나, 신용불량형이 일차 분노사고에 미치는 영향은 통계적으로 유의하지 않은 것으로 나타났다. 고객불량행동 중 언어·물리적 폭력형은 이차 분노사고, 즉 타인비난 및 보복, 무력감, 통제 및 건설적 대처를 더 많이 하였지만, 파괴형 및 신용불량형은 이차 분노사고의 구성요인인 타인비난 및 보복, 무력감, 통제 및 건설적 대처에는 의미있는 영향을 미치지 않았다. 일차 분노사고 수준이 높을수록 분노표출, 분노억제, 분노조절 등이 높아졌다. 이차 분노사고 수준이 높은 경우 타인비난 및 보복 및 무력감이 강할수록 분노를 더 많이 표출했고, 통제 및 건설적 대처가 많은 경우에는 분노를 적게 표출했다. 이차 분노사고가 분노억제에 미치는 영향을 살펴보면, 타인비난 및 보복과 무력감이 강할수록 분노를 억제하지 못했고, 통제 및 건설적으로 대처할수록 분노를 잘 억제하였다. 마지막으로 이차 분노사고가 분노조절에 미치는 영향을 살펴보면, 무력감이 강할수록 분노를 잘 억제하지 못했고, 통제 및 건설적 대처를 잘 할수록 분노를 잘 억제하였으나, 타인비난 및 보복은 분노조절에 의미있는 영향을 미치지 않았다.

2. 상거래 윤리에 대한 조사대상자들의 일반적 수준

〈표10-1〉상거래 윤리에 대한 일반적 수준

문 항	M(SD)
1. 제품을 교환, 환불받고 싶으면 무조건 맘에 들지 않는다고 큰 소리부터 내거나 억지부터 부려본다.	2.20(1.18)
2. 맘에 들지 않는 브랜드나 회사에 대해서 무조건 비판적으로 이야기하거나 인터넷에 글을 올리는 편이다.	2.22(1.19)
3. 할인점이나 마트에서 시식용 반찬이나 빵, 음료수를 계속해서 먹는다.	3.34(1.21)
4. 고르다가 파손되는 과일이나 제품을 모르는 척 두고 다른 제품을 골라서 구매한다.	3.29(1.44)
5. 유명상표의 디자인이나 상표를 모방한 가짜상품을 구입한다.	2.75(1.23)
6. P2P사이트를 이용해서 보지 못한 TV프로그램이나 영화, 음악 등을 다운 받는다.	3.93(1.56)
7점 환산평균	2.87(1.30)
Cronbach's α	.697

상거래 윤리에 대한 문항은 6문항을 측정되었고 각 문항은 7점 리커트 척도로 측정되었다. 이후에 나오는 윤리적 소비 실천행동의 다른 영역과 달리 여기서는 각 문항의 점수가 높을수록 상거래 윤리를 제대로 실천하지 못함을 의미한다. 조사대상자들은 'P2P사이트를 이용해서 보지 못한 TV프로그램이나 영화, 음악 등을 다운 받는다' 문항의 평균점수가 3.93점으로 6문항 중 제일 높은 것으로

나타났다. 그 외 '할인점이나 마트에서 시식용 반찬이나 빵, 음료수를 계속해서 먹는다' 문항과 '고르다가 파손되는 과일이나 제품을 모르는 척 두고 다른 제품을 골라서 구매한다' 문항의 평균점수가 3점대로 상대적으로 높은 반면 '제품을 교환, 환불받고 싶으면 무조건 맘에 들지 않는다고 큰 소리부터 내거나 억지를 부려본다' 문항의 평균점수가 제일 낮았다. 상거래 윤리 실천행동의 전체 평균이 2.87점으로 나타나서 조사대상자들은 상거래 윤리를 지키지 않는 행동을 거의 하지 않는 것으로 조사되었다.

2015년에 유명한 가수인 김장훈은 자신의 페이스북을 통해 "평소 강남케이블로 드라마나 영화를 보지만 가끔씩 매니저 아이디로 가입된 한 파일공유 사이트에서 미드 등을 몇 번 다운받아 봤다"며 "제 모바일이 사무실에서 개통한 것이라 주민번호 인증 때문에 매니저번호로 인증해서 보내주는 방식으로 시청을 하는데 설이어서 그런지 매니저로부터 답이 없어서 파일공유 사이트에서 영화를 받았다"고 했다.

그는 "하지만 자막이 아랍어라 웃자는 뜻에서 SNS에 사진을 올렸는데 일이 이렇게 진행될 줄 몰랐다"며 "불법이라는 생각을 한순간이라도 했다면 먼저 SNS에 올릴 리도 없고, 제 무지의 소치"라고 설명했다. 또한 "법을 잘 몰라 매니저 아이디를 사용한 것이 어느 정도 사안인지는 모르겠으나 주된 벌은 사용자인 매니저가 받을 듯해 마음이 무겁다". "제가 껴안을 수 있는 범위 이상까지 제가 다 안고 책임지도록 하겠다". "예술영역에 집중해 세상 물정을 잘 모르는 채 살았지만 제가 한 일에 대해 법대로 반드시 결과를 수긍할 것"이라고 말했다(조세일보 2015년 2월 21일).

3. 사회인구학적 특성에 따른 상거래 윤리

〈표 10-2〉 인구사회학적 변수에 따른 상거래윤리

독립변수		평균	독립변수	빈도	평균
성별	남성	30.24	결혼지위	미혼	30.17
	여성	30.32		기혼	30.35
	t값	-0.26		t값	-0.53
연령	20대	30.00	종교	기독교	29.99
	30대	29.81		불교	29.69
	40대	30.75		천주교	29.91
	50대 이상	30.71		무교/기타	30.68
	F값	2.32		F값	2.29
교육수준			월평균 가계소득	200만원미만	31.06
	고졸이하	30.49		200-300만원	29.62
	전문대졸	30.23		300-400만원	30.00
	대졸이상	30.12		400-500만원	30.30
				500만원이상	30.63
	F값	0.60		F값	2.38

<표 10-2>는 인구사회학적 특성변수에 따른 상거래 윤리 실천행동을 분석한 결과이다. 여기서 상거래윤리 행동은 역코딩을 하여 분석하였기 때문에 점수가 높을수록 상거래 실천행동을 잘 하는 것을 나타낸다. 분석결과 인구사회학적 특성변수에 따른 상거래 윤리 행동은 유의한 차이를 나타내지 못하였다.

4. 상거래윤리와 관련변수들의 상관관계

〈표 10-3〉 자기주도성, 관대함, 보편성, 물질주의, 이타주의, 효과성 지각, 윤리적 정체성 및 상거래 윤리 상관관계

변수	자기 주도성	관대함	보편성	물질 주의	이타 주의	효과성 지각	윤리적 정체성	상거래 윤리
자기 주도성								
관대함	.705**							
보편성	.715**	.755**						
물질주의	.460**	.317**	.358**					
이타주의	.268**	.365**	.338**	.125**				
효과성 지각	.475**	.419**	.424**	.102**	.470**			
윤리적 정체성	.653**	.647**	.719**	.411**	.436**	.435**		
상거래 윤리	.125**	.149**	.158**	-.040	-.061	.080	.104**	

** P 〈 0.01

<표 10-3>은 상거래 윤리와 관련변수들의 상관관계 분석을 나타내고 있다. 상거래 윤리는 윤리적 소비와 관련된 3가지 가치인 자기주도성, 관대함, 보편성과 약한 정적 상관을 가지는 것으로 나타났다. 물질주의, 이타주의, 윤리적 소비 효과성 지각과는 유의한 상관이 없었고 윤리적 소비의 정체성과는 약한 정적 상관을 보였다. 즉 자기주도성이 강하고 관대하고 보편적이고 윤리적 소비에 대한 정체성이 강한 소비자일수록 상거래윤리를 잘 실천하고 있었다.

5. 상거래 윤리에 대한 회귀분석

〈표 10-4〉 상거래 윤리에 대한 회귀분석

	독립변수	회귀계수 (β값)
소비자가치	자기주도성	0.020(0.018)
	관대함	**0.120(0.107*)**
	보편성	0.078(0.092)
심리 사회적 변수	물질주의	**-0.121(-0.120**)**
	이타주의	**0.120(0.135**)**
	효과성 지각	0.074(0.048)
	윤리적 정체성	0.019(0.036)
윤리적 소비동기	개인 긍정동기	-0.059(-0.060)
	사회 긍정동기	0.070(0.054)
	개인 부정동기	-0.077(0.099)
	사회 부정동기	-0.003(-0.003)
	상수	29.505
	F값	6.99***
	R^2	0.072
	수정된R^2	0.062

* p〈0.05 ** p〈 0.01

<표 10-4>는 상거래 윤리에 대한 다중회귀분석 결과이다. 독립변수는 윤리적 소비와 관련된 소비자가치, 심리사회적 변수 및 윤리적 소비동기가 포함되었고 이들 변수는 상거래 윤리를 약 7.2% 설명하였다. 분석결과 소비자가치 중 관대함의 가치가 높을수록 상거래 윤리를 잘 실천하였고, 심리사회적 변수 중에서는 물질주의 성향이 낮을수록, 이타주의 성향이 높을수록 상거래 윤리를 잘 실천하는 것으로 나타났다. 윤리적 소비동기 변수는 유의한 영향을 미치지 않았다. 종속변수에 대한 독립변수의 상대적인 영향력을 살펴본 결과, 이타주의가 가장 큰 영향을 미치고 있었고 다음이 물질주의, 관대함의 순으로 조사되었다.

제 11 장

적극적 구매

미국 메릴랜드 대학의 국제정책 평가 프로그램이 2004년에 실시한 전국여론조사에 의하면 조사대상자의 83%가 "미국은 자유무역이 중요한 목표이기는 하지만, 이 목표는 노동자들과 환경 및 인권을 보호하는 다른 목표와도 균형을 이루어야 한다. 이렇게 함으로써 경제성장이 둔화될지라도..." 라는 견해에 동의하였다. 또한 제조과정을 모르는 20달러짜리 옷과 노동착취공장이 아닌 곳에서 만들어졌음을 증명하는 25달러짜리 옷 중에서 어떤 것을 선택하겠느냐는 질문에 61%가 5달러를 더 지불하고 노동착취공장이 아닌 곳에서 만들어진 옷을 구입하겠다고 응답하였다.

이 여론조사 결과를 시험하기 위하여 미시간대학과 노스웨스턴대학은 미시간에 있는 한 유명백화점에서 양말을 구매하는 소비자들을 대상으로 하여 실제 구매행동을 관찰하였다. 연구자들은 양말 판매대에 '어린이 노동자들을 고용하지 않고 노동착취를 하지 않는 안전하고 바람직한 근로환경에서 생산된 양말'이라는 문구를 부착하였다. 이 문구를 부착한 양말 가까이에 있는 다른 판매대에는 아무 문구도 부착하지 않은 양말을 진열해 놓았다. 그리고 바람직한 근로환경에서 생산되었다는 문구를 부착한 양말 가격을 올렸음에도 불구하고 소비자의 1/3이 기꺼이 돈을 더 지불하고 윤리적 기준에 의하여 생산된 양말을 구매했다(Timmerman, 2012).

신발 브랜드 탐스(TOMS)는 매년 전 세계에서 '신발 없는 하루(One Day Without Shoes)'를 동시에 진행하고 있다. '신발 없는 하루'는 신발 한 켤레가 맨발의 아이들의 생활에 줄 수 있는 변화와 영향력을 알리기 위해 전 세계 사람들이 신발을 벗는 날로 2016년에 9번째로 진행된 글로벌 캠페인이다. 자신의 인스타그램에 탐스 슈즈와 맨발을 함께 찍어 without shoes라는 해시태그를 함께 업로드하면, 그 숫자만큼 도움이 필요한 아이들에게 신발을 기부하는 프로그램이다. 2015년 6월 5일부터 21일까지 약 2주간 한국에서는 1만 315 켤레, 전 세계적으로 총 29만 6천 243 켤레의 신발이 기부되는 성과를 이뤘다. 탐스 슈즈(TOMS shoes)는 미국 캘리포니아에 본사를 두고 있는 신발 업체로서, "내일을 위한 신발"(Shoes for Tomorrow)이라는 슬로건을 가지고 있다. 소비자가 한 켤레의 신발을 구입하면 한 켤레의 신발을 제3세계 어린이들에게 기부하는 일대일 기부 공식인 'One for one'을 도입해 '착한 기업'의 대명사로 알려졌고 세계적인 브랜드로 급성장했다.

오뚜기는 전 직원을 정규직으로 고용함으로써 평판과 매출신장이라는 두 마리 토끼를 다 잡은 대표적인 사례다. 이 회사는 대형마트에서 일하는 시식사원 1800여명까지 모두 정규직화 했다. 회사 관계자는 "정규직 시식사원의 경우 제품에 애정을 가지고 업무에 임하기 때문에 매출 신장에도 도움이 된다"고 설명했다. 오뚜기의 직원 사랑은 실제 매출 성장에도 기여하고 있다. 회사가 지난해 10월 내놓은 신제품 진짬뽕은 출시 두 달 만에 2000만개가 판매되는 기염을 토했다. 주가도 가파른 상승세이다. 2015년 11월까지 90만 원대이던 오뚜기 주가는 2016년 1월 6일 종가 기준 127만 3000원에 거래되고 있다(캠퍼스잡 앤조이, 2016년 1월 8일).

1. 관련연구 고찰

buycott, gicott, procott, anti-boycott 등으로도 불리는 적극적 구매는 소비자가 개인의 경제적 동기보다는 공동체, 사회, 국가, 지구 전체에 덕이 될 수 있는 상품을 가격이 조금 비싸고 품질이 조금 떨어지더라도 적극적으로 구매하는 소비자운동이다(Friedman, 1996).

Friedman(1996)은 적극적 구매를 다음과 같은 유형으로 분류하였다. 첫 번째 유형은 윤리적 소비가 판단 기준이 아니라 가격이 가장 싸고 품질이 좋은 제품과 서비스를 구매하려는 소비자들의 요구에 부응하기 위하여 소비자단체나 정부가 실험이나 객관적 기준에 의하여 평가한 자료를 공개해서 소비자에게 추천하는 것이다. 미국 컨슈머 리포트의 'Best Buy', 국제소비자연맹의 'RUGMARK'를 예로 들 수 있다. 우리나라에서는 공정거래위원회가 주관하고 한국소비자원이 운영하는 소비자정보 종합 포털사이트인 스마트컨슈머에서 제공하고 있는 각종 비교정보를 예로 들 수 있다.

두 번째는 대상의 주체에 따라 분류하는 것으로, 적극적 구매의 대상이면서 사회에 봉사하거나 윤리적으로 행동을 하는 사람을 대신하는 간접적으로 적극적 구매를 하는 대리인 적극적 구매가 있다. 소매업자가 자신의 수익의 일정한 비율을 자선에 기부하는 것을 예로 들 수 있다. 비대리인 적극적 구매는 대리인을 거치지 않고, 직접 예고된 구매행동에 참여하는 것이다. 특정 도시, 주 또는 외국의 특정 이슈에 감명을 받아서 그 지역에 영향을 받거나 주는 기업의 제품을 직접 구매하는 것을 예로 들 수 있다.

셋째는 이익수혜에 따라 수익적 적극적 구매와 의식적 적극적 구매로 분류하는 것이다. 수익적 적극적 구매는 지원자와 수혜자가 같은 구매자로 활동하는 경우로 연합상표가 붙은 제품을 구매하도록 장려하는 조직화된 노동운동을 예로 들 수 있다. 의식적 바이콧은 지원자와 수혜자가 다른 구매자로 활동하는 경우로 주로 지원자는 사람이며 수혜자는 동물인 동물권리운동을 예로 들 수 있다.

넷째는 대상의 수에 따라 단일대상 적극적 구매와 복합대상 적극적 구매로 분류하는 것이다. 단일대상 적극적 구매는 특정한 제조업체나 판매업체 또는 단일 브랜드나 모델을 구매하는 행위이다. 복합대상 적극적 구매는 다양한 종류를 구비하고 있는 복합적 성격을 가진 대상을 구매하고자 하는 행위로 조합이 만든 제품이나 한국산 제품만을 구매하는 것이다.

마지막으로는 대상의 경영성격에 따라 ISO 2600 인증업체인 사회적 책임을 다하는 기업에서 생산한 것을 구매하는 행위와 사회적 기업에서 생산한 것을 구매하는 행위로 나눌 수 있다.

캐롯몹(Carrotmob) 운동도 새로운 적극적 구매운동의 하나로 진화하고 있다. 캐롯몹에서 캐롯은 동물을 훈련시키기 위한 전략인 '당근과 채찍'에서 차용하였다. 조련사가 동물을 훈련할 때 원하는 행동을 하면 당근을 주고, 원하지 않는 행동을 하면 채찍으로 때리는 것을 의미한다. 몹은 flashmob에서 차용하였기 때문에 군중을 의미한다. 그러므로 '캐롯몹'은 보이콧운동과 시위, 소송 같은 공격적

방법 대신 좋은 기업의 물건을 몰아서 사주고 홍보해 주는 방식으로 진행하는 소비자운동이라고 할 수 있다.

캐롯몹 운동은 2008년 3월 29일에 샌프란시스코에서 시작되었다. 샌프란시스코의 한 동네에 있는 23개의 상점을 대상으로 소비자가 물건을 사면 매출의 몇 %를 친환경 조명기구로 바꾸는데 사용할 것인가를 경매에 부쳤다. 매출의 22%를 친환경 조명 등 시설에 투자하겠다고 제안한 K&D 마트가 입찰되었고, 이러한 사실을 홍보하였다. 친환경에 관심을 가지고 있던 인근의 소비자들이 그 마트로 몰려가 9,200달러의 물건을 대량으로 구매했고, 약속한 대로 K&D 마트는 그날 수입의 22%를 친환경조명기구로 바꾸는데 사용했다. 이렇게 작은 동네에서 시작된 운동은 2009년에 미국의 10개 도시와 핀란드, 프랑스 등 해외까지 확산됐다. 수백 명의 캐롯몹 활동가들이 필라델피아에 모여 이 운동의 전략을 논의했다. 참가자들은 캐롯몹 활동을 알리는 스티커를 붙인 당근을 나눠주는 행사를 열었다. 2011년까지 북미와 남미, 유럽과 아시아, 오스트레일리아에서 100개 이상으로 확대될 정도로 급속도로 확산되었고, 지지자들도 계속 증가해서 2015년 현재는 20개 이상의 국가에서 250개 이상으로 확대되었고, 100,000 캐롯몹 활동가들이 활동하고 있다(carrotmob.org).

창시자인 브렌트 설킨 씨는 "캐롯몹 활동의 장점은 적을 만들 필요가 없다는 것이라며, 일반 소비자의 작은 구매력을 모아 협동을 통한 긍정적 에너지를 행사할 수 있다."고 말했다. 주로 에너지 절약과 친환경 투자에 앞장서는 기업들이 주요 대상이다. 캐롯몹 활동가들은 홈페이지(carrotmob.org)를 비롯한 각종 인터넷 사이트와 트위터, 동영상 공유사이트인 유튜브를 통해 활동을 적극적으로 홍보하고 있다. 이러한 SNS 서비스가 활성화되면서 캐롯몹의 홍보도 더 빠른 시간에 순식간에 확산되고, 오프라인과 온라인을 통하여 운동의 효과도 더 커질 것이라고 전망할 수 있다. 예를 들면 초기에는 작은 지역에서 이루어졌으나 지역과 국가를 초월하여 운동 범위를 확산시킬 수도 있다. 캐롯몹 조직가인 토이 몬테그네로 씨는 "캐롯몹의 개념이 굉장히 빠른 속도로 확산되고 있다"며 "65세 이상의 장년층에서 의외로 빠르고 적극적으로 동참해 주는 것이 놀랍다"고 말했다(dongA.com, 2009년 9월 22일).

캐롯몹은 2012년 9월 10일에 처음으로 미국 캘리포니아주 북부에서 가장 큰 커피 로스트 기업인 Thanksgiving Coffee Company와 함께 온라인으로 글로벌 캠페인을 시작하였다. 가족기업인 이 회사는 전 세계의 작은 농장과 협동조합에서 커피를 구입함으로써 이미 지속가능 활동을 하고 있었지만, 다른 커피회사들이 하는 것 이상으로 최대한으로 추진하기를 원했다. 그 회사는 오늘날에 자신이 로스팅하는 커피가 석유운반선 대신에 풍력선으로 수송되는 첫 번째 커피회사가 되기를 원했다. Thanksgiving Coffee Company는 소비자들이 캐롯몹 웹사이트에서 150,000 달러에 해당되는 커피를 사면 풍력선 수송을 시작하겠다고 하였다. 캠페인으로부터 모금한 기금은 회사가 실현가능한 풍력선 수송 방법을 정확하게 결정하고 대중과 공유할 수 있는 비즈니스 모델을 개발하기 위한 연구자들을 고용하는데 사용될 것이다. 남은 기금으로는 커다란 범선을 구입할 것이다. 글로벌 항해는 매년 1조톤의 이산화탄소를 배출하고 있고, 커피는 전 세계에서 광범위하게 거래되는 농작물이기 때문에 그 효과는 매우 크다고 볼 수 있다.

캐롯몹 운동은 다음과 같은 이유로 미래 정치적인 소비운동을 이끌 매우 영향력 있는 전략이 될 것이다. 첫째, 소비자들은 캐롯몹이 매우 짜릿하고 고무적이라고 생각하기 때문에 다른 운동 전략보다 더 선호하는 경향이 있다(Heiskanen 등, 2010; Pezzullo, 2011). 특히 보이콧이나 시위보다 윤리적 기업이나 윤리적 제품을 적극적으로 구매하는 행위는 소비자가 기업과 대립할 필요가 없다는 점에서 긍정적인 반응을 얻을 수 있다. 둘째, 이 운동에 참여하는 소비자들은 자신들의 과거 소비패턴을 바꿀 필요가 없다는 점이다(Klein 등, 2002; Sen 등, 2011). 마지막으로 이 운동은 참여하는 기업에게 매출을 올릴 수 있는 기회를 주고, 명성도 높여줌으로써 다시 매출확대로 이루어지게 하는 선순환구조를 만들어준다는 점에서 기업이 참여하도록 하는 높은 동기도 제공해준다는 점이다(서정희, 2012; 서정희와 전향란, 2016).

기업의 사회적 책임은 소비자들로 하여금 호의적으로 기업에 대한 태도를 가지게 한다. 기업이 사회적 책임을 하는 동기는 외부의 공익을 위한 동기와 기업의 이익을 위한 동기로 구분된다. 공익을 위한 동기는 사회적 책임을 하는 과정에서 손실이 있어도 사회적 의무를 이행하기 위하여 자선적인 차원에서 지속하는 것이고, 이익을 위한 동기는 기업가치를 증진시키기 위한 것이다. 일반적으로 공익을 위한 기업의 사회적 책임은 소비자들에게 긍정적인 기업태도를 가지게 하나, 이익을 위한 기업의 사회적 책임은 소비자로 하여금 기업에 대하여 부정적인 태도를 가지게 한다.

이한준과 박종철(2009)은 기업의 경제적 책임활동 노력은 전문성에 기초한 신뢰와 호의성에 기초한 신뢰를 매개로 제품 및 기업평가에 긍정적인 영향을 미치는 것으로 나타났다. 다시 말해서 기업의 경제적 책임활동 노력이 높으면 소비자들은 해당 기업에 대하여 전문성에 기초한 신뢰와 호의성에 기초한 신뢰를 형성하여 해당 기업 및 그 기업의 제품에 긍정적인 평가를 내린다는 것이다. 그러나 기업의 법률적 책임활동과 윤리적 책임활동, 그리고 자선적 책임활동 노력은 모두 호의성에 기초한 신뢰형성에만 긍정적인 영향을 미치는 것으로 나타났다. 이러한 결과는 기업의 법률적 책임활동과 윤리적 책임활동, 그리고 자선적 책임활동이 해당 기업에 대한 전문성 신뢰가 아닌 호의성 신뢰를 매개로 해당 기업 및 제품에 긍정적인 영향을 미쳤다는 사실을 제시해준다.

정기한, 허미옥, 신재익(2007)은 기업의 사회적 책임활동이 기업이미지에 미치는 영향과 그로 인한 고객신뢰, 고객몰입, 고객충성도에 미치는 영향에 대해 살펴보았다. 특히 기업의 사회적 책임활동을 여섯 요인으로 구분하여 각 분야별 활동이 기업이미지에 미치는 상대적 영향효과에 대해 집중적으로 고찰하였다. 경제적 책임활동, 법적 책임활동, 환경주의활동, 소비자보호활동은 기업의 이미지에 긍정적인 영향을 미치는 것으로 나타났으나, 윤리적 책임활동, 자선적 책임활동은 효과가 없는 것으로 확인되었다. 각 분야별 활동내용의 상대적 효과에 관해서는 소비자보호활동이 다른 사회적 책임활동들보다 기업이미지에 가장 많은 영향을 미치는 것으로 나타났다. 그에 이어 경제적 책임활동과 환경주의활동이 기업이미지에 많은 영향을 미쳤고, 법적 책임활동도 기업이미지에 영향을 미쳤다. 반면 자선적 책임활동과 윤리적 책임활동은 유의한 영향을 주지 못하는 것으로 분석되었다.

신민식, 김수은, 김병수(2011)는 1999년 1월 1일부터 2009년 12월 31일까지 한국거래소의 유가증권시장에 상장된 기업을 대상으로 대리인 이론의 관점에서 기업의 사회적 책임 지출이 기업 가치에 미치는 영향을 실증분석 하였다. 기업의 기부금 지출은 기업 가치에 양의 영향을 미치지만, 일정 수준을 초과하여 과도하게 지출하면 기업 가치에 음의 영향을 미친다. 즉, 기업의 기부금 지출은 기업 가치와 역 U자형의 비선형 관계가 있다. 이는 경영자가 개인적인 명성이나 사적 효익을 얻기 위해 사회적 책임 지출을 적정 수준 이상으로 과도하게 지출하면, 주주와 경영자 간의 대리인 갈등으로 인하여 대리인 비용이 발생하여 기업가치가 감소할 수 있음을 의미한다. 기업의 경제정의지수는 기업 가치에 유의한 양의 영향을 미친다. 즉, 경제정의 기업은 그렇지 않은 기업보다 기업가치가 증가한다. 대기업은 물론 중소기업의 경우에도 기부금 지출은 기업 가치에 유의한 비선형적 영향을 미치며, 경제정의지수는 대기업과 중소기업의 기업 가치에 모두 유의한 양의 영향을 미친다. 그리고 비재벌기업의 경우에는 기부금 지출이 기업 가치에 유의한 비선형적 영향을 미치지만, 재벌기업의 경우에는 유의하지 않다. 이러한 결과는 재벌기업이 기부금 지출을 하더라도 기업 가치에는 영향을 미치지 않음을 의미한다. 그러나 경제정의지수는 비재벌기업과 재벌기업의 기업 가치에 모두 유의한 양의 영향을 미친다. 결론적으로, 한국거래소의 유가증권시장에 상장된 기업들은 사회적 책임 지출이 기업 가치에 영향을 미친다고 할 수 있다. 기업의 기부금 지출은 기업 가치에 양의 영향을 미치지만, 일정 수준을 초과하여 과도하게 지출하면 기업 가치에 음의 영향을 미친다. 즉, 기부금 지출은 대기업은 물론 중소기업의 경우에도 기업 가치에 역 U자형의 비선형적 영향을 미친다. 그리고 경제정의기업은 그렇지 않은 기업보다 기업가치가 증가한다. 다만, 재벌기업의 경우에는 기부금 지출 효과가 나타나지 않는다.

공유가치창출 활동이 기업의 사회적 책임 활동보다 더 효과적인지를 실증적으로 검증한 연구(윤각과 이은주, 2014)에 의하면, 사회책임성인식, 브랜드태도, 기업-소비자 동일시, 진정성 등 모든 종속변인들에서 기업의 사회적 책임 활동보다 공유가치창출 활동이 더 높은 평가를 받았다. 또한 피험자들이 전반적으로 기업의 사회적 책임 활동보다 공유가치창출 활동을 높게 평가했지만, 이 차이는 자기효능감이 높은 피험자들에게서 더 크게 나타났다. 하지만, 예상과 달리 관여도는 기업의 사회적 책임 활동과 공유가치창출 활동의 평가에 유의미한 조절효과를 미치지 않는 것으로 나타났다.

기업의 사회적 책임만 강조하면 새로운 가치를 창출하지 못하고 기존에 생산된 몫의 분배에만 초점을 맞추게 되고, 사회공헌활동의 폭이 제한되고 지속가능성도 제한된다는 관점에서 공유가치창출이 중요한 과제로 대두되었다. 공유가치창출은 기업이 혁신을 통하여 사회문제를 적극적으로 해결하고 경제, 사회적 가치의 총량을 확대하는 것이다. 공유가치창출은 사회적 책임과는 달리 사회공헌활동을 통하여 매출과 이익을 증대시키고 사회문제를 기업의 경제활동과 일체화시키는 것이다. 가장 대표적인 사례가 공정무역이다.

전국의 주요 공연장 및 미술관을 중심으로 설문지를 배부하고 그 결과를 구조방정식 모형을 통해 검증한 결과, 고객 가치 동기가 기업의 사회 공헌 이미지 평가에 정적인 영향을 주고, 기업 가치 동기가 기업의 사회 공헌 이미지 평가에 부적인 영향 주었다. 기업의 사회적 책임과 공유가치창출을 포함한 기업의 사회공헌 동기의 유형에 따라 소비지가 인식하는 기업의 평가는 어떻게 달라질 것인지를 검증하기 위해 집단 간 비교를 실시하였다. 기업의 사회적 책임 집단에 비해 공유가치창출 집단에서 고객 가치 동기가 기업 이미지에 미치는 영향력이 큰 것을 알 수 있다. 그리고 공유가치창출 집단에 비해 기업의 사회적 책임 집단에서 기업 가치 동기가 기업 이미지에 미치는 영향력이 큰 것을 알 수 있다(권은정, 안원현, 김치용, 2013).

생활용품 제조기업 유니레버(Unilever)는 홍수로 논밭을 잃은 방글라데시 주부들이 자사제품의 방문판매원으로써 경제활동을 할 수 있게 하는 Project Joyeeta를 진행했다. 방글라데시의 NGO는 주부들이 방문판매용 제품을 살 수 있도록 돈을 빌려주고, 유니레버는 판매기술을 교육했다. 이 프로젝트는 2003년부터 2008년 말까지 2천여 명의 방문판매원을 배출하며 방글라데시 주민들에게 수입원을 제공해 주었다. 삶의 질이 향상된 주민들은 유니레버 제품을 구매해 자사의 매출도 증가하는 일석이조의 결과를 창출했다. 홍수로 인해 집도, 땅도 잃었던 방글라데시 국민들은 Project Joyeeta 덕분에 새로운 삶을 살 수 있게 됐다. 유니레버는 2008년에 만 2.1억 유로(약32억원)의 추가 매출을 올렸다. 유니레버의 공유가치창출 활동은 포터 교수가 제안한 첫 번째 전략인 '상품과 시장의 재인식'을 실행한 예이다. 저개발 및 개발도상국, 인도, 중국, 브라질 등 빈부격차가 심한 나라의 저소득층 등 '피라미드의 하층부(Bottom of Pyramid: BoP)' 시장에서 더 큰 기회를 찾을 수 있다는 것을 인식한 것이다. BoP 시장에 맞게 재구성한 상품을 낮은 가격에 판매하거나 BoP 계층 국민들의 경제력을 상승시켜 제품 구매 가능성을 높이면 기업은 사회적 책임을 다함과 동시에 경제적 이익을 창출할 수 있다는 것이다(최다운, 김경복, 이상명, 2013).

한국의 미리내 운동은 소비자의 자발적인 선지불과 참여기업을 통해 간편하고 단순하지만 의미 있는 소비실천방식을 통해 나눔,

공동체주의, 그리고 상대적 빈곤에 대한 사회적 관심으로까지 확장되는 모습을 보이고 있다. 이와 같은 사례들을 종합해볼 때, 기존의 기업의 사회적 책임활동은 기업이 이윤을 추구한 뒤 이익의 일부를 비용으로 사용하는 경향이 다분한 반면, 공유가치창출활동은 투자와 생산 초기 시점에 소비자의 참여를 유도하여 새로운 가치를 창출하는 방향으로 나아가고 있다. 이러한 측면에서 공유가치창출은 기업과 소비자의 협력관계가 중요한 요인이며 특히 소비자의 사회참여의식을 높이는 것이 관건임을 확인할 수 있었다(천혜정, 김시월, 이동일, 이지현, 2014).

구혜경과 김정은(2015)는 노인 일자리 창출 이슈를 민간 기업의 공유가치창출활동과 접목 가능한지를 탐색하기 위하여 국내외의 일자리 창출과 관련된 공유가치창출 사례를 추출하여 사례분석을 실시하였다. 노인의 빈곤 혹은 노인 삶의 질은 사회적 이슈로 볼 수 있으며, 기업들이 노인 이슈에 관심을 기울이고 공유가치창출 전략 수립을 통하여 경제적 가치 실현을 유도할 수 있는 이론적인 접근법으로 볼 수 있다. 코카콜라, 네슬레, 딜란세이 스트리트, 에울렌, 메트로, CJ제일제당, 유한 킴벌리 등 일곱 개의 국내외 공유가치창출 사례를 분석한 결과 노인 일자리 창출은 민간 기업의 관점에서는 미래 확대될 신시장의 창출 및 대비의 측면에서 중요한 이슈이며, 이를 위해 공유가치로 선정할 수 있는 가능성을 확인하였다. 뿐만 아니라 노인 일자리 창출을 위해서 각 기업의 핵심적인 역량과 노인의 역량을 접목시켜야 하며 그것을 위해서는 노인의 특성에 대한 정확한 이해, 노인의 라이프스타일 및 특성별 직무 요구, 요구와 부합하는 노인 적합 일자리 직종의 개발 등이 선행되어야 하며 더 나아가 사례분석의 함의와 같이 노인 소비자에 대한 지역 기반의 교육 강화 등이 중요한 이슈로 도출되었다.

CJ대한통운의 실버택배 사업은 정부기관, 지역 자치단체, 노인복지기관과 민간기업의 유기적 상호 협업을 통하여 공유가치창출에 성공한 모델이다. 기존의 노인인력을 위한 일자리 창출은 정부 주도로 진행되어 왔는데 노인들에게 단순노동 위주와 낮은 임금수준에 기반한 복지형 일자리를 주로 제공하였다. 노인들에게 실질적 복지혜택을 제공할 수 있는 소속감과 만족감을 충족시키고, 근로의 즐거움과 보람을 주는 의미있는 양질의 일자리를 제공하지는 못하였다. 지방자치단체들은 노인에 대한 복지제공과 더불어서 지역경제의 활성화라는 숙제를 항상 안고 있었다. 실버택배를 이용한 노인계층에서의 일자리 창출과 복지제공은 지자체와 공공복지기관의 고민을 상당 부분 해소시킬 수 있는 가능성을 제시한다. CJ대한통운은 지속적으로 늘어나는 택배수요와 이를 처리할 배송인력의 부족, 배송 난 지역의 해소 및 택배거점의 확보의 필요성, 배송비용 상승에 대한 대응 등 사업수행상의 난제에 직면하였다. 공유가치창출을 통한 사업보국, 공존공영의 추구라는 CJ의 경영철학은 이러한 지역사회의 니즈에 부응하여 CJ대한통운이 보유한 화물운송에서의 핵심역량을 활용한 새로운 실버택배 사업모델을 구현하였다. 실버택배는 다른 경쟁업체에서도 시도한 적이 있었지만 CJ대한통운과는 전략적 접근방법이 달랐다. 밀집한 아파트 단지 중심에 택배거점을 확보하고 실버인력들에게 사랑방과 같은 공간을 동시에 제공함으로써 거점 없이 노상에서 택배화물을 처리하는 경쟁업체들과 차별성을 구축하였다. CJ대한통운의 실버택배 사례는 기업의 핵심역량을 활용한 공유가치창출모델로서 복지형이 아닌 생산형의 노인일자리 창출과 지역경제 활성화라는 사회적 가치를 구현하고 시장변화에 전략적으로 대응하는 기업의 사업적 가치를 동시에 달성한 민-관-지자체의 협력을 통한 성공적 공유가치창출모형의 개발이라는 측면에서 의미가 있다(전병준, 2015).

경제적 가치와 사회적 가치의 공동창출을 강조하는 개념인 공유가치창출은 국내 경영학계와 기업의 사회공헌팀을 중심으로 급속도로 확대되고 있다. 이 과정에서 공유가치창출이 어떠한 방식으로 전달되고 있는지를 분석함으로써 그것이 처음 도입되었을 때의 개념을 충분히 반영하고 있는지를 노유진(2015)은 검토하였다. 이를 위하여 국내에서 이 개념이 처음 등장했을 때부터 2015년 3월까지 공유가치창출을 다룬 종합일간지의 기사 411건을 대상으로 내용 분석을 실시하였다. 공유가치창출 관련 기사의 양은 전년 대비 2-5배씩 빠른 속도로 증가하고 있었고, 기사에서 전달하는 사회적 성과는 교육.역량(17.9%), 취.창업(17.6%), 중소기업 지원(13.5%) 순으로 나타났다. 또한 기사에서 다루는 사회적 성과의 수혜자는 사람이 43.1%로 가장 큰 비중을 차지하고 있었고, 그 다음이 지역(28.7%), 조직 및 기업(16.3%) 순으로 나타났다. 이러한 분석을 통해 본 연구는 만병통치약처럼 인식되고 있는 공유가치창출이 보다 발전적으로 확대되기 위해 사회적 가치의 개념과 범위를 보다 구체화하면서 명료화할 것을 제안하였다. 동시에 두 가지의 가치를 창출하는 과정에서 발생하는 긴장에 대해 보다 체계적인 심층 분석을 통하여 사회의 근본문제를 간과한 채 사회적 성과를 확대재생산하지 않도록 지속적인 모니터링을 해야 할 것이다.

컨벤션산업 공유가치창출과 기대성과 간의 영향관계에 있어서 공유가치창출에 있어 우선시 되어야 하는 사회적 가치보다는 실질적으로 가시적인 결과를 가져올 수 있는 가치요인들이 기대성과에 유의한 영향을 미치는 것으로 나타났다. 사회 공헌적 측면에서 반드시 추구해야 하는 가치가 사회적 가치임에도 불구하고 아직 컨벤션산업에서는 사회적 가치에 대한 중요성 인식이 낮다는 것을 보여주는 결과로 사회와 기업이 함께 발전하는 공유가치창출의 개념에 대한 인식의 변화가 지속적으로 이루어져야 할 것이다. 또한, 산업, 지역, 조직이 모두 함께 성장하고, 공동의 이익을 창출하며 유기적인 관계를 지속할 수 있는 활동방안과 전략이 마련되어야 할 것이다. 기대성과와 지속적 행동의도의 영향관계에서 지역적 기대성과와 조직적 기대성과는 지속적 행동의도에 유의한 영향을 미치는 것으로 나타났으나 산업적 기대성과는 지속적 행동의도에 영향을 미치지 않는 것으로 나타났다. 공유가치창출은 지역사회와 조직 및 기업에서 추구하는 가치이기에 이에 대한 지속적 참여의도, 구전 및 추천의도가 영향관계를 가지지만 산업적 기대성과의 경우 산업에서의 교류 및 네트워크의 구축과 정책마련 등과 같은 거시적 관점의 산업 자체에 대한 성과로써 지속 적 행동의도에는 영향을 미치지 않은 것으로 볼 수 있다(유소리, 윤유식, 김기헌, 2015).

성경식, 양일선, 장윤정(2015)에 의하면, 사회적 외식기업에 대한 브랜드연상이 관계품질에 미치는 영향에서 호감도 연상, 독특성 연상은 소비자의 브랜드에 대한 만족과 신뢰에 모두 유의한 정의 영향을 미치는 것으로 나타난 반면 강도 연상은 신뢰에만 유의한 정의 영향을 미치며 만족에는 유의한 영향을 미치지 못하는 것으로 나타났다. 소비자-브랜드간의 관계품질이 고객충성도에 미치는 영향에서 만족과 신뢰는 태도 충성도와 행동 충성도에 모두 유의한 정의 영향을 미치는 것으로 나타났다. 사회적 외식기업에 관한 브랜드연상 고객 충성도에 미치는 영향에서 강도 연상, 호감도 연상,

독특성 연상은 태도 충성도에 모두 유의미한 정의 영향을 미침으로서 사회적 외식기업에 관한 긍정적인 브랜드 연상은 감정 애착, 친밀감 등의 태도 충성도를 높이는데 영향을 주는 것으로 볼 수 있다. 사회적 외식기업의 브랜드 연상과 관계품질간의 윤리 소비성향의 조절 효과에 대한 분석에서 윤리 소비성향은 '연상 강도와 만족', '연상 강도와 신뢰', '연상 호감도와 신뢰'간에는 조절효과가 있는 것으로 나타났으며 그 외 '연상 호감도와 만족', '연상 독특성과 만족', '연상 독특성과 신뢰'간에는 조절효과가 없는 것으로 나타났다.

장영란, 홍정화, 차진화(2012)는 사회적 기업의 구성원 특성 요인(최고경영자의 역량, 종업원 역량, 사회적 기업가 교육 이수)과 사회적기업의 기업 특성 요인(지배구조, 회계시스템, 사회적 기업 인증성적)이 사회적기업의 경제적 성과와 사회적 성과 및 지속가능성에 영향을 미치는지를 분석하였다. 최고경영자의 역량이 높을수록, 종업원 역량이 높을수록, 회계시스템의 운영이 좋을수록, 사회적기업 인증 시 성적이 높을수록 사회적기업의 경제적 성과는 높아지는 것으로 나타났다. 그러나 구성원 특성요인 중 사회적 기업가 교육과정 이수와 기업 특성 요인 중 사회적기업의 지배구조, 그리고 사회적기업의 인증여부는 경제적 성과에 유의적인 영향을 미치지 않는 것으로 나타났다. 최고경영자의 역량이 높을수록, 종업원 역량이 높을수록, 사회적 기업가 교육과정을 잘 이수할수록, 회계시스템의 운영이 좋을수록, 사회적기업의 지배구조가 민주적일수록, 사회적 기업 인증 시 성적이 높을수록 사회적기업의 사회적 성과는 높아지는 것으로 나타났다. 그러나 사회적기업의 인증여부는 사회적 성과에 영향을 미치지 않는 것으로 나타났다. 사회적 성과와 경제적 성과는 서로 음의 유의적 영향을 미치는 것으로 나타났으며,

사회적기업의 경제적성과가 높을수록, 그리고 사회적 성과가 높을수록 사회적기업의 지속가능성이 높아지는 것으로 나타났다. 사회적기업의 인증여부는 지속가능성에 영향을 미치지 않는 것으로 나타났다.

2. 적극적 구매에 대한 조사대상자들의 일반적 수준

〈표 11-1〉 적극적 구매의 일반적 수준

문 항	M(SD)
1. 공인된 기관에서 객관적으로 시험평가하고 인증한 제품을 선택한다.	4.70(1.17)
2. 가격이 비싸더라도 유기농이나 친환경적으로 생산된 제품을 구매한다.	4.22(1.22)
3. 되도록 환경 또는 사회적인 라벨인증을 받은 기업의 제품을 구입하고 있다.	4.59(1.24)
4. 제품의 제조환경을 투명하게 공개하는 기업의 제품을 선택한다.	4.82(1.19)
7점 환산평균	4.58(1.21)
Cronbach's α	.840

<표 11-1>에 의하면 적극적 구매는 4문항으로 측정되었고 신뢰도는 크론바하 알파값이 0.840으로 신뢰할 만하다. 각 문항은 7점 리커트 척도로 측정되었으며 점수가 높을수록 소비자들은 건강, 환경, 인권 등을 고려하여 제품을 생산하는 기업의 제품구매에 적극적임을 나타낸다. 적극적 구매의 전체 평균은 4.58점으로 중간보다 약간 높은 수준이었다. 구체적으로 '제품의 제조환경을 투명하게 공개하는 기업의 제품을 선택한다'는 문항의 평균점수가 상대적으로 높았고 반면 '가격이 비싸더라도 유기농이나 친환경적으로 생산된 제품을 구매한다' 문항의 평균점수가 낮게 나타났다.

3. 인구사회학적 특성에 따른 적극적 구매

〈표 11-2〉 인구사회학적 변수에 따른 적극적 구매

독립변수		평균	독립변수	빈도	평균
성별	남성	18.38	결혼지위	미혼	18.24
	여성	18.26		기혼	18.56
	t값	0.47		t값	-0.43
연령	20대	18.30	종교	기독교	18.55
	30대	18.23		불교	18.41
	40대	18.49		천주교	18.49
	50대 이상	18.24		무교/기타	18.14
	F값	0.24		F값	0.72
교육수준			월평균 가계소득	200만원미만	16.81 a
	고졸이하	17.81 a		200-300만원	18.43 b
	전문대졸	18.19 ab		300-400만원	17.99 ab
	대졸이상	18.81 b		400-500만원	19.08 b
				500만원이상	18.85 b
	F값	6.86***		F값	8.72***

*** p〈0.001 ** p〈0.01

<표 11-2>는 인구사회학적 특성에 따른 적극적 구매의 차이를 분석한 결과이다. 소비자의 적극적 구매는 교육수준과 월평균 가계소득에 따라 유의한 차이를 나타내었다. 교육수준의 경우 고졸이하 집단에 비해 대졸이상 집단이 적극적 구매를 더 잘 실천하는 것으로 나타났고, 월평균 가계소득에 있어서는 가계소득이 가장 낮은 200만원 미만 집단보다는 그 이상의 집단들이 적극적 구매를 더 잘 실천하였다.

4. 적극적 구매와 관련변수들의 상관관계

〈표 11-3〉 자기주도성, 관대함, 보편성, 물질주의, 이타주의, 효과성지각, 윤리적 정체성 및 적극적 구매의 상관관계

변수	자기 주도성	관대함	보편성	물질 주의	이타 주의	효과성 지각	윤리적 정체성	적극적 구매
자기 주도성								
관대함	.705**							
보편성	.715**	.755**						
물질주의	.460**	.317**	.358**					
이타주의	.268**	.365**	.338**	.125**				
효과성 지각	.475**	.419**	.424**	.102**	.470**			
윤리적 정체성	.653**	.647**	.719**	.411**	.436**	.435**		
적극적 구매	.328**	.291**	.290**	.133**	.288**	.338**	.319**	

** $p<0.01$

<표 11-3>은 적극적 구매와 관련 변수들의 상관관계 분석 결과이다. 소비자가 자기주도성이 강할수록, 윤리적 소비의 효과성을 지각할수록, 윤리적 이슈들이 자기정체성에 중요할수록 적극적 구매를 더 잘 실천하는 것을 나타낸다. 즉 적극적 구매는 자기주도성, 윤리적 소비 효과성 지각 및 윤리적 소비의 정체성과 중간정도의 정적 상관을 가지고 있었다. 또한 적극적 구매는 관대함, 보편성, 이타주의 및 물질주의와도 약한 정적 상관을 가지는 것으로 분석되었다.

5. 적극적 구매에 대한 회귀분석

〈표 11-4〉 적극적 구매에 대한 회귀분석

	독립변수	회귀계수 (β값)
소비자가치	자기주도성	**0.114(0.126**)**
	관대함	0.007(0.008)
	보편성	-0.026(00.038)
심리 사회적 변수	물질주의	0.004(0.005)
	이타주의	**0.052(0.073*)**
	효과성 지각	**0.225(0.184***)**
	윤리적 정체성	0.029(0.071)
윤리적 소비동기	개인 긍정동기	-0.036(-0.045)
	사회 긍정동기	**0.212(0.203***)**
	개인 부정동기	0.013(0.020)
	사회 부정동기	-0.029(-0.039)
	상수	6.609***
	F값	23.957***
	R^2	0.211
	수정된R^2	0.202

* p〈0.05 ** p〈0.01 *** p〈 0.001

<표 11-4>는 적극적 구매에 대한 다중회귀분석 결과이다. 독립변수는 소비자가치, 심리사회적 변수, 윤리적 소비동기가 포함되었고 이들 변수들은 종속변수를 약 21.1%를 설명하는 것으로 나타났다. 분석결과 소비자가치 중에서 자기주도성이 강할수록, 이타주의 성향이 높을수록, 윤리적 소비에 대한 효과성이 크다고 지각할수록, 소비자가 윤리적 소비행동을 할 때 사회적 긍정동기를 중요하게 생각할수록 적극적 구매를 더 잘 실천하는 것으로 나타났다. 종속변수에 대한 독립변수들의 상대적 영향력을 살펴보면, 사회적 긍정

동기의 영향이 가장 크고 그 다음이 효과성 지각, 자기주도성, 이타주의 순으로 나타났다.

제 12 장

불매운동

대학생과 청년들이 가습기살균제 가해기업을 규탄하며 불매운동 동참을 호소했다. 2016년 5월 26일 광화문 광장에서 열린 기자회견에서 이들 세대는 "권리는 저절로 주어지지 않는다"며 청년의 적극적인 사회참여와 조직적 연대의 필요성을 주장했다. 대상은 사망 266명, 생존 피해 566명을 유발하며 지금도 잠재적 피해 규모를 늘리고 있는 가습기살균제 제조유통기업이며, 목적은 '심판'이다. 이 자리에서 자신을 성공회대 재학 중이라고 소개한 한 학생은 "다시금 한국 사회의 '안전'에 커다란 경종을 울리며, 우리 삶 속의 '불안'을 직시하게 한다"며, "이를 5년째 수면 아래로 덮으려고만 했던 정부와 제조사, 판매사, 연구교수, 옥시의 법률대리인인 김앤장 등의 뻔뻔스러운 행태는 많은 국민들이 울분을 넘어 참담함까지 느끼게 한다"며 동참 이유를 밝혔다.

한신대 재학 중인 한 학생은 "우리가 그동안 누리지 못했던 '안전한 삶'의 권리를 찾는 것은 현 시대의 가장 시급한 과제이며, 동시에 인간 존엄에 대한 회복이다"는 말과 함께 청년세대의 '행동'을 촉구했다. 이날 이들 청년·대학생들은 "우리 모두는 가습기살균제 피해자들의 고통이 곧 나의 것임을 인식하고, 우리의 존엄과 안전을 위협하고 박탈하는 세력과 맞서 싸우고자 한다"는 선언과 함께 청년참여연대와 성공회대 옥시불매운동 대학생모임 명의의 4가지 요구안을 발표했다. 검찰 수사와 국회 청문회 시 정부와 해당기업의 성실 참여, 옥시 이외 관련기업에 대한 엄정 수사, 피해자 중심적정 협상과 보상, 옥시 불매에 대한 청년세대 동참 등이 그 내용이다(아이뉴스24, 2016년 5월 26일).

1. 관련연구 고찰

소비자행동모델에 근거한 소비자불매운동 연구들(박재현, 최호규, 2010; 우정 외, 2007; 이주희, 2005; Balabanis, 2012; Faraj and Newman, 2009; John and Klein, 2003; Klein et al., 2004; Sen et al. 2001 등)은 대부분 소비자불매운동에 참여하는 소비자들이 합리적으로 의사결정을 한다는 가정 아래 참여 동기와 구매 후 행동, 재구매의도 등을 분석하였다. 이 연구들은 소비자불매운동을 비용-혜택 모델(personal costs and benefits) 및 계획된 행동이론(Theory of planned behavior, TPB) 등을 통해 분석하였다(서정희, 전향란, 2016).

Sen 등(2001)은 소비자불매운동을 참여에 개인의 혜택과 사회적 제약 간 사회적 딜레마로 개념화하여 준거집단의 영향력과 함께 개인의 비용과 혜택 간의 관계를 분석하였다. 대학생을 대상으로 두 차례의 실험을 통해 소비자불매운동의 성공가능성 인지, 집단의 불매운동 참여 가능성, 대체재 여부, 불매운동의 효과성, 긍정적 메시지 프레임 등이 소비자불매운동 가능성에 미치는 영향을 분석하였다. 소비자불매운동의 성공에 대한 불확실성이 소비자보이콧 참여의 중요한 열쇠가 된다. 불매운동의 효과 인지, 이해관계자 전원의 불매운동 참여에 대한 기대, 긍정적 불매운동 메시지 프레임이 성공가능성 인지를 매개변수로 하여 소비자불매운동 가능성에 영향을 미쳤다. 불매운동에 대하여 반론을 제기하는 준거집단의 영향력은 불매운동 참여에 부정적인 영향을 미치는 것으로 밝혀져 소비자불매운동에서 무임승차자문제도 나타날 수 있다고 하였다.

John과 Klein(2003)은 구글 웹 검색을 통해 온라인상에서 포춘지와 인터브랜드 상위 50개사에 대한 불매운동의 발생비율을 조사하였다. 불매운동은 소비자들이 기업에 대한 부정적 감정에 의하여 촉발되므로, 기업의 사회적 공헌활동 여부, 기업관계자의 비리여부, 노동 및 인권 준수 여부 등에 대하여 소비자들이 공감이 이루어지는 경우에도 보이콧운동이 가능하다. 불매운동도 사회적으로 약자에게 도움을 주려는 소비자들의 이타적 성향이 영향을 미치고 있다고 이 논문은 주장하였다.

Klein 등(2004)은 Sen 등(2001)과 John 과 Klein(2003)의 연구에서 사용한 도움 행위(helping behavior)와 관련된 사회적 행위로 불매운동을 정의하고 Bremmer라는 가칭 공장의 비도덕적 행위에 관해 1,216명을 대상으로 전화로 조사를 하였다. 연구자들은 변화에 대한 신념, 자기강화, 불매운동에 대한 반론, 고착된 소비 등과 같은 비용-혜택 요인이 악의성 지각을 매개로 하여 소비자불매운동 참여에 어떠한 영향을 미치는지를 분석하였다. 악의성은 기업이 다양한 이해관계자들인 직원, 소비자, 사회 전체 등에게 해로운 결과를 가져올 가능성 또는 명백하게 잘못되고 부정된 행위와 관련되어 있다는 믿음으로, 도덕적이거나 윤리적인 위반이라고 인식하는 것으로 정의하였다(Chen, 2010). 악의성 지각이 소비자불매운동에 미치는 직접적인 영향력은 크지 않았으나, 자기강화와 변화에 대한 신념과 같은 혜택 변수가 악의성 지각과 소비자보이콧 참여에 긍정적인 영향을 미쳤다. 인식(자각) - 악의성 - 보이콧운동 모델은 이후 관련 연구들의 토대가 되었을 뿐만 아니라, 윤리적 소비행동과 관련된 소비자보이콧을 밝혀는 중요한 모델이 되었다.

이주희(2005)는 Klein 등(2004)의 연구모델을 그대로 인용해서 인터넷에서 소비자보이콧의 대상이 되고 있는 자동차와 식품회사에 대한 보이콧운동 참여여부를 10대를 포함한 200명을 대상으로 조사를 하였다. 조사대상자들은 소비자참여에 따른 효과인 변화에 대한 믿음과 자기 강화가 크다고 지각할수록, 불매운동에 관한 반론, 고착된 소비, 지간과 정보탐색 비용과 같은 비용이 적다고 지각할수록, 비도덕적이라는 악의성이 적다고 지각할수록 소비자보이콧 운동에 더 많이 참여하겠다고 하였다. 이러한 연구결과는 Klein 등(2004)의 연구를 우리나라의 경험적 연구를 통하여 지지하였으나, 안티사이트의 성격과 집단구성원의 영향력을 통제하거나 배제하지 못했다는 한계가 있다.

Balabanis(2012)는 세계화로 다국적 기업이 성장하면서 소비자불매운동의 행태가 다국적 기업의 이해관계자들에 대한 간접적인 불매운동운동의 성격을 띠게 된다고 보고 간접적 소비자불매운동을 조사하였다. 교토의정서에 참여에 거부한 미국과 인권탄압이 이루어지는 미얀마정부, 이러한 미국과 미얀마정부에 로비를 하는 미국, 프랑스, 일본 등의 4개의 기업에 대해서 영국시민 232명으로 대상으로 소비자보이콧 이슈에 대한 관여, 해당 기업제품에 대한 선호도, 기업에 전가된 악의성, 대체상품 수월성(가능성), 보이콧운동 성공 가능성, 행동주의 등을 조사하였다. 다국적 기업에 대한 소비자보이콧 경향은 기업에 전가된 악의성이 가장 큰 영향을 미쳤고, 상품 대체가 어려운 제품과 소비자 선호가 높은 다국적 기업에 대한 소비자불매운동은 적었다. 소비자불매운동 이슈에 대한 관심이 행동주의 성향에 영향을 미친다는 점에서 다국적 기업은 여론과 논란에 대하여 초기 대응이 중요하다고 하였다.

Braunsberger와 Buckler(2011)도 캐나다 해산물 불매운동에 참여하는 동기와 소비자의 참가를 독려하기 위해 글을 올리는 행위에 포함되는 비용을 네트노그래피[1](netnography)로 분석하였다. 불매운동 참가동기에 따라, 바다표범을 포획하는 악의적 행위에 대한 분노와 포획행위를 처벌을 해야 한다는 의사를 명백하게 표현하려는 운동 주도세력과 도덕적인 이유와 불매운동을 통해서 자아를 실현하고 강화하려는 참여세력으로 나누어 분석하였다. 소비자불매운동의 동기에는 운동대상의 악의적인 행위를 막을 수 있을 정도로 운동대상의 순이익과 행위에 영향력을 행사할 수 있다는 믿음이 포함되었다. 그러나 참여세력은 불매운동 참여의 비용에 대해서는 거의 언급

---

1) 인터넷 민속지학이라고도 하는 네트노그래피는 오프라인상의 민속지학과 인터넷의 net이 결합된 합성어이다. 네트노그래피라는 용어를 처음으로 사용한 Robert Kozinets는 네트노그래피는 사실주의, 몰입성, 묘사, 다중방법 및 방법론적 적용성이라는 다섯 가지 면에서 전통적 민속지학과 유사하다고 하였다. 상당한 시간을 소모해야 하는 전통적인 민속지학보다 네트노그래피는 빠르고 간단하며, 유형과 무형의 비용을 줄일 수 있다. 이 기법은 소비자의 소비에 대한 고정관념, 인식 및 가치관, 관행, 소비행위에 영향을 미치는 주변적 정보, 사회문화적 배경, 상황적 요인 등을 종합적으로 고려하기 위하여 최근에 급격하게 부상하고 있는 소비맥락을 연구하기 위하여 많이 사용되고 있다(정보통신정책연구원, 2013).

하지 않았다. 이 연구는 실제 소비자불매운동 참여자들의 동기를 그들이 온라인에 직접 작성한 글에서 분석해냈다는 점에서 의의가 있지만, 주도세력과 참여세력을 분명하게 분석하지 못하였다.

우정 등(2007)은 제품 품질 판단과 과시소비를 조절변수로 하여 자국민중심주의적 경향이 외국제품에 대한 소비자불매운동 의도에 미치는 영향을 분석하였다. 자국민 중심주의는 소비자불매운동 의도에 직접적으로 정적 영향을 미쳤다. 그러나 품질 판단과 과시소비 성향이 조절변수로 소비자불매운동 의도에 부적 영향을 미쳐 자국민 중심주의가 소비자불매운동 의도에 미치는 정적 영향력을 감소시켰다. 이 연구는 소비자불매운동 의도를 구매의도와 동일 선상에서 살펴보고 있어 단순한 소비자의 선택 여부에 한정하고 있다.

박재현과 최호규(2010)는 인터넷에서 커지고 있는 소비자불매운동에 관한 소비자의 인식 또는 필요성이 기업의 이미지와 매출에 미치는 영향을 탐색적으로 분석하였다. 인터넷상에서 소비자불매운동에 대한 의식은 30~40대, 직장인, 남성 집단이 높고 인터넷 커뮤니티 활동 경험이 많고 소비자보이콧에 참여했던 경험이 있는 사람들이 소비자보이콧에 참여할 가능성이 더 높았다. 소비자불매운동은 중소기업보다 대기업의 이미지와 매출에 부정적 영향을 더 크게 미쳤다. 이 연구는 소비자불매운동의 필요성과 인식을 구분하지 않았으며, 기업의 이미지와 매출관련 변수를 상세하게 제시하지 않았다.

합리적 행동이론은 개인이 하려고 하는 어떤 행동에 대하여 호의적인 태도를 가지고 있고, 준거집단이 그 행동을 지지할 것이라고 생각하면 그 행동을 하려고 하는 의도를 가지게 되고, 행동의도에 따라 행동을 한다고 본다. 그러나 실제로는 행동의도가 형성되지 않을 수 있고 행동의도는 있으나 행동을 하지 않을 수 있는 상황을 설명하지 못한다는 문제점을 가진다는 점에서 소비자보이콧에 참여를 설명하는 명확한 이론적 모델이 될 수 없다는 주장이 제기되면서 계획된 행동이론(Theory of planned behavior, TPB)을 적용한 연구들이 이루어졌다.

Faraj와 Newman(2009)은 소비자불매운동 관련 연구들이 명확한 소비자행동체계에 관한 이론적 근거 없이 이루어지고 있다는 문제를 지적하며, 계획적 행동이론을 확장하여 소비자불매운동을 설명하였다. 레바논 종교분쟁을 주제로 하여 레바논에서 500명의 이슬람교도와 기독교도인 소비자들을 무작위추출을 하였다. 연구결과, 레바논 사태에 직접적인 당사자인 이슬람교를 가진 이가 주관적 규범과 소비자보이콧 참여의도가 기독교를 가진 이에 비해 더 높았다. 소비자불매운동을 통한 소비자의 정치적 분쟁에 대한 소비자의 소극적인 저항행동과 그 구조를 설명한다는 점에서는 의의가 있으나, 특수한 사건과 특정한 변수에 국한되어 설명되어 있어 일반적인 소비자불매운동이 가지는 의미를 포괄하지 못하고 있다.

제미경과 전향란(2013)은 온라인 환경의 일상화와 함께 소비자불매운동에 대한 개인의 자발적인 참여 및 참여촉구가 빠르게 확산되어 소비자불매운동이 시공간을 넘어 잦아지고 있는 상황에서 소비자불매운동 참여행동을 유형화하고, 확장된 계획행동이론을 근거로 소비자불매운동 의도와 참여행동에 영향을 미치는 변수들의 인과관계를 분석하였다. 주관적 규범, 소비자 효능감, 준거집단이 소비자보이콧 의도에 상대적으로 영향력이 높은 변수로 나타났다. 소비자불매운동 행동유형은 사적 참여행동, 공적 참여행동, 온라인 참여행동의 세 가지 유형으로 나눌 수 있으며, 각 유형별 참여행동에 영향을 미치는 변수들의 상대적인 중요도는 차이가 있었다. 소비자불매운동에 대한 사적 참여행동은 소비자보이콧 의도가, 공적 참여행동과 온라인 참여행동은 준거집단이 상대적으로 영향력이 큰 변수로 나타났다. 사적 참여행동은 소비자 개인의 독립적인 행위이기 때문에 불매운동 의도가 중요한 영향변수로 나타난 반면, 공적 참여행동과 온라인 참여행동은 타인과의 관계 속에서 자신의 의견을 공론화하거나 운동의 형태로 표현하는 행위이기 때문에 준거집단이 중요한 영향변수로 나타났다. 소비자보이콧 참여행동은 구매중지 뿐 아니라 다양한 형태로 나타날 수 있다. 기업은 소비자보이콧이 가진 확산과 파급 효과를 고려해서 사적 참여행동보다 공적 참여행동과 온라인 참여행동을 하는 소비자에게 더 주목해야 한다고 연구자들은 주장하였다.

전향란, 염동문, 제미경(2014)은 소비자의 자기조절성향과 불매운동에 대한 태도가 불매운동에 대한 소비자신념이 불매운동 참여행동에 미치는 관계에서 어떠한 영향을 미치는가를 분석하였다. 불매운동에 대한 신념이 강할수록 불매운동에 대하여 긍정적인 태도를 가지게 되고, 보이콧운동에 대하여 긍정적인 태도를 가질수록 보이콧운동에 더 많이 참여함으로써 매개효과를 가지는 것으로 밝혀졌다. 이러한 매개효과는 자기조절성향의 크기가 커질수록(조절효과) 더욱 크게 나타났다. 자기조절성향이 강한 사람일수록 보이콧운동에 대한 소비자태도가 긍정적이고, 그러한 긍정적인 태도는 소비자의 보이콧운동 참여를 높이는 것으로 나타났다.

김미린과 홍은실(2015)은 윤리적 소비행동 중에서 보이콧운동과 절제와 간소만이 소비자행복에 영향을 미친다고 하였다. 자기결정성이론은 긍정심리학, 철학, 경영학 등의 분야에서 연구가 이루어지고 있는데, 자기결정성이 인간행동에 영향을 미치는 중요한 요인으로 알려졌다. Howell과 Hill(2009)은 자기결정 변수가 소비행복에 중요한 요인이라고 하였고, Martin와 Hill(2012)은 생활만족과 적정소비의 관계에서 자기결정성이 조절변수 역할을 한다고 하였다. 그러나 자기결정성은 보이콧운동과 절제와 간소가 소비자행복에 미치는 영향에 조절효과를 보이지 않았다.

류미현(2015a)은 20-30대 소비자들의 온라인 보이콧운동 중에서 문제가 되는 기업이나 제품에 공감을 표현하는 보이콧 운동의도는 높았으나, 안티사이트 등에 가입하고 적극적으로 활동하려는 의도는 아주 낮았다고 하였다. 온라인 보이콧운동에 영향을 미치는 변수로는 보이콧운동 필요성, 보이콧운동 경험, 소비자역할 인식 등으로 나타났다. 소비자역할 인식의 하위차원 중에서 사회적 역할 인식과 참여적 역할 인식만이 온라인 보이콧운동 참여의도에 영향을 미쳤고, 개인적 역할 인식은 영향을 미치지 않았다. 소비자역할 인식은 보이콧운동 경험과 온라인 보이콧운동 참여의도의 관계에서 조절효과를 가지는 것으로 밝혀졌다.

소비자불매운동의 참여가 합리적 의사결정에 의하여 이루어진다는 연구들은 소비자가 다른 사람이나 약자를 돕는 이타적인 행위나 사회적으로 영향력이 강한 사람들의 비도덕적인 행위에 분노하는 것과 같은 소비자불매운동의 감성적인 면을 제대로 설명하지 못하고 있다. 이러한 제한점을 극복하기 위하여 개인의 감성에 초점을 둔 연구가 이루어지고 있다.

Hoffman과 Müller(2009)는 개인적인 소비자불매운동 의사결정에 영향을 주는 다양한 변수들을 밝히는 연구가 폭넓게 진행되지 못하고 있다는 점을 지적하며, 다국적 기업이 독일의 공장을 스웨덴으로 이전하는 것에 반대하는 소비자불매운동에 참여하는 동기를 조사하였다. 본사에 대한 명성과 현지공장에 대한 명성에 대한 관여가 본사의 경영에 대한 신뢰에 영향을 미쳐 보이콧운동에 참여하는 과정을 분석하였다. 본사에 대한 부정적 인식이 소비자 개인의 신뢰에 부정적으로 영향을 미쳐 보이콧운동에 참여하려는 경향이 커지는 것으로 나타났다. 현지에 있는 지사에 대한 긍정적인 명성은 보이콧운동에 참여하려는 경향을 감소시키는 것으로 나타났다.

개인의 정서적 차원을 고려한 초기의 연구인 Kozinets와 Handelman (1998)의 연구는 소비자불매운동을 개인화된 행동으로 보고 온라인상에서 이를 분석하였다. 연구자들은 소비자불매운동 채팅방의 대화기록을 중심으로 네트로그래피 분석을 하여 도덕적 자기실현의 도구이자 복잡한 감정에 대한 개인적인 표현이 소비자불매운동 참여의 동기라고 밝혔다. 그러나 구체적으로 어떠한 정서적 요인이 소비자불매운동을 유발하는지, 어떠한 구조를 통하여 소비자불매운동 행동이 발생하는지에 대해서는 자세하게 설명하지 못하였다(이한석, 주영혁, 2011 재인용).

이한석과 주영혁(2011)은 온라인의 보이콧운동 메시지에 의하여 보이콧운동 행동이 나타나게 되는 과정을 소비자의 정서적 관점에서 감성적으로 접근하여 살펴보았다. 보이콧운동 메시지에 의하여 유발된 부정적 정서와 보이콧운동 행동과의 관계에서 감정이입이 매개적 역할을 하는 것으로 나타났다. 분노, 슬픔과 같은 다양한 유형의 부정적 정서는 개인적 고통 같은 감정이입에 차별적 영향을 미치고 있었으며, 관점취하기 등과 같은 감정이입도 소비자불매운동 참여행동과 구전행동에 차별적인 영향을 미치고 있었다. 부정적 정서가 소비자의 이타행동 또는 도움행동에 이르는 과정에서 분노와 슬픔이 감정이입의 매개변수 역할을 하였다.

Chen(2010)은 Klein 등(2004)의 모델을 기초로 도덕적 위반에 대한 지각과 도덕적 감정이 소비자불매운동에 미치는 영향을 분석하였다. 그는 세 차례에 거친 실험과 설문 결과를 토대로 도덕적 위반에 대한 지각과 다른 사람들의 도덕적 감정(사회적 감정)과 자신의 도덕적 감정은 소비자불매운동 의도에 직접적 영향을 미친다고 하였다. 또한 소비자불매운동에 대한 비용-혜택에 대한 지각에서도 도덕적 감정이 도덕적 위반에 대한 지각에 매개적 역할을 하여 인식에 따른 감정지각이 행동을 이끄는 구조를 제시하였다.

이윤재, 강명수, 이한석(2013)은 자기익명성이라는 상황 자체가 기업에 대한 악의성 지각과 관련 없이 보이콧운동을 촉진시킨다고 하였다. 소비자는 기업의 행동과 보이콧운동을 촉구하는 메시지를 통해 자극을 받을 때 기업의 행동이 잘못되었는가의 여부와 상관없이 온라인 상황에서는 보이콧운동에 먼저 참여하고자 하려는 성향이 있는 것으로 나타났다. 온라인에서는 사실여부와 관련 없이 오프라인보다 좀 더 빈번하게 보이콧운동에 참여하려는 의도가 나타날 수 있다. 오프라인에서는 자신에 대한 목소리, 얼굴, 글씨 등 구체인 사회적 단서가 존재하지만 온라인에서는 보이지 않는 상황에서 자신을 드러내고 미지의 상대방과 커뮤니케이션을 하기 때문에 실제의 자신과 다른 모습을 보여주고 표현할 수 있는 가능성을 갖고 있기 때문이다. 이러한 모습은 소비자가 보이콧운동에 참여할 때 옳고 그름에 관계없이 집단행동에 충동적으로 따르거나 상대방의 말이 옳은지를 고려하지 않고 받아들여 단지 보이콧운동에 관한 메시지가 있다는 사실 자체만으로도 보이콧운동이 정당하다는 인식이 나타나고 있다.

이기심이나 자기에 대한 배려를 가장 근본적인 행동의 동인으로 규정했던 고전경제학이나 신고전경제학과는 다르게 행동경제학은 공정성과 같은 사회규범이나 타인의 행복에 대한 이타적 배려가 복합적으로 인간 행동에 작용하고 있다고 주장한다. 개인적 선호뿐만 아니라 사회적 선호도 특정 행동을 하게 하는 강력한 동기가 될 수 있다(Bowles & Gintis, 2011).

Fehr & Fischbacher(2004)는 이기적 동기를 배제한 진정한 사회적 선호의 존재를 탐구하기 위해 제 3자 처벌게임을 개발했다. 공여자, 수여자, 관찰자로 구성된 실험에서, 공여자는 실험자가 나눠준 금액의 일부를 수여자에게 제공하는데 그 액수는 공여자가 자의적으로 결정한다. 그리고 실험자는 다수의 관찰자에게도 일정액을 나누어 준다. 관찰자는 공여자가 수여자에게 제공한 금액이 공평하지 못하다고 생각되면 공여자에게 처벌을 할 수 있다. 그런데 관찰자가 공여자에게 처벌을 할 때마다 관찰자에게도 실험자에게 받았던 금액의 일부가 공제된다. 제3자 처벌게임은 관찰자가 자신에게 손실이 발생함에도 불구하고 공여자의 불공정한 행동에 대해 처벌한다는 연구결과를 보여주었다.

Fehr & Gächter(2002)은 제3자 처벌내지 이타적 처벌에 관한 실험은 사람들의 협력적 관계가 이해관계가 없는 낯선 타인과의 사이에서도 맺어질 수 있으며, 자신에게 상당한 손실이 생기거나 반대로 경제적 이득이나 명성의 보상이 없더라도 발생할 수 있다는 것을 보여준다. 이러한 이타적 처벌이 함의하는 바는 인간의 협력 행위를 친족 선택이나 호혜적 이타성으로 설명할 수 없다고 주장하였다.

2. 불매운동에 대한 조사대상자들의 일반적 수준

〈표 12-1〉 불매운동에 대한 조사대상자들의 일반적 수준

문 항	M(SD)
1. 과다한 마케팅 비용을 제품가격에 부과한다고 생각되는 기업의 제품은 되도록 사지 않는다.	4.39(1.42)
2. 아동의 노동력을 착취하여 생산하는 기업의 제품을 구매하지 않는다.	4.67(1.57)
3. 동물실험을 한 회사의 화장품은 되도록 구매하지 않는다.	4.18(1.44)
4. 현지 소작농으로부터 원두를 헐값에 사서 판매하는 기업의 커피는 마시지 않는다.	3.82(1.43)
5. 환경이나 사회문제를 일으킨 기업의 제품은 이용하지 않는다.	4.75(1.42)
7점 환산평균	4.36(1.46)
Cronbach's α	.818

<표 12-1>은 불매운동에 대한 조사대상자들의 일반적 수준을 제시하고 있다. 불매운동은 총 5문항으로 측정되었고 문항의 신뢰도도 크론바하 알파값이 0.8 이상으로 신뢰할만하다. 불매운동의 전체 평균은 4.36점으로 조사대상자들은 보통 수준으로 불매운동을 실천하는 것으로 나타났다. 구체적으로 '환경이나 사회문제를 일으킨 기업의 제품은 이용하지 않는다' 문항의 평균점이 상대적으로 가장 높게 나타났고, 반면에 '현지 소작농으로부터 원두를 헐값에 사서 판매하는 기업의 커피는 마시지 않는다' 문항의 평균점수는 상대적으로 낮게 조사되었다.

2015년 11월 배기가스 저감장치 조작으로 인증이 취소된 차량 소비자 4천5백여 명은 환경부에 자동차 교체 명령을 내려달라는 청원서를 제출했다. 이들은 청원서에서 폭스바겐이 리콜 계획서를

부실하게 제출하는 등 리콜 의지가 없는 것으로 보이는 만큼 정부가 기다리지 말고 자동차 교체 명령을 내려야 한다고 주장했다.

정부가 인증을 취소한 폭스바겐 8만3천 대 차량의 소비자들이 법적 대응에 착수했다. 법률 대리를 맡은 법무법인 바른은 시험성적서를 위조해 인증 취소 처분을 받은 폭스바겐 차량 소비자들이 조만간 환불과 손해배상 등 소송을 제기할 예정이라고 밝혔다. 이들은 폭스바겐이 서류를 조작해 인증을 받은 만큼 매매 계약이 사기에 의해 이뤄졌다고 보고 이에 대한 환불과 중고차 가격 하락에 대한 손해배상을 요구할 계획이다(YTN, 2016년 8월 4일).

3. 인구사회학적 특성에 따른 불매운동

〈표 12-2〉 인구사회학적 변수에 따른 불매운동

독립변수		평균	독립변수		평균
성별	남성	21.89	결혼지위	미혼	22.09
	여성	21.74		기혼	21.63
	t값	0.42		t값	1.28
연령	20대	22.00	종교	기독교	22.05
	30대	21.97		불교	22.49
	40대	21.73		천주교	21.73
	50대 이상	21.44		무교/기타	21.51
	F값	0.50		F값	1.43
교육수준			월평균 가계소득	200만원미만	20.64 a
	고졸이하	21.41		200-300만원	22.39 b
	전문대졸	22.19		300-400만원	21.73 ab
	대졸이상	22.04		400-500만원	22.75 b
				500만원이상	21.39 ab
	F값	1.81		F값	3.96**

** $p<0.01$

<표 12-2>는 인구사회학적 특성에 따른 불매운동을 제시하고 있다. 분석결과 월평균 가계소득에 따라 불매운동은 유의한 차이를 나타내었다. 월평균 소득이 가장 낮은 200만원 이하집단에 비해 월평균 소득이 200-300만원 집단, 400-500만원 집단이 불매운동을 더 적극적으로 실천하는 것으로 분석되었다.

4. 불매운동과 관련변수들의 상관관계

〈표 12-3〉 자기 주도성, 관대함, 보편성, 물질주의, 이타주의, 효과성 지각, 윤리적 정체성, 불매운동의 상관관계

변수	자기 주도성	관대함	보편성	물질 주의	이타 주의	효과성 지각	윤리적 정체성	불매 운동
자기 주도성								
관대함	.705**							
보편성	.715**	.755**						
물질주의	.460**	.317**	.358**					
이타주의	.268**	.365**	.338**	.125**				
효과성 지각	.475**	.419**	.424**	.102**	.470**			
윤리적 정체성	.653**	.647**	.719**	.411**	.436**	.435**		
불매 운동	.240**	.232**	.234**	.060	.264**	.286**	.264**	

** $p<0.01$

<표 12-3>은 불매운동과 관련변수들의 상관관계를 제시하고 있다. 불매운동은 윤리적 소비와 관련된 소비자가치(자기주도성, 관대함, 보편성), 이타주의, 효과성 지각, 윤리적 정체성과 약한 정적 상관을 가지는 것으로 나타났다. 즉 자기주도성이 강할수록, 관대

할수록, 보편적 가치를 가질수록, 이타주의 성향을 가질수록, 윤리적 소비의 효과성을 지각할수록, 윤리적 소비의 정체성을 지각할수록 불매운동을 더 적극적으로 실천하고 있었다.

5. 불매운동에 대한 회귀분석

〈표 12-4〉 불매운동에 대한 회귀분석

	독립변수	회귀계수 (β값)
소비자가치	자기주도성	0.119(0.095)
	관대함	0.006(0.004)
	보편성	-0.017(-0.018)
심리 사회적 변수	물질주의	-0.047(-0.041)
	이타주의	**0.086(0.086*)**
	효과성 지각	**0.139(0.081*)**
	윤리적 정체성	0.051(0.088)
윤리적 소비동기	개인 긍정동기	0.065(0.059)
	사회 긍정동기	**0.185(0.127**)**
	개인 부정동기	0.008(0.009)
	사회 부정동기	-0.057(-0.055)
	상수	9.260***
	F값	14.401***
	R^2	0.138
	수정된R^2	0.129

* p〈0.05 ** p〈0.01 *** p〈 0.001

<표 12-4>는 불매운동에 대한 다중회귀분석 결과를 제시하고 있다. 독립변수인 소비자가치, 심리사회적 변수, 윤리적 소비동기는 불매운동을 약 13.8% 설명하는 것으로 나타났다. 분석결과 소비자의 이타주의 성향이 높을수록, 윤리적 소비의 효과성을 크게 지각할수록, 윤리적 소비의 사회적 긍정동기를 중요하게 생각할수록 불

매운동을 더 적극적으로 실천하는 것으로 조사되었다. 종속변수에 대한 독립변수의 상대적인 영향력을 살펴본 결과 사회적 긍정동기가 가장 큰 영향을 미치고 있고 다음이 이타주의, 효과성 지각의 순으로 나타났다.

제 13 장

친환경소비

지구적 환경위기는 정의에 대한 윤리적 논의를 새로운 차원으로 이끌고 있다. 지금까지의 윤리학이 인간과 인간 혹은 인간과 사회 사이에서의 정의에 관심했다면 이제는 논의 범위가 다음 세대나 생물종 전체로 확대되고 있다. 우리는 새롭게 부각되고 있는 환경정의를 빈곤계층과 소비계층, 저개발국과 산업국, 현세대와 미래세대, 그리고 인간종과 생물종 사이의 분배정의의 관점에서 논의해야 한다. 저소득 빈곤계층과 소비계층 사이에 나타나는 환경 부정의는 생태 권위주의나 다른 인종에 대한 차별이라는 점에서 환경적 인종주의라 할 수 있다. 저개발국과 산업국 사이에 나타나는 환경 부정의는 강대국에 의한 약소국의 차별이라는 점에서 생태제국주의나 환경 아파르트헤이트라 할 수 있다. 현세대와 미래세대 사이에 나타나는 환경 부정의, 인간종과 생물종 사이에 나타나는 환경 부정의도 관심을 가져야 한다. 현실에서 환경정의에 대한 도덕적 요청과 그것을 법이나 제도를 통해 구체화하는 일 사이에는 아직도 커다란 괴리가 존재한다. 그럼에도 불구하고 미래세대나 생물종들의 권리와 책임을 둘러싼 정의에 대한 문제는 생물들만 아니라 인간과 사회의 삶의 질을 더 나은 방향으로 발전시킬 수 있기 때문에 이에 대해 보다 더 적극적이고 전향적인 태도로 논의할 필요가 있다(조용훈, 2011).

국내 친환경농산물의 시장규모는 2011년 3조 2,602억 원을 기록하며 국내 농산물 시장 전체 규모의 10%를 차지하는 큰 시장으로 성장하였다. 이렇듯 친환경식품이 더 이상 특정 계층만을 위한 식품이나 짧은 유행이 아닌 주류 시장으로 자리 잡아가고 있다(유경진, 2013). 그러나 2012년 약 3조원이었던 시장규모가 매년 계속 줄어들어 2015년에는 2조 112억 원 수준으로 감소되었다. 이처럼 최근 친환경농업이 크게 침체되고 있는 이유는 농림축산식품부가 2016년부터 저농약농산물의 인증을 완전 폐지하기로 결정하고 2010년부터 부터 신규인증을 불허함에 따라 저농약농산물 생산이 크게 줄어든 데에다가 부실 인증, 불경기로 인한 소비 위축 등이 복합적으로 발생한 것이 가장 중요한 원인이다.

농림축산식품부는 2016년 3월 10일에 '제4차 친환경농업 육성 5개년 계획(2016~2020)'을 발표하였다. 침체에 빠진 친환경농업을 적극 육성하여 무농약인증 이상의 친환경농산물 재배면적을 2015년 7만 5천 ha에서 2020년 13만 3천 ha로 약 77% 증가시켜서, 친환경농산물 시장규모를 2015년 1조 4천억 원에서 2020년에 2조 5천억 원으로 약 79% 확대하려는 목표를 제시하였다(장영주, 배민식, 2016). 임의형태로 2006년부터 실시되고 있는 친환경농산물에 대한 자조금은 농업인의 참여도가 낮고, 조성금도 적고(2015년 약 15억 원), 홍보활동도 충분히 이루어지지 못하여 제대로 기능하지 못하였다. 이와 같은 문제점을 개선하여 친환경농산물의 가치를 재조명하고, 판로 및 소비를 확대하며, 실추한 소비자의 신뢰를 회복하여 친환경농업을 재도약시키기 위해 2016년 7월 1일부터 의무자조금 제도를 도입하였다(배민식, 2016).

1. 관련연구 고찰

김대식(2004)는 성 프란치스코의 생태영성을 연구하였다. 성 프란치스코는 자연을 객관적 실제라기보다는 인격적 실제로 대하였다. 피조계가 하나님에 의하여 창조되었기 때문에 선하고, 그 안에 하나님의 활동과 일하심이 계속 이루어진다는 점에서 자연은 정적인 실제가 아니라 동적인 하나님의 현존이 된다고 보았다. 그러므로 인간은 하나님이 창조하신 피조계를 남용하고 오염시킬 권리가 없다. 다시 말하면 자연을 인간과 함께 하는 가족공동체로 여겼기 때문이다. 최민순 신부가 번역한 프란치스코의 시는 그가 하나님의 창조물인 자연을 어떻게 인식하고 있는가를 잘 나타낸다. 그에게 자연은 하나님의 현존을 비추는 거울이었고, 하나님께 더 가까이가 닿게 해주는 영성의 사다리였다. 그래서 가톨릭교회는 그에게 생태성인이라는 칭호를 수여하였다.

태양의 노래

지극히 높으시고 전능하시고 자비하신 주여!
찬미와 영광과 칭송과 온갖 좋은 것이 당신의 것이옵고,
호올로 당신께만 드려져야 마땅하오니 지존이시여!
사람은 누구도 당신 이름을 부르기조차 부당하여이다.
내 주여! 당신의 모든 피조물 그 중에도,

언니 햇님에게서 찬미를 받으사이다.
그로 해 낮이 되고 그로써 당신이 우리를 비추시는,
그 아름다운 몸 장엄한 광체에 번쩍거리며,
당신의 보람을 지니나이다. 지존이시여!
누나 달이며 별들의 찬미를 내 주여 받으소서!
빛 맑고 절묘하고 어여쁜 저들을 하늘에 마련하였음이니이다.
언니 바람과 공기와 구름과 개인 날씨,
그리고 사시사철의 찬미를 내 주여 받으소서.
당신이 만드신 모든 것을 저들로써 기르심이니이다.
쓰임 많고 겸손하고 값지고도 조촐한 누나
물에게서 내 주여 찬미를 받으시옵소서.
아리고 재롱되고 힘세고 용감한 언니 불의 찬미함을 내 주여 받으옵소서.
그로써 당신은 밤을 밝혀 주시나이다.
내 주여, 누나요 우리 어미인 땅의 찬미를 받으소서.
그는 우리를 싣고 다스리며 울긋불긋 꽃들과
풀들과 모든 가지 과일을 낳아줍니다.
당신 까닭에 남을 용서해주며,
약함과 괴로움을 견디어내는 그들에게서 내 주여 찬양받으사이다.
평화로이 참는 자들이 복되오리니,
지존이시여! 당신께 면류관을 받으리소이다.
내 주여, 목숨있는 어느 사람도 벗어나지 못하는 육체의 우리 죽음,
그 누나의 찬미를 받으소서.
죽을 죄 짓고 죽는 저들에게 앙화인지고,
복되다, 당신의 짝없이 거룩한 뜻 좇아 죽은 자들이여!
두 번째 죽음이 저들을 해치지 못하리소이다.
내 주를 기려 높이 찬양하고 그에게 감사드릴지어다.
힘껏 겸손을 다하여 그를 섬길지어다.

창세기 1장은 독립적으로 해석해서는 안되고, 창세기 2장과 연관지어 바르게 해석해야 된다. 창세기 1장의 '정복'과 '다스림'은 '지배'와 '통치'의 의미가 아니며, 창세기 2장과 연계하여 해석할 때 '돌봄'과 '지킴'의 의미로 해석되어 진다. 이러한 창조보전 사상은 구약의 율법서, 성문서, 예언서에서 발견할 수 있으며, 신약에서는 바울서신과 요한문서 그리고 무엇보다도 예수님의 말씀에서 일관되게 견지되고 있다. 전통적 구원론은 구원을 인간 개인의 영혼 구원으로 제한하며 자연의 세계를 소외시켰으나 성경은 모든 피조물이 구원받는 우주적 구원론을 향하여 열려 있으며, 하나님의 구원은 희망하는 인간과 모든 창조 세계의 어느 하나도 포기하지 않고 구원하실 것이라는 구원의 우주적 보편성을 말하고 있다. 창조에 대한 성령론적 이해에 있어서 성령은 창조사역에 참여하여 삼위일체적 창조를 이루셨을 뿐만 아니라 지금도 피조물 안에 내주하고 계시다. 또한 새 창조의 사역을 통해 인간을 새롭게 변화시키시며 동시에 창조세계를 새롭게 하신다. 따라서 자연에 대한 파괴와 착취는 성령을 통하여 자연에 현존하는 삼위일체 하나님을 괴롭히는 일이며 '성령의 전'을 파괴하는 악행인 것이다.

생태계 위기의 문제는 앞에서 지적한 바와 같이 인간의 사고와 가치관의 문제임을 고려할 때 기독교 윤리적인 문제가 된다. 생태계의 위기를 극복하고 창조보전을 위해 제시하고 있는 윤리는 청지기 윤리와 생태학적 윤리 그리고 생명공동체 윤리이다. 청지기 윤리를 통해 자연에 대한 인간의 역할을 지배자에서 돌보는 자로 전환하고, 생태학적 윤리를 통해 자연에 대한 책임의식을 주지시킴을 통해 자연과 인간은 운명공동체라는 의식을 가져야 한다(정권섭, 2010).

조은수(2011)은 불교 교리 내에서 환경 내지 생태와 유관성을 갖는 이론들을 분석하고, 현대 한국 불교계에서 나타난 환경운동들이 불교 교리의 실천적 표현이라고 이해될 만큼 이론적 연관성과 건전성을 가지고 있는지를 분석하였다. 교리적으로는 불교의 생명관과 자연관, 그리고 연기설, 무아설, 공 등의 이론으로 대표되는 불교의 세계관을 들 수 있다. 특히 연기설은 환경을 이루는 각각의 요소들 간의 관계성과 상호의존성에 주목한다는 점에서 생태 철학적 가치가 높다. 불교에서 인간은 육취의 하나로서 다른 존재들과 업의 결과라는 점에서 평등하다. 나의 몸은 음식으로 이루어진 것이라 하여, 몸과 자아에 집착하여 무생물이나 다른 생명들과 차별하여 보는 것을 뒤집어보라고 한다. 또한 자아와 세계는 공하지만 이것을 깨달은 보살은 세상 속에서 방편으로서 각종 이타행을 하며 공을 실천한다.

이러한 이론적 기반 위에서 불교의 수행과 문화 전통 속에서 드러나는 생태적 가치는 뚜렷하다. 더구나 지난 십년간 한국 불교계에 나타나던 환경운동은 대규모 개발에 맞서서 환경 보호와 생태적 삶의 가치에 대해 대중에게 경각심을 불러일으켰을 뿐만 아니라, 물질주의적 가치관을 전반적으로 되돌아보게 하는 계기도 제공하였다. 환경 운동의 이론적 실천적 주체가 됨으로써 한국불교는 모처럼 자신의 역동성을 대중들에게 확인시켜줄 수 있었다.

김미숙(2015)는 불교환경운동의 실천방안으로 환경교육, 지계와 파라미타 실천, 생활방식의 변화와 일상의 수행을 들었다. 대만의 번고산사는 전 지구적인 자연환경의 변화 문제에 직면한 현실을 직시하고 실천적인 환경윤리를 함양시키는 환경교육에 앞장섰다. 불교에서 강조하고 있는 오계[2]는 각각이 생명을 지닌 존재와 관련을 지닌 윤리도덕의 기초적 덕목이므로 환경생태문제와 밀접하게 관련이 있다. 오계를 바탕으로 하여 불교에서는 십선업도와 파라미타를 강조하는데, 그 내용들은 현대인들에게도 환경생태를 실천하는 덕목으로 중요한 의미를 갖는다. 일상생활에서 실천할 수 있는 발우공양은 생명을 존중하고 평등하게 대하며, 공평하게 나누어 먹고, 다 먹은 후 처리는 먹은 사람이 정갈하게 마친다는 점에서 친환경적인 식생활양식이라고 할 수 있다.

안미영, 박태영, 남영숙(2005)은 중학생의 환경친화적 소비행동을 연구하였다. 중학생이 환경문제를 접하는 매체는 TV와 라디오였으며, 환경 문제에 영향을 주는 요인은 미디어로 나타났다. 환경친화 소비행동 중에서 경향은 처분 영역이 가장 높았으며 사용 영역, 구매 영역의 순으로 나타났다. 환경지식 수준은 낮았고, 학교교육을 통하여 환경지식을 주로 얻고 있었다. 중학생의 가치지향은 생태 지향이 가장 높았고, 경제 지향, 편의 지향의 순으로 나타났다. 환경친화적 소비행동에 영향을 미치는 변수는 준거집단의 환경친화적 소비행동이 가장 높았으며, 생태지향적 가치관, 환경 문제 접촉 빈도, 성별, 환경 지식, 남녀 공학 여부, 경제 지향 가치의 순서로 나타났다.

유경진(2013)은 특정 제품을 선택하는 소비자를 이해하는데 가장 설득력 있는 변수로 여겨지는 개인 가치를 측정하여 친환경식품

---

2) 첫째, 살아 있는 것들을 살해하지 않는다.
둘째, 주지 않는 것을 갖지 않는다.
셋째, 음행을 하지 않는다.
넷째, 망어를 하지 않는다.
다섯째, 술을 마시지 않는다.

에 대한 태도와 행동의도간의 인과관계를 검증하였다. 또한 변화하는 국내 친환경식품 시장의 패러다임을 설명하기 위해 친환경식품을 선택하는 추가적인 동기로 여겨지는 윤리적소비의식의 조절효과를 측정하였다. 국내 친환경식품 소비자의 가치를 측정하기 위해 Schwartz의 가치이론을 적용한 결과 8개의 가치가 요인화되었으며 그중 보편, 박애 가치가 친환경식품에 대한 태도에 유의한 긍정적 영향을, 성취/권력 가치가 유의한 부정적 영향을 미치는 것으로 나타났다. 친환경식품에 대한 태도가 호의적이거나 긍정적 일수록 친환경식품에 대한 행동의도에 긍정적인 영향을 주는 것으로 나타났다. 친환경식품 소비자의 윤리적 소비의식 수준이 친환경식품에 대한 태도가 행동의도에 미치는 영향관계에서 조절효과를 가지는 것으로 나타났다.

최경숙(2015)은 청소년소비자를 대상으로 한 연구에서 환경친화적 소비 수준이 공정무역제품소비, 기부와 나눔에 비하여 상대적으로 높았다. 또한 환경친화적 소비는 종교가 있는 집단, 계층인식이 상층이상인 집단, 모의 학력이 전문대졸이상인 집단이 다른 집단에 비하여 높은 것으로 나타났다. 환경친화적 소비에 영향을 미치는 사회심리적 변수들의 상대적 영향력을 분석한 결과 환경친화적 가치가 가장 높았고, 물질주의가 두 번째로 높은 것으로 나타났다. 환경친화적 가치를 많이 가지고 있고, 물질주의 가치를 적게 가지고 있는 청소년 소비자일수록 환경친화적 소비행동을 많이 하고 있었다.

이영애와 서인주(2012)는 우리사회의 주역이 될 청소년의 녹색소비 행동을 파악함으로써 향후 녹색소비행동의 수준을 예측하고 소비자 가치와 윤리의식을 제고시키고, 건전한 소비문화 형성을 위한 기초자료로 활용하기 위하여 청소년을 대상으로 소비자 가치와 소비자의 비윤리적 상거래인식에 따라 녹색소비행동이 어떠한 차이가 나는지를 분석하였다. 청소년들의 녹색소비행동은 소비자 가치에 의하여 영향을 받는 것으로 나타났다. 소비자 가치의 하위영역 중 사회적, 기능적, 상황적 가치가 높을수록 녹색소비행동은 낮게 나타났다. 청소년들의 비윤리적 상거래인식이 높을수록 녹색소비행동 중 사용행동과 처분행동이 높은 것으로 나타나 청소년들의 소비자의 비윤리적 상거래인식에 따라 녹색소비행동이 차이가 있는 것으로 나타났다. 청소년들의 인구통계학적 변수들 중에서 녹색소비행동과 관련성 있는 변수는 용돈과 주거형태로 나타났다. 용돈이 많을수록 녹색소비행동이 높았으며 주거형태는 다세대 및 연립주택 등의 공동주택에 거주할수록 녹색처분수준 행동이 높은 것으로 나타났다.

배순영(2010)은 우리나라의 에너지다소비 문화에 대한 비판은 모두가 공감하고 있기 때문에 정부는 구체적인 온실가스 감축목표와 방향에 관계없이 저탄소 녹색소비 인프라구축 및 녹색 소비자행동을 개선할 다양한 연구 및 정책이 지속적으로 추진되어야 한다고 주장했다. 녹색성장정책에 대한 비판적 시각에도 불구하고 녹색혁명으로의 물결은 전 지구적인 트렌드이므로, 소비자정책에서도 녹색소비관련 정책 및 법제에 대한 개선점을 보다 적극적으로 발굴해야 한다. 예를 들면 표시.광고 관련 법률을 개정하고, 지능형 전력망 구축 및 지원에 관한 특별법을 검토하고, 공공조달 녹색제품 선정위원회 등에 소비자기관 및 단체가 참가해야 한다.

유두련과 김년희(2012)는 학생들을 대상으로 친환경소비행동을 유형화하고, 각 유형에 따라 친환경소비행동을 하게 하는 내적 동기와 외적 동기, 그리고 환경지식이 차이가 있는가를 고찰하였다. 친환경소비행동은 친환경소비행동 중간집단, 친환경소비행동 열등집단, 친환경소비행동 우수 집단으로 유형화 할 수 있었다. 우수 집단이 다른 집단에 비하여 친환경 소비생활의 중요하여 들어본 응답자가 매우 많았다. 환경상품에 한 추가비용 지불의사는 열등집단이 가장 낮았으며, 우수 집단이 가장 높게 나타났다. 외적 동기 관련 변수인 환경상품 관련 시장여건에 대한 인지도는 군집의 각 유형에서 평균 3.5 이상으로 높았다. 그러나 준거집단의 사회 규범의 영향, 환경정책에 대한 인식, 환경문제 관련 지식은 우수집단이 가장 높았다.

김수지, 박찬권, 홍관수(2016)는 건강심리학 분야에서 건강예방행동을 파악하는데 활용되고 있는 IMB 모델을 적용하여 주관적 지식, 동기, 자기효능감 간의 관계를 파악하고, 이들이 녹색구매행동에 미치는 영향을 검증하였다. 주관적 지식이 높을수록 자기효능감도 높았고, 동기가 강할수록 자기효능감도 높았다. 주관적 지식이 많을수록 녹색구매행동을 많이 하였고, 동기가 강한 소비자들도 녹색구매행동을 많이 하는 것으로 밝혀졌다. 또한 자기효능감이 강한 소비자들도 녹색구매활동을 많이 하는 것으로 나타났다.

강미아(2015)는 기후변화, 수질오염, 대기오염 등의 다양한 환경문제와 환경정책에 대해 고조된 관심은 친환경 행동을 촉진하게 했다. 이 논문은 환경정책에 대한 주요 인자를 조사하여 대학생과 대학원생의 친환경행동 양식을 조사하였다. 대학에서 환경분야를 전공으로 한 참가자들은 과학자들이 제공하는 정보를 그대로 받아들이지 않는 경향을 보이며, 대학 환경교육과 회의론 사이에는 음의 상관성을 나타내었다. 환경분야 전공을 하는 참가자들은 저비용

비간접 형태의 친환경행동에 긍정적 결과를 보였다. 한편 이산화탄소와 온실효과 등에 대한 지식수준은 고비용을 지불하는 환경정책 수용의지와 밀접한 관계를 가진다. 따라서 환경정책 수용성을 형성할 수 있는 올바른 이해를 기반으로 친환경행동을 장려하기 위해서는 정확하고 지속가능한 교육프로그램이 요구된다.

김효정(2014)은 환경의식, 녹색소비 관련 지식, 녹색소비 행동에 관한 문항을 토대로 녹색소비자 유형을 분류하고, 유형별 녹색제품에 대한 구매의도 차이를 분석하였다. 요인분석 결과, 환경의식은 환경문제의 심각성 인식, 환경보호를 위한 책임 인식, 녹색생활의 편익 인식, 녹색소비 행동의 중요성 인식의 4개의 하위영역으로 구분되었고, 군집분석을 실시한 결과, 비녹색 소비자 집단, 소극적 녹색소비자 집단, 적극적 녹색소비자 집단으로 분류되었다. 또한 군집분석을 통한 녹색소비자 유형 분류가 타당하게 이루어졌는지를 검정하기 위하여 판별분석을 한 결과, 환경문제의 심각성 인식, 환경보호를 위한 책임 인식, 녹색생활의 편익 인식, 녹색소비 행동의 중요성 인식, 녹색소비 관련 지식, 녹색소비 행동 등 모든 변수들이 유형화된 집단의 특성을 구별하는 것으로 나타났다. 유형화된 3개의 집단에 대한 인구통계학적 특성을 살펴본 결과, 연령에 따른 차이만 유의한 것으로 나타났다. 그리고 녹색제품 구매의도 수준은 적극적 녹색소비자 집단이 소극적 녹색소비자 집단이나 비녹색 소비자 집단에 비해 대체로 높은 것으로 나타났다.

유두련(2014)은 대학생을 대상으로 하여 그들의 자아존중감 수준에 따른 친환경태도 및 친환경행동에 대한 차이를 알아보고, 친환경 처분행동 집단별 개인 자아존중감 및 집단 자아존중감, 친환경태도는 어떠한 차이가 있는가에 대하여 살펴보고자 한다. 주요

연구결과는 다음과 같다. 첫째, 일반적 특성에 따른 자아존중감에 대한 차이분석에서는 남학생의 개인자아존중감이 여학생 보다 약간 높았고. 월평균소득이 600만 원 이상 집단의 개인 자아존중감 수준이 가장 높았다. 집단자아존중감에서는 성별에서 여학생의 멤버십 집단자아존중감과 사적 집단자아존중감이 남학생의 경우보다 약간 높았으며, 부직업과 모교육 수준, 모직업에서 유의한 것으로 나타났다. 둘째, 친환경적 태도는 개인 자아존중감 보다는 집단자아존중감을 통하여 더 잘 설명할 수 있으며, 집단자아존중감과 친환경태도에서는 보상적 동기가 더 많이 나타나고 있으며, 공적 집단자아존중감에서만 자아일관성동기가 반영되고 있다고 하겠다. 또한 멤버십 집단 자아존중감, 사적 집단 자아존중감, 자아정체적 집단자아존중감에서는 친환경 처분행동에 대하여 보상적 동기가 있는 것으로 해석되며, 자아정체적 집단자아존중감에 따른 분리배출행동의 경우에는 자아일관성동기와 보상적 동기가 모두 있는 것으로 해석된다. 셋째, 친환경처분행동에 따른 열등집단, 중간집단, 우수집단의 특성을 살펴본 결과, 우수집단에서 멤버십 집단 자아존중감, 이타적 가치관, 환경보호의 중요성 변인 등의 점수가 가장 높았으며, 따라서 이들 세 변인은 친환경 처분행동을 가장 잘 설명하는 변수라고 하겠다. 본 연구에서 인간행동의 기본 동기로서 자아존중감과 친환경소비행동과의 관련성을 분석해 봄으로써 친환경태도와 친환경소비행동의 심리적 특성을 설명하는데 기여할 수 있을 것으로 기대된다.

고정원, 이성림, 김민정(2010)은 소비자의 로하스 소비의식과 로하스 상품 소비 수준을 분석하였다. 우리나라 소비자들은 어느 정도 로하스 소비의식을 가지고 있으나 그 수준은 높은 편은 아니며,

이타적 성향은 로하스 소비의식에 유의한 영향을 미친다. 소비자의 이타적 성향의 평균점수가 보통 수준인 것으로 볼 때, 이러한 상태가 지속되면 향후 로하스 소비가 지속적으로 발전할 가능성은 낮아 보인다. 가장 많이 소비되는 로하스 상품은 에너지 효율 등을 고려한 전자제품이며, 자연식품과 건강식품, 세제 등에서의 소비도 활발한 편인데, 웰빙 트렌드로 인해 자연식품 및 건강식품, 세제 등의 시장의 규모가 커져있는 영향을 받았을 것이라고 예상된다. 이외에 화장품, 의류, 대체의료, 대체교통, 재생제품 등의 소비 수준은 낮은 편이며 에코투어, 심신조화프로그램, 예방적 건강관리는 소비자들의 건강관리와 관련한 항목으로 소비 빈도가 비교적 높은 것으로 평가된다. 사회책임투자, 자연에너지 등의 이용은 매우 저조하다. 사회 인구학적 변수 및 건강관련 변수, 그리고 로하스 소비의식에 따라 로하스 상품 소비 수준에 차이가 있는 것으로 나타났다. 가장 영향력이 큰 변수는 로하스 소비의식이고, 다음으로 성별과 연령이 로하스 상품 소비에 유의한 영향을 미치는 것으로 나타났다. 로하스 소비의식이 높을수록, 연령이 증가할수록, 여성보다 남성의 로하스 상품 소비수준이 높다.

김효정(2011)은 대학생 소비자의 라이프스타일에 따른 녹색소비행동을 살펴보았다. 대학생 소비자의 라이프스타일에 대한 유형화 분석을 위해 요인분석 및 군집분석을 실시한 결과 근검 실천 집단, 무관심 집단, 자유추구 집단, 물질과시 집단으로 분류되었다. 조사대상자의 대학생 소비자의 녹색구매행동에 있어서는 녹색상품 구매행동에 비해 녹색윤리 고려가 좀 더 높은 점수를 보였고 녹색사용행동에 있어서는 상품 절약행동이 자원.에너지 절약 행동에 비해 좀 더 높은 점수를 보이고 있었다. 그리고 녹색처분행동에 있어서는 폐기물 처리 행동이 재활용보다 높은 점수를 나타냈다. 조사대상자의 라이프스타일 군집별로는 근검 실천 집단이 다른 집단에 비해 녹색소비행동을 잘 수행하고 있는 것으로 나타났다. 한편 녹색소비행동에 영향을 미치는 변수를 살펴보기 위해 회귀분석을 실시한 결과 녹색소비 관련 지식과 환경의식은 녹색구매행동, 녹색사용행동, 녹색처분행동과 각각의 세부영역 행동에서 유의한 것으로 나타났고, 라이프스타일 유형은 녹색사용행동과 녹색처분행동, 그리고 이들 세부영역에서 유의한 것으로 나타났다.

정주원(2012)은 중고등학교 청소년들을 대상으로 윤리적 소비교육의 경험과 윤리적 소비행동을 분석하였다. 청소년 소비자의 윤리적 소비교육 경험에 대해 살펴 본 결과, 청소년들의 각 교육 경험들이 대체적으로 높지 않게 나타나고 있다. 윤리적 소비행동 영역에서는 녹색소비를 중심으로 한 미래세대를 위한 소비자교육이 학교와 가정 소비자교육에서 많이 이루어지고 있었다. 또한 인구통계학적 변인에 따른 윤리적 소비 교육 경험에 대해 살펴보면, 학년, 종교, 계층인식, 모의 학력, 부의 직업에서 통계적으로 유의한 차이가 나타났다. 청소년 소비자들이 경험한 학교 및 사회의 구체적인 윤리적 소비 활동에 대해 살펴본 결과, 학교 소비자교육 프로그램에서는 관련 행사 및 봉사활동에 참여함으로써 윤리적 소비를 많이 접하고 있었다. 사회 소비자교육 프로그램에서는 벼룩시장 활동을 통해 윤리적 소비를 많이 접하고 있었으며, 인터넷을 통한 윤리적 소비 교육의 접촉 빈도가 높게 나타났다. 그러나 윤리적 소비 교육 프로그램에 전혀 참여하지 않은 경우도 상당부분 나타나고 있다.

청소년 소비자의 윤리적 소비 행동을 살펴본 결과, 전반적으로 윤리적 소비행동 수준이 보통을 상회하고 있으나 높은 수준을 보여

주지는 못하므로 지속적인 교육이 필요함을 알 수 있다. 세부적인 행동영역을 보면, 상거래에서의 윤리적 소비 행동과 미래세대를 위한 소비자행동이 상대적으로 높게 나타나, 동시대 인류를 위한 소비행동에 대한 교육이 요구되어진다. 청소년 소비자의 윤리적 소비 행동에 영향을 미치는 요인으로는 여성인 경우, 가정소비자교육과 학교소비자교육을 많이 받을수록, 학년이 저학년일수록 상거래에서 윤리적 소비 행동을 하는 것으로 나타났다. 동시대 인류와 미래세대를 위한 윤리적 소비행동은 가정소비자교육의 영향력이 가장 크며 대중매체와 학교소비자교육을 많이 받을수록, 학년이 저학년일수록 더욱 윤리적인 소비행동을 하는 것으로 나타났다. 가정 및 학교에서의 윤리적 소비교육이 청소년 소비자의 윤리적 소비행동에 중요한 역할을 담당하고 있음을 알 수 있다.

그린마케팅, 녹색소비자 등 기존의 친환경 또는 로하스 소비관련 연구는 대체적으로 친환경 소비의식이 있다면 로하스 제품에 대한 태도가 호의적일 것이고 따라서 어느 정도 가격이 비싸더라도 로하스 제품을 구입할 것이라는 주장을 하고 있다. 박주영, 노기배, 홍석기(2011)는 목표이론을 도입하여 소비자가 겉으로는 친환경 소비에 동조한다고 하면서도 실제 행동으로는 친환경 소비를 일관되게 보이지 못하는 현상을 설명했다. 로하스 소비행동을 촉진시키기 위해서는 소비자가 쾌락목표 또는 규범목표를 가질 수 있도록 전략을 수립해야 한다. 예를 들어, 로하스 제품은 구입하는 것이 불편하고 가격을 더 지불해야 하는 등 득실목표의 판단기준에 상충하는 경우가 많은데, 이러한 득실에 부정적인 면은 부각시키지 않고 로하스 제품이 본인에게 얼마나 즐거움을 주고, 자존심을 바로 향상시킬 수 있는지를 강조하는 등 소비자의 기분을 좋아지게 하는데 초점을 맞추어야 한다. 또한 규범목표를 소비자가 채택하도록 장려하기 위해서는 로하스 소비행동이 사회적으로 적합하며 올바른 행동이라는 점을 홍보하고, 깨끗한 환경에 기여를 하는 소비가 모범적인 행동이며 성숙한 시민으로서의 의무사항이라고 교육을 시켜야 한다고 제시하였다.

홍연정과 김명준(2015)은 스마트폰에 익숙하면서도 미래의 경제활동을 주도할 대학생 소비자들을 대상으로 스마트폰 어플리케이션 '녹색가계부'를 개발하여 8주간 사용하도록 하는 실험을 진행하였다. 스마트폰 어플 '녹색가계부'는 기본적인 가계부의 기능에 녹색소비행동을 기록하는 녹색 소비체크 기능과 '나무 기르기'라는 게임적 요소를 더해 만들어진 어플이다. 실험을 통해 얻어진 데이터를 통해 전반적 데이터 분석과 개별적 데이터 분석을 시행하였다. 모든 피험자의 녹색소비내역을 합한 전반적 데이터 분석을 통해 녹색가계부는 대학생 소비자의 녹색소비를 증진시킨다는 결과를 얻을 수 있었다. 피험자의 개별적 데이터 분석을 통해서는 녹색가계부의 '나무 기르기'라는 게임적 요소가 대학생 소비자가 녹색소비를 실천할 수 있도록 하는 자극제 역할을 하였다는 사실을 확인할 수 있었다.

류지혜와 노정옥(2011)은 전북지역 주부들의 라이프스타일유형에 따라 친환경농산물의 구매행태와 인식을 주사하였다. 라이프스타일유형은 로하스추구집단, 웰빙진행집단 및 실리추구집단으로 분류되었다. 로하스추구집단은 40대 이상으로 대부분이 전문직에 종사하였고, 소득수준이 높았고, 친환경농산물에 대한 이해와 구입비율이 다른 유형에 비하여 높았다. 웰빙진행집단은 30-40대로 소득은 로하스추구집단보다 낮으나, 친환경농산물에 대한 이해와 구매 횟수, 구매시 고려하는 요인은 로하스추구집단과 유사하기 때문에 시간이 흐름에 따라 로하스추구집단으로 진행될 가능성이 높다, 실리추구집단은 30대 이하로 소득 수준이 다른 유형에 비하여 가장 낮고, 친환경농산물에 대한 이해와 구매 비율도 가장 낮았고, 백화점과 대형마트에서 친환경농산물을 주로 구입하고 있었다. 친환경농산물의 가격 하락을 가장 많이 기대하고 있는 집단이다.

조희진(2010)은 산업사회의 상품 생산 및 소비문화 확대로부터 파생되는 환경문제를 극복하기 위한 방안으로 의류 재활용이 확산되고 실천되는 상황과 활동에 영향을 주는 사회 담론의 구성 방식과 역할을 연구하였다. 의류 재활용은 개인적 차원에서의 실천과 사회적 차원에서의 운동, 그리고 기업 시스템의 도입 등으로 구분되며 각각은 다시 사회적 선행 담론, 슬로 패션 담론, 환경 친화적 패션 담론, 전통적 미덕 계승 담론 등과 같은 독자적인 논의의 틀과 만나 사회적 가치와 당위성을 부여 받는다. 이들 담론은 환경오염 문제에 관한 인식과 현명한 소비 주체로서의 자세를 요청하고 재활용 상품이 갖는 패션상품으로서의 가능성, 근검절약과 같은 전통적 미덕과 가치를 되살리자는 운동으로서의 성격을 내포하고 있다. 의류 재활용을 둘러 싼 각각의 담론은 환경문제를 극복하기 위한 대안과 방법론적 지향점을 제공하며 이러한 담론 구성 과정에서 과거 전통사회의 미풍양속 개념과 현대사회의 당면 과제를 해결하기 위한 방법론이 오버랩되는 특성을 보인다. 특히 미디어는 다양한 사회 담론을 전달하고 확산시키며 담론 형성 과정에서 생산되는 논의를 공유하는 장의 역할을 한다. 개인은 미디어를 통해 생산되고 공유되는 의류 재활용 담론을 통해 현명한 소비, 절약, 절제와 같은 전통적인 관념의 재구조화를 경험하고 환경 문제와 같은 거대 쟁점을 일상의 차원에서 실천할 수 있는 기회를 갖게 된다. 결국 의류재활용과 관련된 사회 담론은 그러한 행위와 실천의 당위성을 설명하고 뒷받침하는 논거이자 미풍양속적 속성을 담보한 행위규범모형으로 작동하고 있다. 의류재활용의 실천적 양태는 헌옷 모으기와 리폼, 의류재활용 브랜드 등장, 교복 물려입기 운동으로 나타났다.

2. 친환경 소비에 대한 조사대상자들의 일반적 수준

〈표 13-1〉 친환경 소비에 대한 일반적 수준

문 항	M(SD)
1. 제품을 구매할 때 환경친화적 제품(로하스, 유기농, 전력소비 1등급 전자제품)을 구매한다..	4.63(1.31)
2. 제품구매 시 일회용 비닐봉지보다 장바구니를 이용한다.	4.86(1.55)
3. 쓰레기는 분리수거를 한다.	5.85(1.31)
4. 가까운 거리는 자동차를 타지 않고 걷거나 자전거를 타고 간다.	5.35(1.46)
7점 환산평균	5.17(1.41)
Cronbach's α	.697

<표 13-1>은 친환경 소비에 대한 조사대상자들의 일반적 수준을 제시하고 있다. 친환경 소비는 4문항으로 측정되었고 각 문항은 7점 리커트 척도로 측정되었으며 점수가 높을수록 친환경 소비를 잘 실천하는 것을 의미한다. 친환경 소비의 전체평균은 5.17점으로 조사대상자들은 보통수준 이상으로 친환경 소비를 잘 실천하는 것으로 나타났다. 구체적으로 '쓰레기는 분리수거를 한다' 문항의 평균점수가 상대적으로 가장 높았고, 반면 '제품을 구매할 때 환경친화적 제품을 구매한다' 문항의 평균점수가 상대적으로 낮게 나타났다. 쓰레기 분리수거는 강제적인 행동이고, 친환경제품 구매를 하

기 위해서는 경제적으로 더 많이 지불해야하기 때문에 이러한 결과가 나왔다고 해석할 수 있다.

3. 인구사회학적 특성에 따른 친환경 소비

〈표13-2〉 인구사회학적 변수에 따른 친환

독립변수		평균	독립변수		평균
성별	남성	20.58	결혼지위	미혼	20.62
	여성	20.78		기혼	20.73
	t값	0.75		t값	-0.42
연령	20대	20.79	종교	기독교	20.69 ab
	30대	20.63		불교	20.83 ab
	40대	20.53		천주교	21.75 b
	50대 이상	20.84		무교/기타	20.43 a
	F값	0.30		F값	3.03*
교육수준			월평균 가계소득	200만원미만	19.72 a
	고졸이하	20.04 a		200-300만원	20.73 ab
	전문대졸	21.19 b		300-400만원	20.65 ab
	대졸이상	21.01 b		400-500만원	21.06 b
				500만원이상	21.00 b
	F값	6.23**		F값	2.83*

* p〈0.05 ** p〈0.01

<표 13-2>는 인구사회학적 특성변수에 따른 친환경 소비를 분석한 결과이다. 친환경 소비는 교육수준, 종교, 월평균 가계소득에 따라 유의한 차이를 나타내었다. 교육수준의 경우 고졸이하 집단에 비해 전문대졸 집단과 대졸이상 집단이 친환경 소비를 잘 실천하는 것으로 나타났다. 종교의 경우 무교나 기타 종교집단에 비해 천주

교 집단이 친환경 소비를 잘 실천하였고, 월평균 가계소득에 있어서는 소득이 가장 낮은 집단에 비해 400-500만원, 500만원 이상 집단이 친환경 소비를 유의하게 잘 실천하는 것으로 분석되었다.

4. 친환경 소비와 관련변수들의 상관관계

〈표 13-3〉 자기 주도성, 관대함, 보편성, 물질주의, 이타주의, 효과성 지각, 윤리적 정체성, 친환경 소비 상관관계

변수	자기 주도성	관대함	보편성	물질 주의	이타 주의	효과성 지각	윤리적 정체성	친환경 소비
자기 주도성								
관대함	.705**							
보편성	.715**	.755**						
물질주의	.460**	.317**	.358**					
이타주의	.268**	.365**	.338**	.125**				
효과성 지각	.475**	.419**	.424**	.102**	.470**			
윤리적 정체성	.653**	.647**	.719**	.411**	.436**	.435**		
친환경 소비	.371**	.345**	.391**	.148**	.231**	.349**	.380**	

** $p<0.01$

<표 13-3>은 친환경 소비와 관련변수들의 상관관계를 제시하고 있다. 분석결과 자기주도적 가치를 가질수록, 관대할수록, 보편적 가치를 가질수록, 물질주의 성향을 가질수록, 이타주의 성향을 가질수록, 윤리적 소비의 효과성을 지각할수록, 윤리적 소비의 정체성을 중요하게 생각할수록 친환경 소비를 잘 실천하는 것으로 나타

났다. 친환경 소비는 윤리적 소비와 관련된 3가지 소비자 가치와 효과성 지각, 윤리적 정체성과는 약한 정적 상관을 가지는 것으로 나타났고 이타주의와 물질주의는 더 낮은 정적 상관을 가지는 것으로 조사되었다.

5. 친환경 소비에 대한 회귀분석

〈표 13-4〉 친환경 소비에 대한 회귀분석

	독립변수	회귀계수 (β값)
소비자가치	자기주도성	0.083(0.090)
	관대함	0.006(0.007)
	보편성	**0.083(0.118*)**
심리 사회적 변수	물질주의	-0.023(0.028)
	이타주의	0.012(0.017)
	효과성 지각	**0.162(0.129***)**
	윤리적 정체성	**0.051(0.121**)**
윤리적 소비동기	개인 긍정동기	**-0.081(-0.100*)**
	사회 긍정동기	**0.217(0.202***)**
	개인 부정동기	0.021(0.033)
	사회 부정동기	-0.064(-0.085)
	상수	8.560***
	F값	25.939***
	R^2	0.224
	수정된R^2	0.215

* p〈0.05 ** p〈0.01 *** p〈 0.001

<표 13-4>는 친환경 소비에 대한 다중회귀분석 결과이다. 독립변수인 소비자가치, 심리사회적 변수, 윤리적 소비동기는 종속변수인 친환경 소비를 약 22.4% 설명하는 것으로 나타났다. 분석결과 소비자가 보편성 가치를 가질수록, 윤리적 소비의 효과성을 지각할수

록, 윤리적 소비의 정체성을 중요하게 생각할수록, 윤리적 소비에 대한 사회적 긍정동기를 중요하게 생각할수록, 반면 개인적 긍정동기는 덜 중요하게 생각할수록 친환경 소비를 적극적으로 실천하는 것으로 나타났다. 종속변수에 대한 독립변수의 상대적 영향력을 살펴보면, 사회적 긍정동기의 영향력이 가장 큰 것으로 나타났고 다음이 효과성 지각, 윤리적 정체성, 보편성, 개인적 긍정동기 순으로 나타났다.

제 14 장

로컬소비

우리나라는 2009년에 원주, 2011년에 완주, 평택, 청송, 김제, 강진, 2012년에 음성과 아산에서 로컬푸드 조례를 제정하면서 로컬푸드 운동이 본격화되었다. 완주군의 로컬푸드는 대도시인 전주가 새로운 소비시장을 창출하여 3호점까지 운영될 정도로 활성화되었다(주상현, 2015).

제주특별자치도의회 FTA대응특별위원회는 제주형 로컬푸드 활성화를 위한 '지역 먹을거리 활성화 방안 마련 정책토론회'에서 지역에서 생산된 먹거리를 내부에서 소비하고 먹거리의 안전성을 확보하는 등 생산자와 소비자 간의 사회적 거리를 줄이는 방안과 제주형 로컬푸드 조례 제정에 대한 논의가 이뤄졌다. 제주 로컬푸드 조례에는 로컬푸드 육성·지원계획 수립을 의무화하고 로컬푸드 위원회 설치 및 역할을 명시하고, 이를 바탕으로 로컬푸드 생산 촉진을 위한 농어업인 기획 생산을 활성화하고 지원하는 내용이 포함되어야 한다는 논의가 이루어졌다. 로컬푸드 가공, 유통, 소비 촉진을 위한 지원 규정을 마련하고 로컬푸드 인증제도 및 기금 설치 등 협력체계 구축을 위한 방안도 마련되어야 한다(한국농어민신문, 2016년 5월 25일).

1. 관련연구 고찰

로컬푸드는 지역에서 생산되는 먹을거리를 그 지역 소비자가 소비하는 것, 자신이 먹는 식품이 어디에서 어떻게 생산되는지를 알 수 있고, 복잡한 유통마진을 줄여 값이 저렴하며, 근거리 운송이라 신선도를 유지할 수 있을 뿐 아니라 운송에 들어가는 에너지를 줄여서 환경오염도 줄여주는 장점이 있다(주간동아, 2009년 3월 6일). 로컬푸드 운동은 슬로우 푸드 운동, 저농약 농산물, 무농약 농산물, 유기농 농산물을 포함하는 친환경 농산물의 개념과 우수 농산물과 우리 농산물의 개념을 포함하는 동시에 생산자와 소비자와의 거리, 환경 친화, 건강, 지역경제의 활성화 등에 기여하는 속성이 종합으로 고려된 개념이다(김현철, 정인경, 민상기, 2009; 윤병선, 2008; 허남혁, 2007; 홍경완, 김지영, 김양숙, 2009; DEFRA, 2003; Donkin, Dowler, Stevenson, & Turner, 1999; Morris & Buller, 2003).

먹거리 이동거리를 최소화하는 것을 지향하는 로컬푸드 운동은 우리의 식탁에 대한 기업의 지배권에 도전하고 먹거리를 매개로 농인과 소비자의 권리를 확보하려는 운동으로 농민장터, CSA, 직거래급식 등을 예로 들 수 있다. 로컬푸드를 활성화시키기 위해서는 생활협동조합이 원래의 정신과 가치를 복원하려고 노력해야 한다. 학교급식은 로컬푸드의 원칙을 실현하는데 중요한 장이 되므로 학교급식을 적극적으로 활용하려는 방안을 모색해야 한다. 학교 텃밭과 공동체 텃밭 등 도시농업을 적극 확산시켜야 한다. 가장 좋은 로컬푸드는 스스로 농산물을 재배해서 먹는 것이므로 아파트의 공터, 학교 운동장, 관공서 공터, 하천 부지 등 땅이 있는 곳에 농사를 지을 수 있도록 적극 권장하고 정책을 마련해야 한다(김철규, 2011).

글로벌 푸드가 패스트푸드로 기표화되면서 자신의 특성을 무국적화시키는 상황에서 로컬푸드는 슬로우 푸드와 함께 함으로써 자신의 문화적 맥락을 의도적으로 지역적인 것 안에 위치시키는 전력이 필요하다. 슬로우 푸드는 음식을 통하여 즐거움을 누릴 권리, 생활의 리듬에 대한 존경, 자연과의 관계를 회복할 수 있기 때문이다. 지역에서 생산되는 식재료를 이용하여 집집마다 각기 다른 음식의 맛과 분위기를 느낄 수 있는 지역의 독특한 식문화의 체험, 누적된 역사와 지역적 삶을 공유하는 자발적으로 즐기는 실천을 통하여 로컬푸드의 본연의 의미를 우리는 찾아야 한다(도승연, 2015).

우리나라의 로컬푸드 정책은 다음과 같은 방향으로 설정되어야 한다. 생산자와 소비자들에게 로컬푸드의 중요성을 인식하도록 하는 법을 제정하고, 로컬푸드의 생산과 소비를 지원하는 제도와 프로그램을 도입해야 한다. 로컬푸드 정책은 로컬푸드의 소비 못지않게 생산에 초점을 맞출 필요가 있고, 기존의 법 중에서 로컬푸드의 확산을 가로막는 법을 정비하고, 로컬푸드의 확산에 지방정부가 중요한 역할을 해야 한다. 로컬푸드의 확산에 소비자와 함께 하는 농업에 대한 인식이 중요한 기여를 할 수 있다는 점에서 로컬푸드 정책은 생산자와 소비자의 연결을 촉진하는 데 초점을 맞추어야 한다(김종덕, 2008).

지역 먹거리체계는 경제적으로는 지역사회의 유지 발전, 농민들의 안정적 생활, 지역경제의 다양화, 대안 시장의 창조 등에 기여하고, 사회적으로는 지역 내의 관계의 복원, 신뢰의 구축을 가져오며, 생태적으로는 외부자원에 대한 의존감소, 지역 내 자원에 대한 의존증대와 자원의 절약 등을 들 수 있다. 지역먹거리체계의 확립에 있어서 새롭게 고민해야 할 부분이 사회경제적 변화에 따른 소비자의 소비패턴의 변화이다. 도시가계의 식품비지출액가운데 가공식품과 외식비의 비중이 급격하게 상승하고 있는 상황에서 원재료로서의 농산물 소비의 감소로 인한 농가소득 감소를 농산물 가공 사업을 통해서 소득증가의 계기로 활용해야 할 것이다. 농산물 가공에 사용되는 원료 중에서 지역산 농산물이 차지하는 비중이 높을수록 농산가공산업의 농업소득유발정도는 높아지게 된다. 그러나 현재 한국의 농산가공산업은 농업생산과 유리된 측면이 강하고, 농산가공산업의 수입원료 의존도가 높기 때문에 농산가공산업의 성장으로 국내농산물생산의 확대를 가져오는 선순환의 확립이 필요하다. 이를 위해서는 농산가공산업의 육성을 위한 정부의 일관된 지원·관리가 필요하며, 소규모의 생산자들을 조직함으로써 범위의 경제를 실현하는 것과 함께 농민적 가공을 촉진할 수 있도록 유기농산물에 대한 다양한 인증제도의 도입이나 지리적 표시제의 개선 등이 필요하다(윤병선, 2008).

우리나라 식량자급률은 2008년 현재 공급열량 기준 48.7%에 불과하다. 국내에서 소비하는 식품 소비량의 절반 이상을 수입농산물에 의존하는 상황이다. 품목별 자급률은 곡류는 28%에 불과하며 육류 79%, 채소류 91%, 과실류 85%이다. 따라서 의욕적으로 로컬푸드 시스템을 추진하려고 해도 모든 품목을 지역산 농산물로 공급하기는 곤란하다. 그러므로 우리나라에서 지역 농산물의 생산과 소비라는 물리적 거리의 단축은 큰 의미가 없으므로 기존 농산물 유통 시스템이 제공 하지 못하는 생산과 소비의 사회적 거리를 단축시키는 방안이 필요하다. 우리나라 로컬푸드 운동은 지속가능한 농업을 추구해야 한다.

지속가능한 농업을 위해서는 사회 구성원 각자가 인간 재생산에 가장 기본이 농업생산과 소비의 관계라는 사실을 인식하고 농업시스템을 생태, 경제, 사회 측면에서 이해해야만 가능하다. 즉 시장에서 농업생산과 소비의 관계가 가격과 품질로 대체되어 보이지 않지만 소비자가 지불한 가격에는 생산에 필요한 생산비와 생산자가 생활을 유지할 가계비가 포함되어 있고 농산물의 품질은 소비자의 건강과 직결되어 있다는 사실을 이해해야 한다(정은미, 2011).

우장명과 윤병선(2009)은 청주와 청원지역의 로컬푸드 운동에 참여하는 참여자들을 대상으로 한 심층면접을 토대로 사회적 일자리 확대를 위한 로컬푸드 운동의 활성화 방안을 모색하였다. 지역에서 생산된 농산물이 지역에서 소비되는 선순환구조가 만들어 진다면 지역경제 활성화와 지역내 고용을 확대할 수 있다. 농업은 1차 산업에서 가공, 유통, 문화산업에 이르기까지 다양한 산업 영역에 파급효과가 크기 때문에 로컬푸드를 활용하면 사회적 일자리도 다양하게 창출될 수 있다. 생산·가공·유통의 규모화 · 단지화 · 브랜드화, 생산 · 가공 · 유통과정의 볼거리 · 먹을거리 체험사업화, 친환경 농업보육공장 · 가공 · 개발사업, 공동재배관리 · 공동집하 · 공동출하를 위한 친환경유통사업, 원예치유농원, 친환경음식업체 운영, 친환경 주거사업, 유기농 농장 분양사업 등을 예로 될 수 있다.

로컬푸드와 연계한 사회적 일자리를 창출하기 위해서는 정부와 지자체가 관련 정책을 개발하고 추진해야 한다. 많은 나라에서 로컬푸드 정책을 실시하고 있고 다양한 사업을 발굴하여 사회적 일자리와 연계를 하고 있다. 2007년에 제정된 농업농촌 및 식품산업기본법에서는 "국가 및 지방자치단체는 농업과 농촌의 지속가능한 발전과 공익적 기능을 증진하고, 안전한 농산물과 품질 좋은 식품을 안정적으로 공급하며, 농업인과 농촌주민의 소득안정, 삶의 질을 향상시키기 위한 종합적인 정책을 수립하여 시행하여야 한다."고 규정하고 있다. 이를 효율적으로 달성하기 위해서는 지역식량정책협의회의 구성이 필요하다.

우리의 학교급식운동은 학교급식법 개정과 조례제정운동을 통해 학교급식에 대한 정부지원의 법적 근거를 만들었고, 직영급식으로의 의무전환을 통해 신선하고 안전한 학교급식이 제공될 수 있는 기반을 만들었다. 하지만 학교급식운동이 우리사회의 먹거리 위기를 극복할 수 있는 새로운 차원의 먹거리운동으로 발전하기 위해서는 다음과 같은 전제가 필요하다. 첫째, 지역먹거리체계와 유기적으로 연관되어야 한다는 것이다. 영국의 학교급식 사례에서 알 수 있듯이 학교급식은 건강에 좋은 먹거리를 제공하기 보다는 지속가능한 지역먹거리를 제공할 수 있어야 한다. 이러해야 생산자의 위기, 소비자의 위기, 지역의 위기를 학교급식을 통해 극복할 수 있다. 둘째, 먹거리에 대한 복지적 접근, 즉 먹거리 복지와 연결되어야 한다는 것이다. 학교와 교육은 사회적 형평의 마지막 보루다. 학교급식 또한 먹거리 주권의 보장이라는 측면에서 사회적 형평을 이루어야 한다. 이 점이 최근 논란이 되고 있는 무상급식의 필요성과 타당성을 설명해준다(김홍주, 2009).

김현철, 정인경, 민상기(2009)는 로컬푸드를 학교급식에 도입하고 활용하기 위한 각종 지원체계를 국내 지방자치단체 사례들을 중심으로 발굴하여 제시하였다. 건강에 대한 관심과 급식안전에 대한 의식 수준이 높아짐에 따라 고품질의 학교급식에 대한 학생과 학부모의 기대가 높아지고 있다. 안정으로 로컬푸드를 활용하는 급식시스템을 구축하기 위해서는 조례를 비롯한 지원 체계에 학교급식에 필요한 재정을 안정으로 확보하고 지속적으로 이어질 수 있도록 급식비를 지원하는 예산규모에 관한 구체적인 내용이 포함되어야 한다. 자치단체 별로 우수농산물, 품질우수농산물, 친환경농산물 등 그 의미와 내용을 중심으로 각 지자체에서 정한 지원 가능한 농산물의 범위가 다르므로 사용되고 있는 식재료 생산방법과 우수성에 초점이 맞춰진 친환경농산물의 개념을 로컬푸드로 확장하여 물리적 사회적 거리 측면과 경제 측면에 관한 내용을 조례에 포함하여 개정해야 한다.

미국의 FTS(Farm to School) 프로그램이나 영국의 농장 매장(farm shops), 식품박스 마케팅(Box schemes), 로컬푸드링크(local food links)와 같은 다양한 직거래 유통체계 개념을 우리나라 급식시스템에 맞게 적용함으로써 각 지방자치단체와 학교별 규모와 특성에 맞는 맞춤형 공급시스템을 개발해야 한다. 급식재료에 대한 신뢰와 계약의 투명성을 보장하기 위하여 학교 급식지원 심의원회와 학교급식지원센터 등을 활성화 시켜야 하고, 생산자와 소비자의 조직 연결에 필요한 소비자 조직과 농협, 축협, 수협 등과 같은 생산자 단체가 중심이 된 비영리 심의 기구를 설치하여 학교급식용 농산물이 안정되게 공급될 수 있는 체계를 지속적으로 추진해야 한다. 각 학교의 학부모를 주체로 하고 학교 행정기관이 협조하여 급식운영위원회를 통하여 로컬푸드 도입을 적극적으로 활성화해야 한다.

안전행정부에서 2001년부터 운영 중인 '정보화마을'은 인빌쇼핑, 인빌체험, 커뮤니티등 많은 기능들이 있다. 특히 농어민의 소득증대를 위해 '인빌쇼핑'을 운영 중에 있다. 전국 370개 정보화마을에서 운영 중인 '인빌쇼핑'은 농어민의 소득증대에 기여하고 있다. 각 지역의 정보화마을에서 운영 중인 '인빌쇼핑'은 각 지역에서 생산되는 각종 좋은 생산품들을 홍보하고 있으나, 홍보의 부재와 안정적인 판로 개척 등이 이루어지지 않아 생산농가 많은 소득증대에는 기여하고 있지 않은 실정이다. 또한 '로컬푸드 연계형 학교급식운영시스템'은 안정행정부 u-서비스 부분의 사업으로 충남도 모든 학교에 안전한 먹거리를 제공하는 로컬푸드 시스템으로 초중고 학교의 영양(교)사로부터 많은 호응을 얻고 있다.

2014년 1월부터 운영되고 있는 '로컬푸드 연계형 학교급식운영시스템"은 교육부의 NEIS 시스템에서 영양(교)사가 식재료품의서를 작성하면 해당 학교급식센터(당진/아산)에서는 이 식재료에 맞는 로컬푸드(계약재배/관내농산물)를 가공하여 해당학교에 납품하는 시스템이다. 특히 당진 급식센터에서는 농산물뿐만 아니라 가공식품 약 2만여 가지를 제공하고 있다. 로컬푸드 농산물은 기후 변화 등 여러 요인으로 인해 가격변동이 심할 뿐 아니라 수요에 맞는 공급이 제때에 이루어지기가 어려운 환경 등의 방해요소가 존재하므로 해당 학교급식센터에서는 질 좋고 값싼 농산물들을 공급하기 위해서는 우리나라 각 지역별 생산품을 즉시 공급받을 수 있는 시스템이 구축이 되면 '로컬푸드 연계형 학교급식시스템'은 지금보다 훨씬 활성화되므로 각 지역별 생산품을 제공하는 정보화마을의 '인빌쇼핑' 서비스와 연계하게 되면 각 지역별 생산농가에 소득증대를 가져올 수 있다(김성호, 2014).

홍성현, 황성혁, 정준호(2014)는 전북 완주군 용진농협 로컬푸드 직매장을 이용한 소비자들을 대상으로 이용특성, 이용만족도, 상품 및 구매처 선택속성을 종합적으로 분석하였다. 로컬푸드 직매장 이용만족도에 영향을 미치는 요인은 구매처의 상품 및 서비스였으며, 향후 구매 계획에 영향을 미치는 요인은 상품의 품질과 구매처의 상품 및 서비스로 나타났다. 또한 소비자 선택속성의 중요도와 만족도의 IPA분석 결과 신선도, 안전성, 건강/기능성 등의 품질적인 측면이 로컬푸드 직매장의 강점으로 나타나 로컬푸드 직매장에서 판매하는 상품의 체계적인 품질관리와 생산 노력이 필요하며, 주차장 등 이용편리성을 확보와 상품의 안정적인 공급을 통한 구색 갖춤 등의 노력이 필요한 것으로 나타났다.

우리나라에서 CSA(공동체지원농업)는 '꾸러미'라는 이름으로 2005년부터 본격적으로 보급되어 급격한 매출 신장을 나타내고 있으며, 로컬푸드나 꾸러미는 친환경 농산물을 상징하는 브랜드로 인식되고 있다. 이렇게 CSA가 중요함에도 불구하고 회원 증대시킬 수 있는 전략에 대한 연구가 매우 드문 상황이다. 꾸러미 사용자와 비사용자를 대상으로 회원 가입의향에 영향을 미치는 요인을 분석한 결과 사용자의 경우 회원 지속의향에 영향을 미치는 요인은 '꾸러미·직매장에서 판매되는 농식품에 대한 신뢰'와 '농번기·수확기의 농장 방문의향'으로 나타났다. 그러나 비사용자의 경우 모든 변수가 통계적으로 유의한 결과를 나타내지 않았다. 사용자들에게는 농장을 방문하여 자신들이 경험한 로컬푸드에 대해 신뢰를 갖는 것이 중요하다. 미국과 일본과 같이 농장을 방문한 소비자들이 브랜드 커뮤니티를 만들고 구전효과를 통해 브랜드 신뢰를 높일 수 있다. 비사용자들은 농장, 직매장, 지역 축제 등 다양한 이벤트를 통해 로컬푸드 브랜드를 접촉할 수 있어야 한다(서구원, 2014).

인터넷 직배송과 지역 직매장 판매방식을 병행하며 성장한 한살림 광주생협은 한살림 전남권역 생산자연합회를 통해 친환경 농산물을 공급 받고 있으며, 중앙집중형 물류체계인 한살림 전국 배송 물류체계를 통한 농산물 유통이 대부분을 차지하지만, 비정기적으로 로컬푸드 지역물류를 시행하고 있다. 지역물류의 경우 로컬푸드 부문은 전체 매출액의 약 10%를 차지하는데, 물품은 야채와 과일 위주로 제한적이며 관심도에 비해 지역 생협에서 로컬푸드 유통비중은 매우 낮은 실정이다. 현재의 생협 유통체계 하에서 지역물류의 경우는 생산자가 물류비를 부담해야하기 때문에 생산단가가 낮은 농산품은 대부분 중앙물류를 통해 출하되며, 남은 수량 또는 생산자의 임의 수량, 대규모 계약재배에 의한 수량 등만이 지역물류 방식으로 공급되고 있다. 또한 지역의 소비량이 제한적이기 때문에 일일채소와 같은 매일 공급물품에 대해서도 지역물류보다는 한살림 연합에서 운송비를 부담하는 중앙물류를 이용할 수밖에 없는 실정인 것으로 나타났다(김승권, 김화환, 안영진, 2014).

로컬푸드는 단순한 식품체계를 넘어 지역 주민의 연대와 신뢰 형성을 지향하는 사회운동으로까지 점차 그 의미가 확장되고 있다. 하지만 신뢰와 상호성 같은 공동체적 가치는 이를 내면화하지 못한 참여자들이 단기간에 능동적이고 자발적으로 추구할 수 있을 만큼 쉽게 형성되지 않는다. 본고는 로컬푸드 운동에서 이러한 연대형성의 문제에 대해 불안의 연대와 위험사회에 대한 울리히 벡의 논의를 빌어 그 가능성을 모색해보았다. 울리히 벡은 현대사회의 위험이 더 이상 개인의 심리적 문제나 집단적 인식의 편향성 문제일 뿐만 아니라 사회 구조적인 문제라고 보았다. 특히 그는 근대/근대성이라는 보편적인 사회적 지평을 드러냄으로써 이를 보여주고 있다. 근대적 위험은 과거와 단절된 채 미래로 지연되고, 방치되며, 무시되어 왔지만 근대화가 심화됨에 따라 어느 순간 폭발적으로 현실화될 수 있는 사회를 맞이하게 되는데, 울리히 벡은 이를 위험사회라 부른다. 글로벌 식량체계는 근대화와 함께 성장해오면서 근대적 위험을 키워왔다는 점에서 울리히 벡의 위험사회 논의가 가감없이 적용될 수 있다. 위험사회에 대한 울리히 벡의 논의는 글로벌 식량체계가 야기하는 먹거리 위험을 근대성의 지평에서 해석하고, 이에 대해 집합적으로 저항할 수 있는 공통의 담론적 기반을 제공해주고 있다는 점에서 그 의의가 있다. 이와 관련해 로컬푸드 운동은 글로벌 식량체계가 야기하는 위험에 저항하는 공통의 실천적 기반이 될 수 있다. 먹거리 위험에 대한 불안은 먹거리 위험의 보편성을 인지하고, 이를 야기한 사회구조, 글로벌 식량체계에 대한 저항으로 나아갈 수 있을 때 사회적 합리성을 획득할 수 있을 것이다(이태훈과 박성훈, 2015).

이준우와 김혜민(2014)은 로컬푸드 직판장을 이용하는 농가와 소비자의 특성과 애로사항을 파악하기 위해 직판장에 출하하는 농가와 이를 이용하는 소비자에 대한 설문조사를 실시하였으며 국내 직판장 현황을 파악하기 위해 20개 직판장 실태조사를 실시하였다. 생산자는 운송, 재고, 출하작업에, 소비자는 잦은 품절, 상품구색부족에 각각 애로사항을 가지고 있었다. 또한, 국내 직판장은 민관협력형, 농협주도형, 민간주도형 등으로 구분할 수 있었다. 행정과 농협이 직판장 설립을 주도하고 있었으나 민간단체와 농가조직들도 다양한 형태로 직판장을 설립하여 운영하고 있었다. 최근에 많은 직판장이 설립되고 있으나 준비기간과 운영기간이 짧아 다양한 문제점이 대두되고 있었다. 이러한 문제를 해결하기 위한 방안으로 로컬푸드 직판장 활성화를 위해 할인판매, 식당연계 등 재고처리 방안, 공동물류, 순회수집 등 물류효율화 방안, 계획생산시스템 도입, 제도적 안정장치 마련 등을 제시하였다.

김홍주(2013)는 한국과 일본의 학교급식을 비교하면서 로컬 푸드가 학교에 공급될 수 있는 여건과 가능성을 분석하였다. 일본의 학교급식은 지역화에 관심이 있는 반면에 한국은 영양과 위생관리에 더 관심이 있었고, 일본은 자치단체가 학교급식을 실시하는 반면에 한국은 학교장이 급식을 실시하고 있었다. 일본은 생산자 직거래 등 다양한 방식으로 식재료가 조달되는 반면에 한국은 비대면 전자계약으로 대부분 조달되고 있었다. 일본은 식생활교육이 학교급식의 목표인 반면에 한국은 식생활 교육이 학교급식의 한 부분에 불과하였다. 이러한 차이가 학교급식에 로컬 푸드가 공급될 수 있는 가능성을 결정하고 있었는데, 일본은 비교적 활발하게 공급되고 있는 반면에 한국은 어려움이 많았다. 일본의 학교급식도 위탁과 민영화 논리에 의해 지배되고 있었으며, 무엇보다도 급식의 공공성이 약했다. 그러나 한국은 최근에 무상급식의 실시로 공공조달의 힘을 활용하여 로컬 푸드가 학교급식에 공급될 수 있는 기회가 점차 확산되고 있었다. 이러한 기회를 살리기 위해서는 학교급식이 지역, 공공, 교육의 관점에 의해 재구성되어야 한다.

초기 제주지역의 로컬푸드 운동은 주로 생활협동조합과 학교급식 연대 등을 선구적으로, 지속적으로 확산되었다. 로컬푸드 운동은 단순히 먹을거리의 지역적 규정으로 끝나는 것이 아니라, 먹을거리를 시작으로 생활전반에 대한 전환을 통해 근대사회의 모순과 왜곡을 해결하고 호혜적인 인간관계를 회복하여 제주 지역사회를 재활성화하려는 움직임으로 나타났다. 그 과정에서 다층적인 의미를 형성하고 있는 로컬 개념의 정의 문제, 새로운 소비자 공동체의 조직과 활동을 통한 유통단계의 변화, 새로운 공동체 문화의 생성 등이 제주지역 로컬푸드 운동과정에서 나타났다(한혜경, 2009).

김자경(2011)은 제주지역의 로컬푸드 운동을 활성화시키기 위해서는 제주도내 식당에서 제주산 농산물의 도입을 확산시켜나갈 수 있는 방안을 모색하고, 제주산 먹을거리에 대한 신뢰감을 높이기 위한 신뢰시스템을 구축하기 위해 제주산 농산물이 생산에서 가공, 유통, 소비부문까지 누구나가 정보를 확인할 수 있도록 로컬푸드의 공급 및 유통체계를 정비하고 구축해야 한다. 제주도민과 로컬푸드 운동주체 사이의 로컬푸드에 대한 인식차이를 좁혀 나가고, 로컬푸드 운동이 가족이나 개인의 건강차원 뿐만 아니라 사회적 관계망 속에서 식문화 및 지역공동체의 복원에 기여하기 위한 먹을거리 교육프로그램을 만들어야 한다. 제주의 로컬푸드 운동은 일단 시민사회단체가 시작한 만큼 이들 간의 네크워크를 결성하여 로컬푸드 운동의 주체로 자리매김 한 다음 지자체와 함께 지역식량정책협의회를 추진하고 로컬푸드 지원센터를 설립해 나가야 할 것이다.

로컬푸드는 지속가능한 삶의 조건으로서 먹을거리 그 자체와 운영원리(제도)를 포함하는 공동자원(commons)의 사고방식을 포함하고 있다. 공동자원의 개념을 검토하는 과정에서 로컬푸드 운동의 개념과 접점을 이루는 부분은 공동체의 사회적 관계라는 점을 찾을 수 있었다. 우리나라에서 로컬푸드 운동이 활발하게 이루어지고 있는 원주를 비롯한 여러 지역의 로컬푸드 지원조례 제정과정을 검토한 결과 공동체의 사회적 관계가 공론장의 형성, 거버넌스의 구축, 공공성의 발현으로 드러나는 것을 알 수 있었다. 로컬푸드 지원조례 제정과정에서도 공동자원의 운영원리가 작동되고 있는 것이다. 과잉 제도화에 대한 지적도 존재하지만 로컬푸드 지원조례는 조례 제정 과정에서 얻어지는 경험도 중요하다. 이러한 쟁점사항들이 제주에서 로컬푸드 지원 조례가 제정되는 과정 속에서 공론장이 형성되고, 거버넌스가 구축되면서 해소되어야 한다(김자영, 2014).

이해진, 이원식, 김홍주(2012)는 로컬푸드 연구의 지평을 넓히기 위하여, 로컬푸드 운동이 지역사회의 문제를 해결하고 대안적 지역발전을 추진하는 지역운동으로서의 가치와 의미를 지니고 있다고 하였다. 로컬푸드를 매개로 지역운동을 재조직화하고 로컬푸드 거버넌스와 사회적 경제 네트워크를 형성함으로써 대안적 지역운동을 전개하고 있는 원주의 사례가 예가 될 수 있다. 원주 로컬푸드 운동은 원주 지역운동의 특성인 생명농업과 협동조합운동의 역사와 경험으로부터 배태된 것이다. 이러한 로컬푸드 운동의 배타성은 2000년대 이후 지역문제 해결을 위한 젊은 지역운동 리더들의 전략 및 리더십과 결합되면서, 지역운동 네트워크의 조직화로 이어졌다. 이러한 원주의 지역운동 네트워크는 로컬푸드 운동을 통해 협동조합 지역사회, 로컬푸드 거버넌스, 사회적 경제의 지역화라는 새로운 형태의 지역운동으로 발전하고 있었다.

원주 사례는 로컬푸드 운동이 새로운 지역운동의 확산을 가능하게 하는 매개가 될 수 있음을 확인하여 주었다. 로컬푸드 운동의 확장을 통해 지역자립경제, 지역복지, 지역거버넌스, 내생적 지역발전을 구축하는 토대를 만들 수 있는 가능성을 확인한 것이다. 반면에 원주의 로컬푸드 운동 네트워크는 조직, 운동엘리트, 조합원의 범위를 넘어 지역주민의 참여와 지역사회의 발전에 기여하는 데까지 확장되어야 하는 과제를 안고 있었다. 또한 지자체와 로컬푸드 거버넌스를 구축하는 과정에서도 과잉 제도화의 문제에서 벗어날 필요가 있었다.

네모토(2014)는 사회적 경제 네트워크 관점에서 충청북도 청주·청원지역과 일본 이바라키 지역을 비교 분석하여 로컬푸드 운동의 발전방안을 모색하였다. 사례 분석 틀로서 행정·기업과의 관계, 전문가·일반시민과의 관계라는 두 가지 행위자 관계유형을 구분하였고 각각 비공식 영역의 가시화, 관계의 대등성, 새로운 공공영역의 창출이라는 분석기준을 설정하였다. 일본에서는 광역자치단체가 로컬푸드 운동의 인증제도, 기념일, 식생활 교육 등에 일정한 역할을 수행하고 있으나 비영리 민간단체 등과의 협력은 초기 단계에 있다. 한편 한국에서는 오히려 사회적 기업, 협동조합, 시민단체 등이 구성하고 있는 사회적 경제 네트워크가 지역과제를 가사화시키면서 로컬푸드 운동을 적극적으로 추진하고 있으므로 향후 지자체가 지원정책을 정비함에 있어 사회적 경제 네트워크와 대등한 관계가 구성되면 로컬푸드 운동에 의한 보다 효과적인 새로운 공공영역과 지역 공감대가 형성될 것으로 전망된다.

서장원, 김동환, 김신애, 권기대(2013)는 충청권 지역의 소비자들을 대상으로 하여 로컬푸드의 성공요인을 조사하여 분석하였다. 로컬푸드의 유형(직거래형 지역 내 유통, 유통센터경유 지역 내 유통, 직거래형 지역 외 유통, 상업적 유통)에 따라 로컬푸드 성공요인이 부분적 차이가 나타났다. CEO 리더십도 로컬푸드 유형에 따라 차이가 났는데, 직거래형 지역 외 유통이 가장 높았고, 직거래형 지역 내 유통이 두 번째로 높았고, 상업적 유통이 가장 낮았다. 마케팅요인이 미치는 영향은 직거래형 지역 외 유통이 가장 높았고, 직거래형 지역 내 유통이 두 번째로 높았고, 유통센터경유 지역 내 유통이 가장 낮았다. 로컬푸드의 성공요인 중에서 상품요인, 마케팅요인, 로컬원산지요인이 구매의향에 정(+)의 영향을 미치는 것으로 나타났다. 로컬푸드 이미지는 로컬푸드의 성공요인 중에서 상품요인, 시장요인, 마케팅요인과 구매의도 간에 조절효과를 가지는 것으로 나타났다.

백승우와 김수현(2013)은 로컬푸드 매장을 이용하는 소비자를 대상으로 소비자의 쇼핑동기가 구매후 만족도에 미치는 영향을 분석하고 로컬푸드 사업의 활성화 요인을 제시하였다. 로컬푸드 매장의 이용 동기를 친환경추구동기, 사회적 동기, 건강성추구동기, 편리성추구동기, 경제성추구동기 등과 같이 5개 요인으로 구분하여 각각의 쇼핑동기가 매장이용 후 만족도에 미치는 영향을 분석하였다. 로컬푸드를 이용하는 소비자는 로컬푸드 매장에서 판매하는 농산물을 친환경적이고 안전하다고 여기며 이러한 요인은 쇼핑 후 만족감에 영향을 미쳤다. 로컬푸드의 가장 큰 경쟁력은 친환경적이라는 소비자 신뢰도이므로 친환경적으로 생산한 품목을 중심으로 판매품목을 선정하고, 생산자들을 대상으로 한 친환경 재배교육을 강화하고 매장에서 실시하는 잔류농약검사 회수 확대 등 소비자 신뢰도를 높이는 체계를 만들어야 할 것이다. 로컬푸드 소비자들은 로컬푸드가 일반농산물보다 더 건강에 좋으며 신선하고 맛이 좋을 것으로 예상하고 있으며 그런 쇼핑동기가 구매이후에 더 높은 만족도를 보였다. 따라서 소비자의 쇼핑동기를 높이기 위해서는 신선도를 강조할 수 있는 품목인 채소류, 과일류 등의 비중을 높이며 선도유지를 위한 매장 운영방법을 강구해야 할 것이다. 로컬푸드 이용자들도 개인의 지불능력을 고려한 합리적인 소비를 추구하고 있으므로, 적정한 가격을 결정할 수 있는 구조를 만들어야 한다. 현재

완주 로컬푸드 매장은 생산자가 자율적으로 가격을 결정하는 형태를 취하고 있지만 생산자에 의한 일방적인 가격결정은 장기적으로 물량 부족 등으로 가격이 상승할 경우 가격 경쟁력을 상실 하거나 소비자 신뢰를 잃을 수 있으므로 인근 도매시장이나 소매업체의 시세를 파악하여 참고자료로 제공하고, 가격결정을 위한 협의체를 구성하는 방안을 모색해야할 것 이다. 로컬푸드 매장 이용자들의 사회적동기는 만족도에 유의한 영향을 미치지 않은 것으로 나타났는데 이는 이용자들의 로컬푸드에 대한 낮은 인식에서 비롯된 것으로 보인다. 소비자들은 아직도 로컬푸드 매장 및 로컬푸드에 대한 정보를 접하기 쉽지 않으며 이러한 정보의 부족을 해소할 때 로컬푸드에 대한 인식이 개선될 것이다. 이를 위해서는 소비자들이 쉽게 이해할 수 있는 로컬푸드에 대한 개념과 기능에 대한 명확한 정의를 바탕으로 로컬푸드의 사회적·경제적 역할에 대한 지속적인 홍보와 교육의 기회를 제공해야할 필요가 있다.

이보순과 박기홍(2014)은 로컬푸드의 브랜드자산이 소비자 만족과 고객충성도에 미치는 영향을 알아보기 위하여 전주시, 완주군에 소재한 완주 로컬푸드 직매장 구매경험이 있는 소비자를 대상으로 설문조사하였다. 로컬푸드 브랜드자산인 브랜드 이미지, 브랜드 인지도, 브랜드 품질이 소비자 만족에 영향을 미치는 것으로 나타났다. 소비자 만족은 재구매의도와 추천의도에 영향을 미쳤다. 이 같은 결과는 제한된 지역판매의 특성을 갖는 로컬푸드의 브랜드자산으로서의 브랜드 이미지와 인지도, 품질이 소비자 만족과 고객충성도에 긍정적인 영향을 미치는 변수임을 실증해 주었다.

로컬푸드에 대한 가치 인식이 로컬푸드 구매 및 체험에 미치는 효과를 분석하였다. 로컬푸드의 구매정도는 연령이 높을수록 높은 것으로 나타나 50대, 40대와 30대, 20대 순이었고, 로컬푸드 체험정도는 30대 이상이 20대보다 유의하게 높은 것으로 밝혀졌다. 로컬푸드에 대한 가치인식이 로컬푸드 구매정도에 미치는 영향을 분석한 결과, "나는 로컬푸드 농산물이 고객을 중시한다고 생각한다."가 가장 영향력이 큰 항목이고, 그 다음은 '로컬푸드는 고품질의 농산물이라고 생각한다.' 이다. 로컬푸드에 대한 가치 인식이 로컬푸드 체험정도에 미치는 영향을 분석한 결과, "나는 로컬푸드가 고품질의 농산물이라고 생각한다."가 로컬푸드 음식 체험에 가장 영향력이 큰 항목이고, 그 다음은 "로컬푸드 농산물은 전반적으로 믿음이 간다."이고, "로컬푸드 농산물은 서비스가 좋다고 생각한다."가 세 번째로 영향력이 큰 항목으로 나타났다.

청소년소비자를 대상으로 한 최경숙(2015)의 연구에 의하면, 남학생보다는 여학생이, 물질주의가 낮을수록, 이상주의가 높을수록, 절약성과 환경친화적 가치가 높을수록, 윤리적 소비자교육을 받을수록, 대중매체를 통해 윤리적 소비에 접촉할수록 로컬소비 수준이 높은 것으로 나타났다. 로컬소비에 대한 상대적 영향력은 환경친화적 가치, 소비자교육, 성별, 물질주의, 대중매체, 절약성 순으로 나타났다.

김지응(2013)은 로컬푸드에 대한 인식이 소비자 구매행동에 미치는 영향을 신뢰를 매개변수로 실증분석하였다. 로컬푸드 인식은 소비자 신뢰에 영향을 미치는 것으로 나타났다. 소비자 신뢰 향상을 위해서는 로컬푸드 인식의 하위요인별 환경적 측면, 건강적 측면, 교육적 측면이 중요한 요인으로 밝혀졌으나, 지역사회 유지 측면은 낮은 것으로 나타났다. 소비자 신뢰는 구매행동에 통계적으로 유의한 정(+)의 영향을 미치는 것으로 나타났고, 소비자 신뢰는 로컬푸드 인식이 구매행동에 미치는 영향을 매개하는 것으로 나타났다.

장현욱, 이민수, 유소이(2013)는 로컬푸드에 대해 소비자가 인식하고 있는 지역적 거리와 역할 및 중요성과 더불어 로컬푸드 구매시 지불한 금액을 파악하고 관련 요인들을 분석하였다. 소비자가 인식하고 있는 로컬의 범위는 51%의 응답자가 해당 시군을, 30.1%의 응답자는 해당 읍면동으로 나타났으며, 이와 유사하게 구입매장의 위치는 38.3%가 해당 읍면동에, 53.1%가 해당 시군에 위치하고 있는 것으로 나타났다. 또한 소비자가 인식하는 로컬의 범위에 따라서 로컬푸드를 구입하는 매장이 유의하게 연관성이 있는 것으로 나타났다. 로컬푸드 원칙에 있어서는 생산자와 소비자의 신뢰관계가 중요하다고 응답한 경우가 47.6%로 가장 높았으며, 다음으로 농산물 유통단계 축소가 중요하다고 응답한 비율이 21.1%로 나타났다. 로컬푸드의 역할에 있어서는 78.9%가 지역 중소농의 새로운 판로나 유통대안이 된다는 것에 동의한다고 하였고, 수입 농산물 범람에 대한 대안과 대형 유통마트 중심 체제에서의 새로운 유통대안에는 각각 69.9%와 66.3%의 응답자가 동의한다고 하였다. 로컬푸드 직매장을 이용하는 소비자일수록 로컬푸드 구매시 지불하는 금액이 증가함을 의미하기 때문에 향후 로컬푸드 직매장을 이용하는 소비자 특성에 대한 심도 있는 분석이 필요하다고 할 수 있다. 또한 나이가 많을수록 로컬푸드의 구입금액이 유의하게 증가하는 것으로 나타났으며, 지역 문제 등에 대한 토론 경험이 있는 경우 로컬푸드에 대한 구입금액은 증가하는 것으로 나타나 지역문제에 관심이 있는 소비자들의 경우 로컬푸드에 대한 관심이 높음을 짐작할 수 있다. 이 밖에도 로컬푸드의 속성은 가격만이 구입금액에 유의한 요인으로 나타나 여전히 가격은 구매행동에 중요한 요인임을 알 수 있다. 끝으로 식품 선택에 있어서 중요한 요인이 되고 있는 식품 소비 성향은 건강과 포만감 추구 성향이 로컬푸드 구입금액에 유의하게 영향을 미치는 것으로 나타났다.

김지응(2014)은 전주지역의 농산물을 이용한 베이커리 제품에 대한 소비자들의 신뢰가 구매의도에 어떠한 영향을 미치는지를 분석하였다. 로컬푸드 제품이 신뢰에 미치는 영향을 검증한 결과 안전성 측면, 건강적 측면, 미각적 측면, 지역사회 유지적 측면이 신뢰에 통계적으로 유의미한 정(+)의 영향을 미치는 것으로 나타났다. 소비자 신뢰는 구매의도에 통계적으로 유의미한 정(+)의 영향을 미치는 것으로 나타났으며, 신뢰는 안전성 측면, 건강적 측면, 미각적 측면, 지역사회 유지적 측면과 구매의도 간의 관계에서 부분매개 조건을 충족하고 있는 것으로 나타났다.

박재형과 나주몽(2014)은 로컬푸드 구매동기와 구매의 관계, 재구매의 과정에서 사회적 자본 형성 관계에 대한 실증분석과 함께 편리성의 조절효과를 분석하였다. 소비자의 사회적 동기와 경제성 추구 동기는 로컬푸드의 참여에 정(+)의 영향을 주는 반면에, 건강성 추구 동기는 로컬푸드 구매참여에 영향을 미치지 않은 것으로 나타났다. 사회적 자본의 형성관계에서는 구매참여가 네트워크와 신뢰에 정(+)의 영향을 주는 것으로 분석되었고, 네트워크도 신뢰에 정(+)의 영향을 주는 것으로 분석되었다. 로컬푸드 소비자들의 구매동기(사회적 동기, 경제성 추구동기)가 클수록 로컬푸드 구매성향이 높아지고, 사회적 자본 형성에도 영향을 미치는 것으로 나타났다. 또한 사회적 동기가 높은 사람은 편리성에 영향을 받지 않고, 경제성 추구 동기가 높은 사람은 편리성이 높을수록 구매성향도 높은 것으로 나타났다.

이준우와 김혜민(2014)은 로컬푸드 직판장을 이용하는 농가와 소비자의 특성과 애로사항을 파악하였다. 생산자는 운송, 재고, 출하작업에, 소비자는 잦은 품절, 상품구색부족에 각각 애로사항을 가지고 있었다. 국내 직판장은 민관협력형, 농협주도형, 민간주도형 등으로 구분할 수 있는데, 행정과 농협이 직판장 설립을 주도하고 있었으나 민간단체와 농가조직들도 다양한 형태로 직판장을 설립하여 운영하고 있었다. 최근에 많은 직판장이 설립되고 있으나 준비기간과 운영기간이 짧아 다양한 문제점이 대두되고 있었다.

김수인(2014)은 농가 맛집에서 사용되는 로컬 푸드에 대한 소비자신뢰가 구매행동에 영향을 조사하였다. 로컬 푸드를 사용하는 농가 맛집에 대한 인식 중, 안전성과 향토성, 상품성은 소비자 신뢰에 통계적으로 유의한 영향을 미치지만, 지역경제성은 유의한 영향을 미치지 않았다. 소비자신뢰는 구매행동에 통계적으로 유의한 정(+)의 영향을 미쳤다. 로컬 푸드를 사용하는 농가 맛집에 대한 신뢰를 높이기 위하여 식재료의 영양성분과 위생관련 부분에 대한 정확한 이해와 홍보, 메뉴에 대한 맛과 담음새 등의 상품성을 살리기 위한 노력이 필요하다. 아울러 농촌문화와 지역의 향토음식에 관련된 다양한 체험행사를 통해 고객의 먹을 거리, 볼거리, 즐길 거리를 모두 충족시킴으로써 로컬푸드와 농가 맛집에 대한 신뢰를 높이고, 구매행동을 유발시킬 수 있어야 할 것이다.

박예슬, 이성림, 황혜선(2015)은 소비자에게 안전하고 건강한 식품을 제공하고 소비자와 생산자 모두의 경제적 이익, 지방경제 활성화, 환경오염 감소, 식량주권 확보에 도움이 되는 로컬푸드의 소비 촉진을 위하여 우리나라 인구의 약 40%가 밀집되어 있는 서울과 수도권의 로컬푸드 구매실태와 로컬푸드 소비행동에 영향을 미치는 소비자의 내적 요인과 시장환경요인을 살펴보았다. 로컬푸드 구매에 유의한 영향을 미치는 요인은 사회인구학적 특성 요인 변수에서는 가족에 영유아 자녀가 있는 경우, 농촌.주말농장 경험이 있는 경우가 로컬 푸드 구매에 유의한 영향을 미쳤다. 식품선택 동기 중에서는 이타적 동기, 건강 및 안전 동기, 경제 및 편의성 동기가 유의한 영향을 미쳤고, 외적환경 변수인 로컬푸드 시장장애와 로컬푸드 시장신뢰 모두 로컬푸드 구매에 유의한 영향을 미치는 것으로 나타났다.

이민수와 박덕병(2016)은 로컬푸드 이용자의 추구편익에 따른 시장세분화를 연구하였다. 요인분석결과 농산물 소비자는 로컬푸드에 대해 건강안전추구, 지역활력추구, 쇼핑용이추구와 같은 3개의 추구편익 차원을 가지고 있었다. 군집분석결과 이익추구형, 소극형, 가치추구형의 3개 세분시장으로 구분할 수 있었다. 이익추구형은 일반농산물에 비해 로컬 푸드가 더 신선 · 안전하고, 지역 활성화에 도움이 된다고 여긴다. 이와 함께 로컬푸드가 일반 마트에 비해 쇼핑에 더 편리하기 때문에 로컬푸드 직매장을 이용하는 소비자이다. 이들은 상대적으로 50대 이상의 중장년층으로 혼인한 자녀와 동거하는 비율이 높다. 이들은 농촌 거주경험을 가지고 있으며, 현재에도 친한 친구나 친척이 농업에 종사하고 있다. '이익추 구형'은 주로 지인들을 통해 로컬푸드 정보를 획득하고 있으며, 가까운 동네에 있는 로컬푸드 직매장을 이용한다. 이들은 로컬푸드를 자주 구매하며, 로컬푸드 구매금액도 가장 높은 층이다. 이와 함께 친구와 친척을 식사에 자주 초대하며 지역 문제에 대해 관심을 가지고 지인들과 토론을 자주 하는 집단이다.

'소극형'은 모든 차원의 추구편익이 낮은 소비자로 전체의 19.0%

를 차지하고 있다. 이들은 로컬푸드가 일반농산물에 비해 우수하다고 평가하지 않으며, 쇼핑 용이성도 떨어진다고 생각하는 세분시장이다. 이들은 주로 30대 이하로 농촌 거주 경험이 없다. 이와 함께 농업에 종사하는 지인이 없으며, 2인 이하의 자녀가 없는 가구이다. '소극형'은 로컬푸드에 대한 정보 원천도 거의 없으며, 로컬푸드 구매도 거의 하지 않는 비율이 높다. 이와 함께 친구나 친척을 저녁식사에 초대하거나 지역문제에 대해서도 거의 토론하지 않는다. '소극형'은 농촌경험이 없고 로컬푸드를 접해 보지 않는 전형적인 젊은 도시 소비자들이다. 이들의 로컬푸드에 대한 인식과 소비는 미약하지만, 장기적으로 로컬푸드가 유지되기 위해서는 이들 젊은 도시 소비자 계층의 지지확보가 필수적이다. 이들은 로컬푸드의 친환경적인 특성과 지역생산-지역 소비 체계 구축에 대한 지지가 높다. 따라서 로컬푸드가 가지는 친환경성과 지역내 생산-소비 측면을 적극적으로 홍보할 필요가 있다. 이와 함께 로컬푸드에 대한 정보를 접할 수 있도록 언론을 통한 지속적인 홍보가 필요하다.

'가치추구형은'은 로컬푸드 쇼핑이 용이하지 않지만, 로컬 푸드가 가지는 신선함과 지역 활성화 측면을 높게 평가하는 이용자들이다. 이들은 주로 인터넷을 통해 로컬푸드 정보를 획득하고 있으며, 로컬푸드 구매회수와 월 구매금액은 '이익추구형에 비하여 낮다. 친구와 친구를 식사에 초대하는 경우도 월 1회 미만이며 지역문제에 대해서도 지역주민과 토론하는 정도도 '이익추구형'에 비해 떨어진다. '가치추구형'은 '이익추구형'에 비해 로컬푸드 구매금액은 상대적으로 낮다. 그러나 로컬푸드 직매장이 다소 떨어져 있어 이용이 불편하더라도 적극적으로 이용할 의향을 가진다. 이와 함께 이들은 초중고생을 둔 전형적인 40대 가구로 가장 높은 소비 잠재력을 가지고 있는 가구이다. 따라서 로컬푸드의 판매액을 높이기 위해서는 이들의 로컬푸드 구매회수와 금액금액을 높일 필요가 있다. 이들은 인터넷이나 SNS를 통해 정보를 획득하는 경우가 많으므로 정보기술을 적절히 활용하고, 인터넷을 통한 사회적 소통을 담당하는 전문인력 육성, 정보기술 교육 등에 대한 정책적 지원 대책이 필요하다.

2. 로컬소비에 대한 조사대상자들의 일반적 수준

〈표 14-1〉 로컬소비의 일반적 수준

문 항	M(SD)
1. 기능이 같으면 지역에서 생산된 중소기업 제품을 우선 구매한다.	4.00(1.29)
2. 되도록 대형유통점보다 재래시장을 이용한다.	3.80(1.38)
3. 지구 온난화를 막기 위해 육류보다는 채소를 섭취한다.	4.02(1.45)
4. 같은 먹거리라도 가까운 지역 내에서 생산되는 야채나 과일을 산다.	4.31(1.33)
7점 환산평균	4.03(1.36)
Cronbach's α	.766

<표 14-1>은 조사대상자들의 로컬소비에 대한 일반적 수준을 제시하고 있다. 로컬소비 실천을 살펴보기 위해 4개의 문항으로 측정하였고 각 문항은 7점 리커트 척도로 측정되었다. 전체 평균을 살펴보면 4.03점으로 조사대상자들은 로컬소비를 중간수준으로 실천하고 있었다. 구체적으로 살펴보면, '같은 먹거리라도 가까운 지역 내에서 생산되는 야채나 과일을 산다' 문항의 평균점이 4.31점으로 상대적으로 높았고, 반면에 '되도록 대형유통점보다 재래시장을 이용한다'의 평균점이 3.80점으로 가장 낮게 나타났다.

3. 인구사회학적 특성에 따른 로컬소비

〈표 14-2〉 인구사회학적 변수에 따른 로컬소비

독립변수		평균	독립변수		평균
성별	남성	16.11	결혼지위	미혼	15.20
	여성	16.15		기혼	16.72
	t값	-0.12		t값	-5.67***
연령	20대	14.70 a	종교	기독교	16.30 ab
	30대	16.46 b		불교	16.95 b
	40대	16.42 b		천주교	15.28 a
	50대 이상	17.25 b		무교/기타	15.97 ab
	F값	16.99***		F값	3.74*
교육수준			월평균 가계소득	200만원미만	16.65
	고졸이하	16.02		200-300만원	16.31
	전문대졸	16.70		300-400만원	16.23
	대졸이상	16.04		400-500만원	15.99
				500만원이상	15.68
	F값	1.64		F값	1.48

* p〈0.05 ***p〈0.001

<표 14-2>는 인구사회학적 특성에 따른 로컬소비의 차이를 분석한 결과이다. 소비자의 로컬소비는 결혼지위, 연령, 종교에 따라 유의한 차이를 나타내었다. 먼저 결혼지위의 경우 미혼집단보다 기혼집단이 로컬소비를 더 잘 실천하는 것으로 조사되었다. 연령의 경우 20대 집단에 비해 30대, 40대, 50대 이상의 집단이 로컬소비를 더 잘 실천하였고, 종교에 있어서도 천주교에 비해 불교를 믿는 집단이 로컬소비를 더 잘 실천하는 것으로 분석되었다.

4. 로컬소비와 관련변수들의 상관관계

〈표 14-3〉자기 주도성, 관대함, 보편성, 물질주의, 이타주의, 효과성 지각, 윤리적 정체성, 로컬 소비 상관관계

변수	자기 주도성	관대함	보편성	물질 주의	이타 주의	효과성 지각	윤리적 정체성	로컬 소비
자기 주도성								
관대함	.705**							
보편성	.715**	.755**						
물질주의	.460**	.317**	.358**					
이타주의	.268**	.365**	.338**	.125**				
효과성 지각	.475**	.419**	.424**	.102**	.470**			
윤리적 정체성	.653**	.647**	.719**	.411**	.436**	.435**		
로컬 소비	.074*	.173**	.149**	-.115*	.260**	.275**	.180**	

* $p<0.05$ ** $p<0.01$

<표 14-3>은 로컬소비와 관련변수들의 상관관계를 분석한 결과이다. 로컬소비는 자기주도성, 관대함, 보편성, 이타주의, 윤리적 소비 효과성 지각, 윤리적 정체성과 약한 정적 상관을 가지고 있는 반면, 물질주의와 약한 부적상관을 가지는 것으로 나타났다.

5. 로컬소비에 대한 회귀분석

〈표 14-4〉 로컬소비에 대한 회귀분석

	독립변수	회귀계수 (β값)
소비자가치	자기주도성	**-0.117(-0.123*)**
	관대함	0.080(0.084)
	보편성	0.013(0.018)
심리 사회적 변수	물질주의	**-0.142(-0.166***)**
	이타주의	0.039(0.052)
	효과성 지각	**0.184(0.143***)**
	윤리적 정체성	**0.049(0.112*)**
윤리적 소비동기	개인 긍정동기	**0.090(0.109*)**
	사회 긍정동기	0.089(0.081)
	개인 부정동기	-0.012(-0.018)
	사회 부정동기	0.057(0.073)
	상수	9.548***
	F값	18.157***
	R^2	0.168
	수정된R^2	0.159

* p〈0.05 ***p〈0.001

<표 14-4>는 로컬소비에 대한 다중회귀분석 결과를 제시하고 있다. 독립변수인 소비자가치, 심리사회적 변수, 윤리적 소비동기는 로컬소비를 약 16.8% 설명하는 것으로 나타났다. 분석결과 자기주도성이 낮을수록, 물질주의 성향이 낮을수록 로컬소비를 잘 실천하는 것으로 나타났다. 또한 윤리적 소비의 효과성을 크게 지각할수록, 윤리적 소비의 정체성을 중요하게 생각할수록, 윤리적 소비를 실천할 때 개인적 긍정동기를 중요하게 생각할수록 로컬소비를 더 잘 실천하는 것으로 나타났다. 로컬소비에 대한 독립변수의 상대적

인 영향력을 살펴보면, 물질주의 영향이 제일 큰 영향을 미쳤고 다음이 효과성 지각, 자기주도성, 윤리적 정체성, 개인적 긍정동기 순으로 조사되었다.

제 15 장

공정무역

한국의 공정무역단체들은 4가지 유형으로 구분되어 있다. 생산자의 물품공급과 소비자의 물품구입의 상관관계가 형성되는 유형에 따른 구분이다. 첫째, 생산자가 사회경제적 영역에 속한 협동조합이고 소매업체도 사회경제적 영역에 속한 유통단체(생협, 사회적 기업)인 경우, 둘째, 생산자가 사회경제적 영역에 속한 협동조합이고 소매업체는 사회경제적 영역에 속한 유통단체(생협, 사회적 기업)이거나 일반 유통업체(수퍼마켓)인 경우, 셋째, 생산자가 사회경제적 영역에 속한 협동조합이고 소매업체는 일반 유통업체(수퍼마켓)인 경우, 마지막으로, 생산부터 소비까지 - 협동조합이 아니라 - 민간 기업이 통제하는 경우이다. 그런데 소비자에게 다가가는 소매업체로 일반 유통업체가 들어오는 제 2유형부터는 공정무역의 원칙이 훼손될 소지가 있고 또 공적무역에 대한 이미지가 손상될 가능성이 있다. 특히 제4유형에서는 공정무역의 원칙(철학)을 찾아보기가 매우 어려운 상태가 된다. 이것은 공정무역단체가 민간기업의 영향력 아래 들어가게 되어서 공정무역의 원칙이 허물어지게 된다는 뜻이다. 제4유형에서는 공정무역이 생산자의 생산품 품질과 공정한 가격에만 관심을 가진 고객의 쇼핑으로 정착된다. 위의 4가지 유형 가운데서, 한국의 공정무역단체들의 다수는 제2유형에 속해 있다. 공정무역단체들이 거래하는 상품은 먹을거리(커피, 과일(견과류), 초콜릿, 올리브유, 마스코바도)와 마실거리(홍차, 얼그레이, 마살라차이), 의류, 수공예품, 가방 등이다. 한국 공정무역은 현재 시장의 확대와 더불어 유통물품의 품질과 가격에서 윤리적 소비운동을 전개하고 다양한 상품 개발에도 힘을 쏟고 있다. 또한 공정무역의 조직이 확대됨에 따라 나타나는 관료화 경향을 경계하고 있다. 즉 조직의 경직성을 예방하고 자발성, 민주성, 창의성 등을 계속 유지하도록 힘쓰고 있는 것이다(임희국과 곽은득, 2014).

2012년 발족한 한국공정무역단체 협의회(http://kfto.org/)에는 현재 아름다운커피, 기아대책 행복한나눔(비마이프렌드), 두레생협 APnet, 아시아공정무역 네트워크, 아이쿱생협, 페어트레이드코리아 그루, 한국 YMCA 피스커피, 더페어스토리, 어스맨, 얼굴있는 거래 등 10개 단체가 함께 하고 있다. 이들은 단체 홈페이지나 각종 홍보물 등을 통해 생산지 이야기를 전하며, 공정무역 원칙을 어떻게 지켜나가는지 소비자들이 직접 확인할 수 있도록 해 안심하고 이용할 수 있다. 해당 단체 홈페이지의 쇼핑몰을 통해 편하게 구입할 수도 있지만, 서울 곳곳에 있는 매장을 이용해도 된다. 협의회 소속 다양한 제품 정보와 상품들을 한자리에서 보고 싶다면 서울시청 지하 시민청에 있는 공정무역 가게에 들르면 된다(함께 서울 착한 경제, 2016년 5월 26일).

인천시는 아시아 최초의 '공정무역 도시'를 만들기 위하여 인천

발전연구원에 인천시만의 공정무역 제품 브랜드를 사용하는 방안을 검토하도록 용역을 발주했다. 착한 소비를 통해 저개발국 생산자의 자립을 돕자는 취지의 공정무역은 인천시가 2012년 관련 조례까지 제정해 추진해 온 사업이다.

그러나 국제적으로 공신력을 갖는 공정무역상표기구(FLO) 인증을 받는 데 너무 많은 비용 부담 때문에 인증제품을 거래하는 판매장이 늘지 않고 있고, FLO 인증 제품을 취급하는 업소는 93개 정도에 불과한 상황이다. FLO는 적정 규모 이상의 인증 마크가 있는 상품을 취급하는 도시에 한해 '공정무역 도시'란 타이틀을 부여하고 있다. 인구 300만 명에 육박하는 인천시의 경우 최소 440개의 FLO 인증 마크 제품 취급 업소가 있어야 한다. 이 문제를 해결하기 위하여 인천시만의 새로운 모델을 만들어 국제사회가 인정하는 공정무역 도시가 될 수 있도록 할 방침이다(기호일보 2016년 8월 19일).

1. 관련연구 고찰

공정무역은 개발도상국의 불리한 생산자가 가난에서 벗어날 수 있도록 세계시장의 접근성을 높이는 것으로, 생산자의 경제적 소득 증대와 지역사회의 역량 강화를 통한 지속가능한 발전을 추구하는 것이다. 공정무역은 남반구 생산자의 소득증가, 노동권 보장, 사회 인프라 구축, 친환경적 생산 등에서 긍정적 효과를 보여 왔으며, 북반구에서는 윤리적 소비의 확대에 따른 공정무역 소비의 증가, 공정무역 운동 단체 및 캠페인 증가 등과 같은 성과가 있었다. 공정무역은 물질 중심적 소비에서 사회적 결속을 강조하는 윤리적 소비를 확대하였고, 개발 전략에서 지속가능한 사회발전의 중요성을 불러 일으켰다. 하지만 공정무역은 시장경제에 의존하면서 대기업의 시장진출이 나타나고, 윤리적 소비의 물신화에 따른 소비의 확대가 나타나며, 인증 제도에 따른 남반구 지역사회의 분열과 주변화를 심화시킨다는 문제에 직면하고 있다(이용균, 2014).

박현정과 이상환(2012)은 기업의 사회적 책임활동과 공정무역제품 신뢰, 구매의도, 프리미엄가격 지불의도와의 영향관계를 검정하였다. 법적 책임, 윤리적 책임, 자선적 책임, 환경적 책임이 강할수록 공정무역제품을 더 신뢰하였고, 공정무역제품을 신뢰할수록 구매의도와 프리미엄가격 지불의도가 높았다. 경제적 책임, 자선적 책임과 공정무역제품 신뢰와의 관계에서 윤리적 소비성향이 조절적 영향을 미치는 것으로 나타났다. 윤리적 책임, 환경적 책임과 공정무역제품 신뢰와의 관계에서 기업의 사회적 책임활동 동기인식유형이 조절적 영향을 미치는 것으로 나타났다.

황윤용, 오민정, 박종철(2013)은 도덕적 정체성의 차원을 상징성과 내면성의 두 차원으로 구분하고, 이들 두 차원이 공정무역제품의 구매의도에 차별적 영향을 미치는지, 나아가 이들 관계에서 내재적 동기인 정의회복기대감과 외재적 동기인 사회적 강화가 매개역할을 하는지에 대한 관계성을 살펴보고자 하였다. 도덕적 정체성 차원 중 내면성은 공정무역제품의 구매의도에 긍정적 영향을 미치는 것으로 나타났으며, 상징성은 공정무역제품의 구매의도에 유의미한 영향을 미치지 않는 것으로 나타났다. 이러한 결과를 통해 우리는 도덕적 정체성이 높은 소비자라고 할지라도 내면성과 상징성의 유형에 따라 공정무역제품의 구매의도에 영향을 미칠 수 있는 차별적 동기요인이 존재함을 추론해 볼 수 있다. 이를 위해 동기적 메커니즘을 분석한 결과, 내면성이 높은 소비자들은 정의회복기대감을 매개로, 상징성이 높은 소비자들은 사회적 강화를 매개로 공정무역 제품의 구매의도에 긍정적 영향을 미치는 것으로 나타났다. 또한 내면성이 높은 소비자들의 경우 내재적 동기가 아닌 외재적 동기(사회적 강화)가 자극되면 오히려 역효과를 초래할 수 있는 방향성이 나타났다.

함수연과 조창환(2015)은 공정무역 제품 구매에 영향을 미치는 다양한 요인들을 알아보기 위하여 가상의 인쇄 광고를 제작하여 광고 속 공정무역 메시지(광고 속 제품이 공정무역을 통해 거래된 것임을 나타내는 메시지)의 유무에 따라 광고효과가 어떻게 다르게 나타나고, 여기에 소비자 윤리성, 자기감시도, 사회적 증거 메시지가 조절변수로 어떤 영향을 미치는지를 알아보았다. 공정무역 메시지가 광고효과에 미치는 주효과는 광고태도와 구매의도에는 유의미한 영향력을 미치는 반면, 제품태도에는 영향력이 없는 것으로 나타났다. 또한 소비자윤리성의 조절효과는 제품태도와 구매의도에만 유의미한 것으로 나타났고(윤리성이 높을 경우 더 긍정적), 자기감시도의 조절효과를 검증한 결과 자기감시도가 높을 경우 공정무역메시지의 긍정적 효과 (광고태도와 제품태도)는 더 크게 나타났다. 반면 사회적 증거 메시지의 조절효과는 구매의도에서 나타났지만 공정메시지의 효과는 사회적 증거메시지가 추가됨으로써 오히려 역효과를 나타내는 것으로 나타났다.

청소년소비자를 대상으로 한 최경숙(2015)의 연구에 의하면 공정무역제품 소비행동은 환경친화적 소비행동이나 로컬소비행동에 비하여 덜 실천하는 것으로 나타났다. 종교가 있는 집단, 계층인식이 중상층이상 집단, 부의 학력이 대학원 이상인 집단이 다른 집단에 비하여 공정무역제품을 더 많이 소비하고 있었다. 공정무역제품 소비에 영향을 미치는 변수들의 상대적 영향력을 살펴보면, 윤리적 소비자교육이 가장 컸고, 두 번째는 환경친화적 가치, 세 번째는 물질주의, 네 번째는 절약성, 대중매체가 가장 적은 것으로 나타났다. 윤리적 소비자교육을 받은 소비자, 환경친화적 가치와 절약성 가치를 많이 가지고 있고, 대중매체 경험을 많이 한 소비자가 공정무역 제품을 더 많이 소비하고 있었다.

차태훈과 하지영(2010)은 실제로 공정무역제품 구매자 12명을 대상으로 심층면접을 실시하여 다음과 같은 결과를 얻었다. 공정무역제품 구매자는 공정무역제품의 품질이 다른 제품과 비교해 더 좋다고 생각하기 때문에 공정무역제품을 더 선호하고 이는 구매로 연결되는 것으로 나타났다. 그리고 공정무역제품 구매자는 공정무역제품의 구매를 통해 별도의 노력을 하지 않고 좋은 일을 할 수 있다고 생각하였다. 공정무역제품을 구매하는 행동이 현명한 소비나 의식이 있는 소비라고 생각하고 있었다.

서정희, 허은정, 전향란, 김미수, 이아름, 김연희(2011)는 공정무역상품 구매자와 비구매자의 특성은 전공과 학년, 종교, 최근 1년간의 봉사활동 경험, 시민단체와 소비자단체 등록여부와 관련이 있었다. 공정무역상품 구매자는 상대적으로 인문사회/자연의과대의 전공자와 4학년인 자, 종교가 있는 자, 최근 1년간 봉사활동 경험이 있는 자, 시민단체에 등록을 한 자들의 비율이 상대적으로 높았다. 반면, 공정무역상품 비구매자는 공대/건축대 전공자와 1 학년인자, 종교가 없는 자와 최근 1년간 봉사활동 경험이 없는 자, 시민단체에 등록을 하지 않은 자들의 비율이 상대 적으로 높았다. 공정무역상품에 대한 소비자 가치는 기능적 가치가 5점 환산평균 3.23점으로 가장 중요하게 여기고 있었으며, 다음으로 감정적 가치 3.12점, 사회적 가치 평균 3.05점 순으로 나타났다.

유소이(2012)는 공정무역커피에 대한 소비자의 구매의도와 구매경험 간의 갭과 관련요인을 분석하였다. 응답자의 62.8%가 향후 공정무역 커피를 구매할 의도가 있다고 응답한 반면, 22.2%의 응답자들만이 실제 구매경험이 있다고 응답하였다. 관련 요인에 있어서는 구매의도와 구매경험에 유의한 영향요인들에 차이가 있는 것으로 나타났다. 먼저 구매의도에 유의한 영향 요인으로 소비자인지, 소비자태도, 윤리적 책임 지각, 제품선택에 대한 불안감 및 정보비용 지각 요인들이 유의한 것으로 나타난 반면, 구매 경험의 경우는 소비자태도와 인지, 가격가치 지각 및 성별이 유의한 것으로 나타났다.

패션기업들은 윤리적인 기업행동이 소비자들에게 브랜드와 기업에 대한 믿음과 만족을 전해주어 브랜드 충성도에 기여한다는 것을 인식하게 되었다(Folkes & Kamins, 1999). 파리를 중심으로 2004년부터 윤리적 패션쇼가 해마다 열리고 있으며 국내에서는 윤리적 패션을 실천하고 있는 패션인들을 대상으로 한 'RE:패션 어워즈(The Re: Fashion Award)'가 신설되어 공정무역에 대한 인식이 확산되고 있다(이데일리 2008년 11월 4일).

유홍식(2013)은 국내외 문헌, 신문기사, 인터넷자료 등을 자료원으로 활용하여 패션산업에서 공정무역을 실천하고 있는 사례를 다음과 같이 분석하였다. 영국 브랜드 People Tree는 공정무역과 에콜로지를 모토로 하는 패션기업으로 'Your shopping can change the world' 라는 슬로건으로 빈곤과 환경문제를 해결하기 우하여 WFTO (World Fair Trade Organization: 세계 공정 무역 기구)가 정한 공정무역의 기준을 준수하며 인도, 방글라데시, 네팔 등지에서 생산된 공정무역 인증 면화로 만든 제품을 개발하여 판매하는 공정무역 브랜드이다. 세계적인 록그룹 U2의 리더인 보노(Bono)가 설립한 Edun은 개발도상국을 실질적으로 돕기 위해 현지의 사업파트너들과 지속가능한 사업을 추진하기 위하여 2005년에 설립된 윤리적 패션브랜드이다.

Indigenous는 미래지향인 의류도매 브랜드로 Peru와 Ecuador의 산간지방에 거주하는 토착민들로 이루어진 직조공, 직물장인단체와 일하며 그들에게 직업연수와 지속가능한 고용을 보장하고 그에 합당한 임금을 지급하고 있다. MONSOON은 1972년 Peter Simon에 의해 Rajasthan에서 핸드 프린트된 옷들과 모피코트를 판매함으로써 설립되었다. 설립기에는 재활용과 에너지절약 등 윤리적인 패션디자인과 수공예를 지원하였으나 1984년부터는 MONSOON Accessorize Trust를 통해 불이익을 당하는 아시아의 여성과 어린이들의 삶을 개선하기 위해 ETI(The Ethical Trading Initiative: 윤리무역운동)에 가입하여 돕고 있다.

Harriet & Leo의 벨트는 페루의 시골지역에서 여성들로 이루어진 협동조합에서 생산되고 있으며 장인들은 그들의 가정이나 공동 스튜디오에서 수공예로 제품을 생산하며 모든 제품은 공정거래 지침에 따라 만들어지고 있다. Rising Tide Fair Trade는 장인들의 가족을 지원하고 지속가능한 경영목표를 달성하기 위해 공정한 임금을 지원함으로써 개발도상국의 장인들을 지원하고 있다. Nepali Bazaro는 네팔을 중심으로 아시아의 다양한 국가의 수공예품과 식품을 판매하고 생산자들과 함께 상품을 개발하는 공정무역 조직으로 지속적인 구매를 통해 지역민들의 일자리를 창출하여 빈곤을 퇴치하고, 도움이 필요한 사람들, 여성들 및 어린이들의 자활을 돕고 있다.

에코 퍼티 메아리와 함께 국내에서 사회적 책임을 기반으로 런칭된 브랜드인 그루는 인도, 네팔, 동티모르, 페루 등 제 3세계 여러

나라에서 생산된 다양한 종류의 제품들을 직거래 하여 생산자의 권리를 보호하고 생산자의 경제에 이바지하고 있다. 네덜란드의 윤리 패션기업인 쿠이치는 초기에는 유기농 면화로 의류를 제작하여 판매하는 친환경 의류브랜드 이었으나 이후 재활용된 면직물, 공장에서 남은 빈티지천, 재활용된 PET를 사용하여 만든 폴리에스터 등 지속가능한 원료를 사용하는 윤리적 기업으로 성장하였다.

공정무역은 제1세계의 각성된 소비자와 제3세계의 가난한 생산자와의 재접속을 지향하지만 이러한 논리구조는 제1세계의 의식성과 제3세계의 수동성을 재강화하는 한계를 지니고 있다. 국제무역에 대한 상품사슬 접근을 넘어서 최근 지리학에서 주목하고 있는 지구생산네트워크 접근법은 공정무역 생산자의 주체적 역할을 보여주기에 적합한 개념틀을 제공한다. 공정무역의 생산자들이 단순히 서구 공정무역 조직의 생산파트너를 넘어서 적극적으로 국제무역을 조직하는 일주체로 활약하고 있는 모습을 보여주는 필리핀의 마스코바도 생산자조직의 목소리를 복원함으로써 공정무역에 대한 하나의 대안 담론을 생산할 수 있다(엄은희, 2010).

이희열과 정혜련(2012)은 공정무역 제품의 인지도가 프랜차이즈 기업 이미지와 구매의도에 미치는 영향을 분석하였다. 공정무역 제품에 대한 인지도의 하위차원인 내재적 인지도와 외재적 인지도는 모두 제품이미지와 사회적 이미지에 정적인 영향을 미쳤다. 또한 기업이미지의 두 차원인 제품이미지와 사회적 이미지가 높을수록 구매의도도 높았다.

바리스타의 윤리소비 의식의 하위차원 중에서 사회적 가치와 감정적 가치는 공정무역 커피 판매의도 및 판매촉진활동을 증가시키는 것으로 나타났으나 기능적 가치는 영향을 미치지 않는 것으로 나타났다. 바리스타가 공정무역 커피를 판매하고자 하는 의도와 판매촉진 활동을 증가시키는 요소는 행복감, 만족감 등의 감정적 요소, 그리고 사회정의 실현, 부의 올바른 분배, 가난한 생산자 돕기 등의 사회적 요소라고 볼 수 있고, 커피의 품질이나 안전성, 환경보호 등의 기능적 요소에는 영향을 받지 않는다는 것이다(김지응, 전효진, 조원영, 2014).

류미현과 이승신(2013)은 대학생소비자들의 공정무역제품관련 내용별 정보요구수준과 원천별 정보요구수준을 파악하고 또한 공정무역제품관련 정보요구에 영향을 미치는 변수를 파악하였다. 대학생소비자들의 공정무역 제품의 구매태도 수준은 평균 3.66(5.00만점)이고 공정무역제품 구매의도 수준은 평균 3.36(5.00만점)으로 나타났다. 공정무역제품 구매 관련 전반적인 내용별 정보요구 수준을 보면 평균 3.86으로 나타났다. 하위영역별로 볼 때 제품 정보요구가 평균 3.94로 나타났고 거래정보요구는 3.80으로 나타나 대학생소비자들은 공정무역제품의 경우 제품자체에 대한 정보를 거래정보보다 조금 더 높게 요구하는 것으로 나타났다. 특히 공정무역제품의 가격과 기능, 속성 등 품질에 관한 정보를 가장 많이 요구하는 것으로 나타났다. 또한 대학생소비자들은 공정무역제품에 대해 인터넷과 TV · 라디오 프로그램을 통해서 정보를 획득하기를 가장 많이 요구하고 있었다. 내용별 정보요구에 영향을 미친 변수로는 공정무역제품 구매태도, 공정무역제품 구매경험, 공정무역인식, 공정무역제품 구매의도로 나타났다. 즉 공정무역제품 구매태도가 긍정적일수록, 공정무역인식과 공정무역제품 구매의도가 높을수록 공정무역제품에 대한 정보요구가 높았으며, 반면 구매경험이 있는 경우는 경험이 없는 경우에 비해 정보요구가 낮게 나타났다.

민대기, 김신애, 권기대, 김동범, 이익주(2012)는 공정무역 제품에 대한 다차원적 소비가치가 제품 태도 및 구매의도에 미치는 영향 관계를 살펴보았다. 공정무역 제품에 대한 기능적 가치, 사회심리적 가치, 미적/감정적 가치 성향이 강할수록 공정무역 제품에 관하여 긍정적인 태도를 가지고 있었으나, 경제적 가치, 상황적 가치, 진귀적 가치는 공정무역 제품 태도에 영향을 미치지 않았다. 공정무역 제품에 대한 소비자 태도가 긍정적일수록 구매의도가 높았다. 소비자의 제품태도가 소비가치와 구매의도에 미치는 영향을 매개하는지 검정한 결과 사회심리적 가치와 구매의도 사이에 태도가 부분 매개한다는 것으로 나타났고, 미적/감정적 가치와 구매의도 사이에 태도가 완전매개하는 것으로 나타났다.

고미애와 김지연(2015)은 소비자들의 공정무역커피의 브랜드 인지도와 브랜드 이미지가 구매의도에 미치는 영향 관계를 연구하였다. 브랜드의 인지도는 제품이미지에 긍정적 영향을 미치고, 공정무역커피 인지도는 구매의도에 긍정적인 영향을 미치는 것으로 나타났다. 공정무역커피 브랜드 이미지 중 제품이미지는 구매의도에 긍정적인 영향을 미치고, 마케팅이미지는 구매의도에 영향을 미치지 않았다.

박선우와 윤혜현(2015)은 공정무역커피 구매에 유의한 영향력을 미치는 소비자의 가치를 알아보기 위해 Schwartz(1992)가 제시한 보편적 가치 이론을 적용하였으며, 이러한 가치가 공정무역커피에 대한 태도와 행동의도 사이에서 어떠한 인관관계를 형성하는지를 분석하였다. 또한, 공정무역커피를 선택하는 추가적 동기로 여겨지는 윤리적 소비의식에 따른 조절효과를 검증하였다. Schwartz(1992)의 가치이론에서 제시한 10개의 가치 영역들 중 4개의 요인이 독립된 가치영역으로 확인되었으며, 진보적 가치, 보수적 가치, 자기중심적 가치, 이타적 가치로 각각 명명하였다. 4개의 가치 요인 중 진보적 가치, 보수적 가치, 이타적 가치가 공정무역커피에 대한 태도에 유의한 긍정적 영향을 미치는 것으로 나타났다. 공정무역커피에 대한 태도가 호의적이거나 긍정적일수록 공정무역커피에 대한 행동의도에 긍정적인 영향을 주는 것으로 분석되었다. 셋째, 공정무역커피 구매고객의 윤리적 소비의식이 공정무역커피에 대한 태도와 행동의도 사이에서 조절효과를 가지는 것으로 나타났다.

김혜원과 황금주(2015)는 합리적 행위이론을 통해 공정무역 커피 소비자들의 재 구매의도를 분석했으며, 소비자의 성향(감정이입, 자아실현)을 공정무역 커피 구매 행위에 대한 태도를 설명하는 선행변수로 설정하였다. 또한 공정무역 커피동호회, 공정무역 단체 및 커뮤니티 활동 등에서 비롯되는 소속감이라는 변수를 조절변수로 설정하여 조절효과에 대한 분석을 진행하였다. 공정무역 커피 노동자에 대한 소비자의 감정이입이 공정무역 커피 구매 행위에 대한 태도에 긍정적인 영향을 미치는 것으로 나타났으며, 공정무역 커피 소비를 통해 경험하는 자아실현감이 공정무역 커피 구매 행위에 대한 태도에 정(+)의 영향을 미치는 것으로 나타났다. 공정무역 커피 구매 행위에 대한 긍정적인 태도는 공정무역커피 재 구매의도에 정의 영향을 미치고, 공정무역 커피 구매 행위에 대한 주관적 규범은 공정무역 커피 재구매의도에 정의 영향을 미치는 것으로 나타났다. 공정무역 커피 구매 행위에 대한 긍정적인 태도와 재구매의도 간의 관계에서 소속감의 조절효과가 나타났다. 반면 공정무역 커피 노동자에 대한 감정이입과 공정무역 커피 구매 행위에 대한 태도 간의 관계, 공정무역 커피 구매로부터 경험하는 자아실현감과 공정무역 커피 구매 행위에 대한 태도 간의 관계, 공정무역 커피 구매 행위에 대한 주관적 규범과 재 구매의도 간의 관계에서는 소속감의 조절효과는 유의하지 않았다.

김이재(2015)는 베트남 중부지역의 다양한 커피공간을 사례로 공정여행 체험과 공정무역 상품을 연계하는 베트남 커피의 가능성을 탐색하였다. 최근 베트남을 방문하는 한국인이 급증하고 베트남으로부터 많은 양의 커피를 수입하고 있지만, 공정무역, 공정여행과 연계한 베트남 커피 및 커피 공간에 대한 관심은 매우 부족한 실정이다. 베트남 중부 지역의 커피공간은 중부 산지의 커피밭, 커피를 재배하는 현지 주민과 공동체의 생활공간, 최근 베트남의 커피 수도로 부상 중인 닥락 성의 부온마투 옷을 중심으로 한 커피 가공 및 판매를 위한 공간, 커피를 마시고 카페문화를 체험하는 공간, 커피 박물관 및 커피 교육기관 등을 들 수 있다. 베트남 현지의 지속가능한 개발을 유도하고 공정무역 커피 홍보 및 판매와 직접 연계할 수 있는 공정여행 프로그램은 다음과 같다. 첫째, 현지 커피밭에서 환경적으로 지속가능한 커피를 생산하기 위한 다양한 노력을 소개하고 공정무역 커피의 기준에 부합하는 고품질 커피를 생산·가공·판매하는 현장 체험과 연계시키는 '커피상품'중심 프로그램, 둘째, 커피를 재배하는 지역의 주민들이 연중 적정한 소득을 꾸준히 올릴 수 있도록 커피와 관련된 역사와 전통을 소개하고 농부·노동자·소수민족 등 지역사회의 다양한 주체를 배려하는 '지역사회 및 전통문화' 프로그램, 셋째, 프랑스 식민시기를 거치면서 베트남 사회에서 일상화된 다양한 카페문화와 베트남 토종기업이 조성한 커피 리조트, 커피 판매·소비를 위한 공간을 체험하는 '카페문화' 중심 공정여행 프로그램 등이다. 베트남중부 지역의 다양한 커피공간을 탐색하고 공정여행 상품개발 방향을 제시한 본 연구는 우리나라에서 커피와 연계된 공정무역을 확산시키고 베트남 커피 생산지역의 지속가능한 개발에 기여할 가능성이 있다.

김기영과 김지연(2013)은 공정무역 커피브랜드 이미지가 지각된 가치와 재방문의도에 미치는 영향에 한 연구에서 제품 이미지가 정(+)일수록 브랜드에 대한 인식 가치가 크게 인식됨으로써 고객에 대한 만족 이 선행되어 재방문 의도에도 영향을 미침을 실증 분석을 통해 보여주었다.

박미혜(2010)는 소비자의 공정여행 경험인식에 대하여 공정여행을 경험한 소비자들을 대상으로 현상학적 질적 연구를 수행하였다. 연구 참여자들은 공정여행에 대하여 대체적으로 매우 만족하고 있었으며, 일부 미비한 점을 보완한 앞으로의 발전 및 후속 프로그램 개발을 희망하고 있었다. 공정여행에 참여하는 소비자층과 동기는 다양했지만 아직은 공정여행이 초기단계이다 보니 공정여행에 참여하는 소비자들은 비교적 의식수준이 높고, 기존 여행에 대해서 느낀 문제점에 대한 새로운 해답을 추구하는 소비자들로 보였다. 연구 참여자들이 특별히 만족했던 부분은 바로 공정여행이 일반 패키지여행과 비교해서 갖는 차별성에 있었다. 참여자 대부분은 여행경비의 일부가 여행국의 가난한 현지민에게 전달된다는 점에 상당히 만족을 하고 있었다. 크게 부담이 되지 않으면서도 여행소비를 통해 나눔을 실천한 점, 기존여행에서 느꼈던 지나친 상업성이나 비자율성의 문제점들을 해결해 주고 있다는 점에서 만족이 컸다. 이러한 연구결과는 인간의 본성은 누군가에게 도움을 줄 때, 스스로 능동적 주체가 되었을 때 만족감과 행복감을 느낀다는 것을 확인시켜 주었다. 따라서 공정여행은 이타심, 자율성, 공동체 지향,

자연과 함께 함, 환경과 동물에 대한 배려 등과 같은 우리가 현대 소비사회에서 잃어가고 있는 가치들을 실현할 수 있는 여행이며, 이러한 가치의 경험은 공정여행의 만족요인이라고 볼 수 있다.

2. 공정무역에 대한 조사대상자들의 일반적 수준

〈표 15-1〉 공정무역의 일반적 수준

문 항	M(SD)
1. 여행을 가더라도 내가 쓴 돈이 그 지역에 돌아가도록 하는 (제주도 올레길 투어 같은) 공정여행을 선호한다.	4.06(1.34)
2. 공정무역을 위한 단체나 기관에서 판매하고 있는 제품을 믿고 선택하는 편이다.	4.26(1.29)
3. 여행을 할 때 환경에 피해를 주지 않는 걷기여행 같은 공정여행을 한다.	4.04(1.35)
4. 초콜릿이나 커피를 구매할 때 가능한 공정무역 제품을 구입한다.	4.04(1.27)
7점 환산평균	4.10(1.31)
Cronbach's α	.840

<표 15-1>은 공정무역에 대한 조사대상자들의 일반적 수준을 제시하고 있다. 공정무역 실천행동은 4개 문항으로 측정되었고 각 문항은 7점 리커트 척도로 측정되었다. 공정무역 실천행동의 전체평균은 4.10점으로 소비자들은 중간정도로 공정무역을 실천하는 것으로 나타났다. 구체적으로 '공정무역을 위한 단체나 기관에서 판매하고 있는 제품을 믿고 선택한다'는 문항의 평균점이 상대적으로 가장 높았고, 반면에 '여행을 할 때 환경에 피해를 주지 않는 걷기여행 간은 공정여행을 한다' 문항과 '초콜릿이나 커피를 구매할 때 가능한 공정무역 제품을 구입한다' 문항의 평균점이 상대적으로 낮게 나타났다.

3. 인구사회학적 특성에 따른 공정무역

〈표 15-2〉 인구사회학적 변수에 따른 공정무역

독립변수		평균	독립변수		평균
성별	남성	16.30	결혼지위	미혼	16.06
	여성	16.48		기혼	16.61
	t값	-0.64		t값	-1.96*
연령	20대	15.89	종교	기독교	16.26
	30대	16.20		불교	17.11
	40대	16.73		천주교	16.24
	50대 이상	16.91		무교/기타	16.23
	F값	2.87*		F값	1.62
교육수준	고졸이하	16.05	월평균 가계소득	200만원미만	15.95
	전문대졸	16.87		200-300만원	16.79
	대졸이상	16.54		300-400만원	16.29
				400-500만원	16.31
				500만원이상	16.46
	F값	2.45		F값	0.94

* p〈0.05

<표 15-2>는 인구사회학적 특성에 따른 공정무역을 분석한 결과이다. 소비자의 공정무역은 결혼지위와 연령에 따라 유의한 차이를 나타내었다. 결혼지위에서 미혼에 비해 기혼집단이 공정무역을 더 잘 실천하였고, 연령의 경우 20대 보다는 30대, 40대, 50대 이상에서 공정무역을 더 잘 실천하는 것으로 나타났지만 집단 간 차이가 유의하지는 않았다.

4. 공정무역과 관련변수들의 상관관계

〈표 15-3〉자기 주도성, 관대함, 보편성, 물질주의, 이타주의, 효과성 지각, 윤리적 정체성, 공정무역 상관관계

변수	자기 주도성	관대함	보편성	물질 주의	이타 주의	효과성 지각	윤리적 정체성	공정 무역
자기 주도성								
관대함	.705**							
보편성	.715**	.755**						
물질주의	.460**	.317**	.358**					
이타주의	.268**	.365**	.338**	.125**				
효과성 지각	.475**	.419**	.424**	.102**	.470**			
윤리적 정체성	.653**	.647**	.719**	.411**	.436**	.435**		
공정 무역	.178**	.214**	.222**	-.034	.361**	.387**	.286**	

** p〈0.01

<표 15-3>은 공정무역과 관련변수들의 상관관계를 제시하고 있다. 분석결과 공정무역 실천행동은 자기주도성, 관대함, 보편성, 이타주의, 효과성 지각, 윤리적 정체성과 약한 정적 상관을 가지고 있었다. 즉 소비자가 자기주도적 가치를 가질수록, 관대할수록, 보편적 가치를 가질수록, 이타주의 성향이 높을수록, 윤리적 소비의 효과성을 크게 지각할수록, 윤리적 소비의 정체성을 중요하게 생각할수록 공정무역을 적극적으로 실천함을 의미한다.

5. 공정무역에 대한 회귀분석

〈표 15-4〉 공정무역에 대한 회귀분석

	독립변수	회귀계수 (β값)
소비자가치	자기주도성	-0.033(-0.034)
	관대함	-0.031(-0.032)
	보편성	-0.002(-0.003)
심리 사회적 변수	물질주의	**-0.100(-0.114**)**
	이타주의	**0.075(0.097**)**
	효과성 지각	**0.224(0.183***)**
	윤리적 정체성	**0.072(0.161***)**
윤리적 소비동기	개인 긍정동기	**0.118(0.137**)**
	사회 긍정동기	**0.155(0.137**)**
	개인 부정동기	-0.052(-0.077)
	사회 부정동기	0.076(0.094)
	상수	5.637***
	F값	31.560***
	R^2	0.260
	수정된R^2	0.252

** p〈0.01 *** p〈0.001

<표 15-4>는 공정무역에 대한 다중회귀분석 결과를 제시하고 있다. 독립변수인 소비자가치, 심리사회적 변수, 윤리적 소비동기는 공정무역을 약 26% 설명하는 것으로 나타났다. 소비자의 물질주의 성향이 낮을수록, 반면 이타주의 성향이 높을수록, 윤리적 소비에 대한 효과성을 크게 지각할수록, 윤리적 소비에 대한 정체성을 중요하게 생각할수록, 윤리적 소비에 있어서 개인적 긍정동기와 사회적 긍정동기를 중요하게 생각할수록 공정무역 실천행동을 더 잘하는 것으로 나타났다. 종속변수에 대한 독립변수의 상대적 영향을 분석한 결과 효과성 지각이 가장 큰 영향을 미치며, 그 다음이 윤리적 정체성, 개인적 긍정동기와 사회적 긍정동기, 물질주의, 이타주의 순으로 나타났다.

제 16 장

인권을 고려한 소비행동

시장 이외의 모든 영역들까지 시장으로 간주하는 신자유주의 통치성 속에서 homo economicus로서의 개인들이 자신들의 건강, 교육, 복지, 취업활동 등의 행위에 스스로 책임을 지는 개인주의화되고 스스로를 돕는 주체로 변형되었다. 최근에는 단순히 자신의 행위와 운명에 대한 책임을 넘어 사회적 약자에 대해서도 책임을 지려는 도덕적 주체인 사회화된 homo economicus로도 변형되고 있다. 기업의 사회적 책임과 윤리적 소비 담론이 크게 증가하였고, 특히 사회적 약자들의 인권을 고려한 윤리적 소비도 증가하고 있다. 시민들의 도덕적 연대의 공간인 시민사회가 시장화 함으로써 사회적 책임, 타인들과의 도덕적 연대정신 등과 같은 사회도덕적 질문들이 시장의 관심사가 되고 있다. 시장은 그와 같은 것들을 시장의 언어로 포착하고, 그러한 것들이 철저히 시장의 경제적 합리성에 기반하도록 변형시킨다(김주환, 2012).

기업의 사회적 책임의 중심에 인권 혹은 인권 규범이 자리잡고 있기 때문에(구정우, 김남석, 2014), 기업의 사회적 책임의 핵심에 인권 원리가 반영되어 있다. 기업의 사회적 책임에 대한 국제표준으로 인정받고 있는 ISO26000은 7개의 핵심 주제로 지배구조개선, 인권보호, 노동권보장, 환경보호, 공정운영 확립 및 이행, 소비자권리보호, 지역사회 참여를 제시하고 있다(황상규, 2013). 이 중 인권보호뿐 아니라, 노동권, 소비자권리 등은 모두 인권과 직접적으로 연관되는 주제들이다. 높은 세계시민성을 체득한 개인은 그렇지 않은 개인들에 비해 기업 시민성을 중시하고 이를 요구할 가능성이 크다(구정우, 이수빈, 2015).

1. 관련연구 고찰

인권은 인간이 자신의 삶의 내면을 향하는 의무인 동시에 자신과 타자를 동시에 지향하는 권리로서의 속성도 함께 가지고 있다. 불교에서는 인간의 권리를 인간다운 삶의 지향 가능성의 문제로 보고 있다. 인간다운 삶의 지향은 깨달음의 추구를 통해서 가능하고 그 깨달음의 대상과 내용은 다시 삶의 의미문제로 귀결될 수 있다. 이러한 관점에서 불교의 인권론은 자본주의적 일상으로부터 일정한 거리를 유지하면서 삶의 의미를 구현하려는 마음을 낼 수 있는 여건을 조성하고 보전하는 일을 중심으로 해야 한다. 불교의 연기론에 의하면 나는 고립되고 이기적인 개인이 아니고 세상에 존재하는 모든 존재자들, 특히 자신의 생존과 삶을 가능하게 하는 인간존재자들과의 깊은 의존 속에서만 가능하다는 점에서 나의 실천이 다른 사람의 실천을 일부 감당해내는 결과로 나타날 수 있다(박병기, 2012).

기독교에서 우리가 살고 있는 현실에서는 적대의 대상일 수 있는 나그네, 낯선 사람, 떠돌이, 이주민, 난민 등과 같은 지극히 낮은 사람들을 환대하는 것은 도덕적 의무를 넘어 하나님의 명령이다(레위기 19장 33-34절). 성서에서 나그네는 "우리들을 축복하거나 또는 우리에게 도전하기 위해 보냄을 받은 하나님의 사자로 등장하는 경우가 많다. 히브리서 13장 2절에는 "나그네를 접하기를 소홀히 하지 마십시오. 어떤 이들은 나그네를 대접하다가 자기들도 모르는 사이에 천사들을 대접하였습니다." 라고 기록되어 있다.

마태복음 25장 40절에서 예수는 "너희가 여기 내 형제자매 가운데 지극히 보잘 것 없는 사람 하나에게 한 것이 곧 내게 한 것이다" 고 말씀함으로써 환대가 소수자윤리와 결합되어야 한다고 강조했다. 마태복음 25장 42-43절에서는 나그네를 대접하지 않는 행위, 굶주린 사람에게 먹을 것을 주지 않는 행위, 목마른 사람에게 마실 것을 주지 않는 행위, 헐벗은 사람에게 입을 것을 주지 않는 행위, 병들거나 감옥에 갇힌 사람을 돌보지 않는 행위 등은 영원한 형벌을 받아 마땅한 행위들이라고 하였다(구미정, 2013). 이러한 기독교윤리는 기독교인자인 소비자들이 나와 직접적인 관계가 없는 가난하고 불쌍하고 지극히 신분이 낮은 사람들의 인권을 위하여 자신의 소비생활을 실천하는 중요한 동기가 될 수 있다.

글로벌 기업들이 유엔 인권이사회가 2011년 발표한 '기업과 인권 이행 지침' 등에 따라 인권경영을 적극적으로 도입하고 있는 반면 한국 기업들은 아직 준비가 부족한 것으로 나타났다. 동아일보가 2012년에 매출액 기준 30대 기업 중 지속가능경영보고서를 발간한 23개 기업 보고서를 분석한 결과 '아동노동 금지'나 '강제노동 금지' 같은 국내 노동법상 금지돼 있는 조항에 대해선 23개 기업 중

17개 기업이 성실히 준수하고 있다고 보고했다. 하지만 투자협약 시 인권보호조항의 포함 여부에 대해선 23개 기업 중 2개 기업만 포함하고 있다고 답했다. 주요 공급 업체 및 계약 업체에 대해 인권에 관한 심사를 하는지에 대한 항목에서도 4개 기업만 간단히 언급했을 뿐 나머지 19개 기업은 언급조차 없었다. '원주민 권리 침해 여부'에 대해서는 6곳만 '원주민 권리 침해를 하지 않고 있다'고 답했다.

LG전자는 2013년에 직원 징계 가운데 급여를 깎는 것을 없앴다. LG전자가 2010년 가입한 전자산업시민연대(EICC) 인권 가이드라인에서 '감급'을 인권 침해로 규정했기 때문이다. EICC는 LG전자를 비롯해 IBM 등 주요 글로벌 전자업체들이 기업의 사회적 책임 실현을 위해 만든 단체다. LG전자는 2010년부터 CSR(기업의 사회적 책임)팀에서 인권 관련 리스크를 총괄하고 있다. 김민석 LG전자 CSR팀장은 "2009년부터 보다폰이나 HP 등 해외 주요 거래처에서 LG전자의 인권 정책에 대한 보고서를 요구했기 때문"이라고 말했다. LG전자가 해외 거래처로부터 "인권경영 관련 보고서를 제출해 달라"는 요구를 받은 건 2009년 6건에 불과했지만 2011년 41건에 이어 올해엔 11월 말까지 80건의 요구를 받았다.

대우인터내셔널도 2013년에 태광실업에 부산 섬유공장을 팔았다. 공장 매각은 2012년 9월 국제 비정부기구인 '코튼캠페인'이 대우인터내셔널의 우즈베키스탄 면방직공장에 대해 "아동을 착취해 생산한 면화를 구매하고 있다"며 문제를 제기한 것이 계기가 됐다. 이들은 한국 정부에 대해 한국에 본부를 두고 있는 기업이 국제 인권기준을 준수하도록 특별한 노력을 해줄 것을 요구하고, 한국 정부가 나서지 않을 경우 그로 인해 한국은 높은 수준의 위험에 직면할 것이라고 경고하였다. 이들은 실제 서방 기업들에게 대우인터내셔널과 원면 거래를 하지 말라고 요구하였고, 영국 대형 유통업체인 테스코를 포함한 150여 기업이 우즈베키스탄에서 생산된 면화를 쓰지 않기로 약속했다. 코튼캠페인은 대우인터내셔널뿐 아니라 부산공장에서 생산된 인조 피혁 제품을 납품받는 미국 나이키에 대해서도 불매 운동을 하겠다며 압박했다. 나이키가 대우인터내셔널과 거래 중단을 통보하자 대우인터내셔널은 공장을 매각했다(동아일보 2013년 12월 9일).

댐 건설이나 광산 개발 같은 대규모 프로젝트에 자금을 조달하는 대형은행들이 2003년 발표한 '적도원칙(Equator Principles)'은 신용도나 담보 대신 사업계획과 수익성 같은 요소를 보고 자금을 제공하는 프로젝트 파이낸스에서 환경과 사회적 위험을 평가, 관리, 감시하는 일련의 정책과 절차로 1000만 달러 넘는 개발 프로젝트가 환경 파괴를 일으키거나 해당 지역 주민들의 인권을 침해할 경우 자금을 대지 않겠다는 금융회사들의 자발적 협약이다.

이 원칙이 나오기 전부터 열대우림 행동네트워크(Rainforest Action Network, RAN) 같은 여러 비정부기구들은 개발도상국의 환경을 파괴하는 개발 프로젝트에 돈을 대는 씨티은행 같은 대형 은행의 행태를 반대하는 투쟁을 강화하고 있었다. 그럼에도 환경과 사회 이슈에 대한 뚜렷한 기준이나 지침이 없어 프로젝트 파이낸싱이 시행착오를 거듭했다고 보고, 개발도상국의 민간부문에 대한 프로젝트 금융과 보증업무를 취급하는 세계은행 그룹의 국제금융공사(IFC)가 대출 시 준수해야 할 환경, 사회적 정책 기준을 정한 것이 바로 적도원칙이다. 적도원칙은 35개 나라 80개 은행이 참여하고 있고, 세계 프로젝트 대출에서 차지하는 비중은 70%가 넘는다(프레시안

2014년 12월 5일).

'깨끗한 옷입기 운동'(CCC: Clean Clothes Campaign)은 생산과정에서 노동자의 인권을 침해하지 않은 더 직접적으로는 어린 여공의 피가 묻지 않은 옷을 사 입자는 운동이다. 이 운동은 유럽에서 일어나고 있는 소비자의 생산 감시운동으로서 1991년 방글라데시에 진출해 있는 네덜란드 의류 공장에서 불이 나서 대형 피해를 입은 노동자들에 대한 관심에서 비롯된 것이다. 유명 패션브랜드뿐만 아니라 최근의 최신유행을 반영 하는 패스트 패션의 경쟁력인 저렴한 가격과 빠른 유행주기의 이면에는 심각한 윤리문제와 환경문제가 감추어져 있다. 이러한 패션브랜드의 상품들은 대부분 제3세계의 공장을 통해 대량생산되고 있다. 인도네시아, 중국, 말레이시아, 스리랑카, 필리핀, 베트남 등과 중남미의 여러 나라들이 그 대표적인 나라들이다. 이곳에서 만들어진 상품들은 대부분 백화점과 유명상점으로 들어가며 동시에 다국적 기업이 소비자를 장악하기 위해 뚫어놓은 경로를 통해 세계적인 상품으로 부각된다(박미혜, 강이주, 2009).

CCC운동은 소비자들이 보다 윤리적인 의류구매자가 될 수 있도록 하기 위해 의류제조업자들에게 열악한 노동조건을 개선하는 운동에 동참할 것을 촉구한다. 소비자들이 그들이 시장에서 구매하는 모든 의류제품들이 어디에서 어떤 노동조건하에서 만들어졌는지를 물어볼 수 있도록 하는 운동을 펼치고 있다. 운동방식은 강연이나 토론회, 거리홍보를 통한 정보제공 등의 형태인데, 이를 통해 제조업자들이 그들이 생산하고 판매하는 제품들이 어떤 작업환경 속에서 만들어 지는지를 소비자들에게 설명할 책임이 있다고 강조한다. 네덜란드에서 시작한 이 운동은 오스트리아, 벨기에, 프랑스, 독일, 네덜란드, 스페인, 스웨덴, 스위스와 영국 등 유럽의 선진 국가에서 활발하게 이루어지고 있고 유럽국가간에 협력 네트워크를 형성하고 있다. 소비자캠페인 뿐만 아니라 현장에서 다국적 기업에 저항하는 노동자에게 구체적으로 힘을 주기 위해 파업기금도 전 세계적으로 모금하고 있으며, 이 기금을 통해 파업 등 노동의 조건과 환경을 개선하기 위한 노동자 행동을 지원하고 있다(차미경, 2002).

이탈리아어로 'caffè sospeso'(영어로 'suspended coffee', 이하 '서스펜디드 커피')는 커피 한 잔을 사면서 다른 사람을 위해 추가로 여러 잔의 커피 값을 미리 지불하면, 사정이 여의치 않은 사람 구나 값을 선(先)지불한 커피를 무료로 마실 수 있는 커피이다(윤희영, 2013).

서스펜디드 운동은 지역사회의 소비자, 네트워크, 문화활동 등과 연계한 풀뿌리운동(grassroots movement)의 형태를 보이고 있다. 이 운동이 시작된 이탈리아에서는 서스펜디드 운동을 중심으로 지역사회 영화페스티벌과 전시회, 문화단체가 상호 연계한 'Rete del Caffè Sospeso'라는 이름의 네트워크가 구축되어 있다. 이 네트워크는 모르는 사람을 위해 커피를 미리 사두는 전통이 지닌 인간애처럼 일상 속에서 문화와 사회적인 연대가 만날 때 소외된 이웃과 사라진 시민정신, 대두되는 환경과 사회 이슈, 역사적 유산의 복구 등과 같은 문제들을 해결할 수 있다는 믿음으로 조직되었다. 'Rete del Caffè Sospeso'는 세계 인권의 날인 12월 10일을 서스펜디드 커피의 날로 정하고, 각종 문화인 행사에 이 커피 전통을 연계시켜 전통의 재확산 뿐 아니라 전통과 맥락을 같이 하는 지역사회의 문화 활동에 적극적으로 나서고 있다(김태향, 정순희, 신민경, 2014).

우리나라의 미리내 운동본부는 2013년 5월부터 미리내 가게를 모집하여 이용자가 나중에 올 누군가를 위해 음식이나 상품에 대한 비용을 미리 지불하면, 해당 서비스를 다른 사람이 무료로 이용할 수 있도록 하고 있다. 미리내는 단어 그대로 '미리내는 행위'를 뜻한다. 하지만 은하수를 뜻하는 순우리말이기도 해 많은 별들이 은하수를 만들 듯 개인들이 작은 나눔을 실천함으로써 세상을 보다 반짝거리게 바꾸자는 믿음이 담겨 있기도 하다. 2016년 현재 전국에 460여 개의 가맹점이 자발적으로 미리내 운동에 참여하고 있다(EBS, 2016년 1월 19일).

'알파치노 카푸치노'의 미리내 운동은 고시와 학업, 취업준비와 각종 아르바이트로 제대로 된 문화생활을 향유할 여력이 없는 대한민국의 청년들을 위해 먼저 취업한 선배들의 미리내 운동 참여를 호소하고, 먼저 취업에 성공한 선배들의 참여가 이어지고 있다. 공연 시작부터 홍보에 적극적으로 참여한 배우 소유진 역시 통 크게 티켓을 미리 구매했다. 참여를 원하는 개인이나 단체는 티켓 구매 시 원하는 금액을 미리 내면 되고, 모인 금액은 대한민국 청년들을 위한 문화관람비로 전액 사용된다(브릿지경제 2015년 12월 24일).

미리내 운동본부는 서울시, 서울시설공단, SK플래닛 등과 업무협약을 맺었고 SK텔레콤과 이지스미디어로부터는 정기적인 후원도 받고 있다. 미리내는 나눔 운동 확산을 위해 '우리동네 착한가게, 미리내 가게 만들기' 프로젝트를 진행하고 있다. 미리내는 이를 위해 크라우드 펀딩 플랫폼인 '와디즈(WADIZ)'를 통해 후원금을 받고 이 프로젝트의 후원금은 미리내 가게 발굴과 오픈을 위해 사용된다. 프로젝트 참여자들은 이에 대한 보상으로 미리내 가게들의 제품을 받는다. 펀딩보다 보상이 더 큰 형태로 진행돼 미리내 운동의 의미를 직접 느껴볼 수도 있다. 가게가 사회적인 이슈에 함께하는 역할을 수행하는 사회적 가게로 거듭난다면 우리 사회에 희망과 사랑을 전달하는 좋은 시스템이 생기게 되는 것이라는게 이 운동본부의 중요한 철학이다(뉴스1 2014년 10월 23일).

미리내 가게에서 나눔의 실천에 참여하는 사람은 모두 하나의 별이 된다는 의미에서 SNS에서는 참여자 모두를 '별님'이라고 지칭하여 로고에 부여한 의미를 강조하고 있다. 미리내 가게는 별도의 쿠폰을 통해 기부를 진행한다. 투명한 쿠폰함과 회수함은 기부한 양과 수요자가 사용한 양을 확인할 수 있어 누군가가 이 소비운동에 참여하고 있고, 누군가는 그 운동의 수혜를 받고 있다는 것을 확인시켜준다. 기부액의 투명성을 보장하고, 확보된 금액만큼만 필요한 사람들에게 제공하려는 의도에서 정해진 방식이다(김태향, 정순희, 신민경, 2014).

국제구호단체 옥스팜(Oxfam)아메리카는 2015년에 발간한 보고서를 통해 미국 전역의 육계 가공 공장에서 일하는 노동자들이 비인간적이고 비위생적인 환경에서 근무하고 있다고 고발했다. 노동자들은 잦은 부상과 낮은 임금, 열악한 환경으로 고통 받고 있었으며 심지어 많은 이들이 화장실에 가지 못해 기저귀를 차고 일한다고 밝혀 충격을 줬다. 보고서는 옥스팜 측이 3년간 전국의 공장을 돌며 수백 명의 노동자, 의학전문가, 법률 전문가, 인권 운동가를 만나 인터뷰하고 조사한 내용을 토대로 작성됐다. 조사한 기업은 타이슨푸드, 필그림스, 퍼듀, 샌더슨팜 등으로 육계 시장의 60%를 차지하는 곳들이다. 조사에 따르면 앨라배마주 노동자 80%가 원할 때 화장실을 가지 못했으며 미네소타주 노동자의 86%는 일주일에 2번 이하밖에 못 갔다고 답했다. 미시시피주에서는 화장실을 가면 감독관이 처벌을 가했다고 답하기도 했다.

연방직업안전보건행정국(OSHA) 규정상 회사는 직원들의 건강을 해치지 않도록 필요할 때마다 위생 시설을 이용할 수 있도록 하고 있다. 조사된 기업들의 규정에는 이 같은 내용이 명시돼 있지만 실제 공장에서는 지켜지지 않고 있는 셈이다. 옥스팜은 보고서 발간 이후 노동자 처우 개선을 위한 캠페인을 벌여 왔다. 옥스팜은 10만 명이 넘는 소비자의 서명을 받아 화장실 시간을 보장하는 새 규정을 만들고, 현장 감시를 제 3의 기관에 맡길 것 등의 제안을 타이슨푸드 측에 전했다. 이에 타이슨푸드는 임금을 올리고 새 이니셔티브를 시행해 노동자들의 건강과 안전을 보장하겠다고 발표하였다(미주중앙일보 2016년 5월 13일).

신세계 이마트가 노동조합 설립을 막기 위해 직원들을 불법사찰했다는 의혹이 제기되면서 녹색당 구미모임과 구미YMCA, 구미 경실련, 구미 참여연대 등 9개 정당과 시민단체들은 2013년에 '헌법 위의 이마트 수사`처벌 촉구 및 불매운동 선언' 기자회견을 열었다. 이들은 "2011년 9월 7일 이마트 구미점에서 민주노총이 발행한 '노동자 권리찾기' 수첩이 발견되자 직원 면담과 컴퓨터, CCTV 확인 등 직원들의 인권을 유린했으며, 이러한 것은 명백한 부당노동행위"라며 "신세계 이마트의 불법 직원사찰과 그룹차원의 무노조 경영 방침에 의한 노조탄압 및 취업 규칙변경 등의 행태와 관련해 사법기관의 엄정한 수사와 처벌을 촉구한다"고 주장했다. 이들은 이마트의 반사회적 행태와 노조탄압에 대해 국민 앞에 사죄할 때까지 이마트 구미점과 동구미점, 이마트 에브리데이 형곡점에 대한 불매운동을 전개했다.

2016년 7월 학벌 없는 사회를 위한 광주시민모임 등에 따르면 온라인과 대형마트 등을 통해 문구류를 판매하는 A업체가 직업 · 성별

· 학력을 차별하고 노동에 대해 비하 하는 학용품을 판매하고 있어 국가인권위원회와 공정거래위원회 등에 판매 중지를 요청하는 진정을 제기했다. 학벌 없는 사회를 위한 광주시민모임 관계자는 해당업체가 2015년에도 인권침해 요소가 있는 학용품을 판매해 사과까지 했는데도 2016년에도 여전히 문제되는 상품들이 판매되고 있어 또다시 진정서를 제출하였고, 판매되는 학용품이 전량 수거되지 않으면 해당업체 상품 불매 운동 등 다양한 활동을 펼칠 계획이라고 하였다.

A업체는 의류, 문구 등을 주로 판매하는 업체로 청소년들이 사용하는 공책과 메모지 등에 '민낯으로 연애는 힘든 사람', '시집은 갈 수 있을까', '얼굴이 고우면 공부는 안 해도 된다'는 등 여성을 비하하는 문구를 넣어 판매하고 있다.

'10분 만 더 공부하면 아내의 얼굴이 바뀐다', '10분만 더 공부하면 남편의 직업이 바뀐다', '대학가서 미팅할래 공장가서 미싱할래', '열공해서 성공하면 여자들이 매달린다' 등 2015년에 적발된 공책 등을 재판매하고 있었다. 이 밖에도 '네 얼굴에 잠이 오니', '니 얼굴이면 공부 열심히 해야해', '미모도 경쟁력. 미인은 만들어지는 것이 아니라 타고나는 것' 등을 넣은 학용품을 대형마트 등에 납품했다.

A업체가 판매하는 학용품은 총 35종이며 성별 · 학력 · 직업 등을 차별하는 인권침해적 요소를 담고 있는 것으로 조사됐다. A업체의 학용품은 시민, 정치적 권리에 관한 국제협약 19조 3항과 국가인권위원회법 2조 3항에 명시돼 있는 타인의 권리를 침해하고 편견과 부정적 평판을 조장, 확산시켜 공공질서와 공공복리를 저해하고 있는 것으로 판단된다(뉴시스 2016년 7월 4일).

박미혜(2015)는 가슴 아픔, 분노, 속상함, 괘씸함, 안타까움, 할 짓이 아님, 옳지 않음, 안사고 싶음, 지키려고 함, 사주고 싶음, 아깝지 않음, 더 뿌듯함, 희망적인 느낌 등으로 표현된 정의감이 윤리적 소비자의 중요한 감정이라고 하였다. 윤리적 소비에 참여하는 소비자들은 사회의 분배 구조의 불평등을 소비를 통해 완화하려는 정의감을 보였다. 사회의 자원분배가 대기업이나 다국적기업에게로 집중되는 부의 불평등을 개선하기 위하여 약자를 배려하는 소비를 하고 있었다. 취약계층에게 일자리를 제공하여 자립할 수 있는 기회를 제공해 주는 사회적 기업이나 협동조합을 이용하거나 공익상품을 소비하고 있었다. 대기업에 이윤이 집중되지 않고 골목상권이나 영세자영업자를 보호하고 지역경제를 활성화시킬 수 있는 로컬소비를 더 많이 하려고 노력하고 있었다. 지구촌의 관점에서 티베트 난민의 삶을 지원하는데 도움을 주는 소비나 아프리카 빈곤이나 기아 해결에 도움을 주고자 하는 해외아동후원을 하는 경우도 있었다.

전미연과 오경화(2013)는 PBL 기반 윤리적 소비교육 프로그램을 적용 후 문제해결능력과 자기주도학습 능력 변화에 관한 사후 검사를 한 결과, 학생들의 문제해결능력이 향상되었으며 자기주도학습의 인지와 행동 두 가지 요인에서 모두 유의적인 차이가 나타났다. PBL 기반 윤리소비교육 프로그램을 수업에 적용한 결과, 학습자들은 모둠활동을 하면서 서로 토론을 하고 의견을 공유하며 협동하여 문제를 찾아내었고, 문제를 해결하기 위해 서로의 역할을 나누고, 그 역할에 맞게 스스로 정보를 탐색하였으며, 탐색한 정보를 다시 재 토론함으로써 해결책을 제시하였다. 이와 같이 결과를 얻는 과정에서 기존에 교과서와 판서를 통해 교사가 주는 지식을 단순하게 받기만 하던 교육에서 기대할 수 없었던 학습자들의 문제해결능력과 자기주도학습 능력이 많이 향상되었음을 입증할 수 있었다.

2. 인권을 고려한 소비행동에 대한 조사대상자들의 일반적 수준

〈표 16-1〉 인권에 대한 조사대상자들의 일반적 수준

문 항	M(SD)
1. 노동자의 인권에 관심을 갖고 도움을 줄 수 있는 소비를 한다.	4.23(1.25)
2. 노동조건 및 환경의 개선을 위한 노동자들의 행동에 대한 서명운동에 참여한다.	4.14(1.37)
7점 환산평균	4.19(1.31)
Cronbach's α	.766

<표 16-1>에 의하면, 인권을 고려한 소비행동을 2문항으로 측정하였다. 각 문항은 7점 리커트 척도로 측정되었고, 전체 평균은 4.19점으로 소비자들은 인권을 고려한 소비행동을 중간정도로 실천하는 것으로 나타났다. 구체적으로 '노동자의 인권에 관심을 갖고 도움을 줄 수 있는 소비를 한다' 문항의 평균은 4.23점, '노동조건 및 환경의 개선을 위해 노동자들의 행동에 대한 서명운동에 참여한다' 문항의 평균은 4.14점으로 나타났다.

3. 인구사회학적 특성에 따른 인권을 고려한 소비

〈표 16-2〉 인구사회학적 변수에 따른 인권을 고려한 소비

독립변수		평균	독립변수		평균
성별	남성	8.42	결혼지위	미혼	8.31
	여성	8.32		기혼	8.41
	t값	0.67		t값	-0.63
연령	20대	8.17	종교	기독교	8.48
	30대	8.35		불교	8.66
	40대	8.45		천주교	8.47
	50대 이상	8.56		무교/기타	8.21
	F값	1.17		F값	1.75

교육수준	고졸이하	8.13	월평균 가계소득	200만원미만	7.93
	전문대졸	8.49		200-300만원	8.56
	대졸이상	8.54		300-400만원	8.53
				400-500만원	8.35
				500만원이상	8.34
	F값	3.48*		F값	1.88

* $p<0.05$

<표 16-2>는 인구사회학적 특성에 따른 인권을 고려한 소비를 제시하고 있다. 분석결과 교육수준에 따라 인권을 고려한 소비는 유의한 차이를 나타내었다. 조사대상자들의 교육수준이 높을수록 인권을 고려한 소비행동을 하는 것으로 나타났지만 각 집단간 차이는 통계적으로 유의하지 않았다.

4. 인권을 고려한 소비와 관련변수들의 상관관계

〈표 16-3〉 자기주도성, 관대함, 보편성, 물질주의, 이타주의, 효과성 지각, 윤리적 정체성, 인권을 고려한 소비 상관관계

변수	자기 주도성	관대함	보편성	물질 주의	이타 주의	효과성 지각	윤리적 정체성	공정 무역
자기 주도성								
관대함	.705**							
보편성	.715**	.755**						
물질주의	.460**	.317**	.358**					
이타주의	.268**	.365**	.338**	.125**				
효과성 지각	.475**	.419**	.424**	.102**	.470**			
윤리적 정체성	.653**	.647**	.719**	.411**	.436**	.435**		
인권 소비	.187**	.243**	.253**	-.021	.411**	.362**	.293**	

** $p<0.01$

<표 16-3>은 인권을 고려한 소비와 관련변수들의 상관관계를 제시하고 있다. 인권을 고려한 소비는 자기주도성, 관대함, 보편성, 이타주의, 효과성 지각, 윤리적 정체성과 약한 정적 상관을 가지는 것으로 나타났는데, 특별히 이타주의와 인권을 고려한 소비와의 상관관계 정도가 .4 이상으로 다른 변수들에 비해 다소 높은 것으로 분석되었다.

5. 인권을 고려한 소비에 대한 회귀분석

〈표 16-4〉 인권에 대한 회귀분석

	독립변수	회귀계수 (β값)
소비자가치	자기주도성	-0.018(-0.033)
	관대함	-0.007(-0.012)
	보편성	0.017(0.042)
심리 사회적 변수	물질주의	**-0.052(-0.107**)**
	이타주의	**0.074(0.175***)**
	효과성 지각	**0.070(0.098**)**
	윤리적 정체성	**0.026(0.105*)**
윤리적 소비동기	개인 긍정동기	**0.057(0.121**)**
	사회 긍정동기	**0.116(0.187***)**
	개인 부정동기	-0.024(-0.065)
	사회 부정동기	0.027(0.061)
	상수	2.165***
	F값	36.614***
	R^2	0.278
	수정된R^2	0.270

** p〈0.01 *** p〈 0.001

<표 16-4>는 인권을 고려한 소비에 대한 다중회귀분석 결과이다. 독립변수인 소비자가치, 심리사회적 변수, 윤리적 소비동기는 인권을 고려한 소비를 약 27.8% 설명하는 것으로 나타났다. 소비자의 물질주의 성향이 낮을수록, 반면 이타주의 성향이 높을수록, 윤리적 소비의 효과를 높게 지각할수록, 윤리적 소비의 정체성을 중요하게 지각할수록, 윤리적 소비에 있어서 개인적 긍정동기와 사회적 긍정동기를 중요하게 생각할수록 인권을 고려한 소비를 더 잘 실천하는 것으로 나타났다. 종속변수에 대한 독립변수의 상대적인 영향력을 살펴보면, 사회적 긍정동기가 가장 큰 영향을 미치며, 다음이 이타주의, 개인적 긍정동기, 물질주의, 윤리적 정체성, 효과성 지각의 순으로 나타났다.

제 17 장

절제

소크라테스는 사람들의 욕구는 구멍 난 항아리 같아서 만족할 줄 모르기 때문에 절제를 할 수 있는 사람들이 무절제한 사람들보다 더 행복하다고 하였다. 또한 절제할 수 있는 사람들은 좋은 사람들이며 이들은 적합한 행동을 하게 되고, 이러한 적합한 것은 정의로운 것이며, 절제할 수 있는 사람은 용감할 수밖에 없다고 소크라테스는 주장하였다(박순덕, 변순용, 2015).

1980년 3월 영국에서 열렸던 검소한 생활방식을 위한 국제협의회에서는 기독교인들의 물질사용 문제를 심각하게 인식하고 "검소한 생활방식을 위한 복음주의 서약"을 작성하고 실천하고자 하였다. 이 서약에서는 나눔은 구제헌금이나 봉사활동 정도가 아니라 보다 적극적인 공유로 보고 있다. 이 협의회는 1974년 로잔언약에서 언급된 "검소한 생활방식을 하자"는 결의를 성찰하기 위해 27개 나라에서 85명의 그리스도인들이 모였다(이숙경, 2006).

스웨덴의 발렌베리 그룹은 엄격한 교육으로 유명한데 후계자 후

보들이 갖춰야 할 덕목을 보더라도 이 그룹이 왜 오랜 명성을 유지하고 있는지 증명된다. 폭넓은 인맥 네트워크를 형성하게 하고, 명문대와 국제적인 기업에서 넓은 안목을 기르게 하는 건 우리나라와 다를 바 없지만, 이 모든 건 혼자 힘으로 해야 한다는 점에서 엄연히 다르다. 어렸을 때부터 자립심을 키워주는 것으로도 널리 알려진 발렌베리 가문의 교육은 검소한 생활을 가르치고, 할아버지가 손자에게 지혜를 알려주고, 노블리스 오블리주의 개념을 갖추게 하는 등 경영자의 자질 함양과 더불어 정신적인 가치의 중요성에 초점이 맞춰져 있다.

미국 록펠러 가문도 '수입-지출=재산'이라는 기본 공식 아래 지출을 줄이는 습관을 들이도록 하는 한편 체계적으로 용돈을 관리하게 한 후 상과 벌을 주는 식으로 자산관리의 기본 개념부터 가르쳤다. 빌 게이츠의 경제 교육도 엄격하기로 유명하다. 게이츠는 자녀들에게 매주 1달러의 용돈만 주었으며, 자녀들이 어려서부터 스스로 용돈을 모으고 그 한도 내에서 규모 있게 소비하도록 가르친 것으로 잘 알려져 있다. 워런 버핏은 '부모의 돈은 자녀의 돈이 아니다'라는 원칙하에 재산을 자선 단체에 기부할 것임을 늘 자녀들에게 밝혀 왔다. 그 대신 경제 감각을 키워주는 방식을 택했는데, 버핏은 서재에서 무디스의 평가보고서 등을 읽고 공부하는 모습을 보여주고, 자녀들에게도 관련 자료를 읽고 투자를 판단하는 눈을 기르게 했다. 홍콩의 부호 리카싱 또한 아들들이 일곱 살이 될 때부터 회사 이사회를 참관토록 해 비즈니스가 얼마나 어려운 것인지를 깨닫게 할 뿐만 아니라, 유학 간 자녀에게 용돈을 풍족하게 주지 않고 자전거로 통학하게 하는 등 검소한 생활을 가르쳤다(한국경제 2015년 1월 13일).

1. 관련연구 고찰

한정된 농업생산에 기반하고 있던 고려사회에서도, 검약은 긍정적인 의미를 가졌으나, 고려 사람들이 반드시 검약과 사치 · 허영을 미덕과 악덕이라는 이분법적으로 도식화하여서만 받아들인 것은 아니었다. 고려 사람들에게 사치나 허영은 일견 모순되게 보이는 두 가지 관념이 상존하고 있었다. 과도하게 재화를 소비하거나 과시하는 것, 특히 신분이나 지위를 뛰어넘는 사치나 허영은 부정적인 것이었다. 하지만 동시에 일정한 권력이나 지위를 소유한 사람이 그 지위에 걸 맞는 사치를 하는 것은 당연한 것이었다. 지위나 권력은 일정하게 대중에게 공포되어야만 하였고, 이를 나타내기 위한 일정한 부의 과시는 불가피한 것이었다. 지배계층의 이러한 사치는 일반민에게도 당연한 것으로 수용되었으며, 이를 통해 지배층의 사치나 허영은 사회적 정당성을 획득하고 있었다.

원 간섭기 이래 심화된 사회경제적 모순은 사치와 검약에 대한 고려 사람들의 관념을 변화시켰다. 특정 권력자에 의한 과도한 권력과 재화의 집중, 일부 상인이나 천한 사람들의 사치스러운 생활은 당시 사람들에 의해 진지하게 고민되었다. 과도한 사치나 허영은 농민층의 수탈 위에서 진행되었고, 고려 국가 경제 체계의 순환구조를 파단으로 몰고 갔다. 이러한 상황은 사· 허영에 대한 고려 사람들의 부정적 인식을 강화시키고 체계화시켰다. 반면 검약은 절대적인 긍정성을 획득해 나갔다.

고려 말에 신흥 사대부들은 농본주의 산업구조를 강화하고 민본의식과 신분질서의 강화를 대의명분으로 내세우면서 검약과 사치 · 허영을 미덕과 악덕이라는 이분법적인 관념으로 도식화하였다.

신흥 사대부들의 이러한 검약관은 사치·허영의 가장 큰 피해자였던 농민층들에 의해 그 정당성을 확보할 수 있었다. 하지만 절검의식만의 강조는 적극적인 부의 축적에 대한 부정적 인식을 바탕으로 한 것이었다(박진훈, 2006).

김윤성(2007)은 조선후기 천주교 여성 신자들의 금욕적 실천이 지닌 의미를 분석하기 위하여 초기 천주교 여성 신자들의 금욕적 실천과 관련된 담론을 분석하였다. 금욕적 실천이란 단지 몸과 욕망의 거부가 아니라 그 역설적인 긍정으로서, 몸의 영성을 실현하는 방식이며, 거기에는 종교적 의미와 정치적 효과가 동시에 담겨 있다. 음식 절제는 남성적 종교 상징을 변형시키고 수용하는 여성적 전략이며, 음식의 공급자이자 동시에 음식의 은유이기도 한 가부장적 여성 역할과 이미지를 극복하려는 여성들의 고투였다. 성적 절제는 여성을 남성 욕망의 대상으로만 규정하던 가부장적 성 규범에 의한 속박인 동시에 이를 넘어서려는 여성들의 주체적 모색이기도 하였다.

1920-30년대 한국 기독교 절제운동은 물산장려운동과 함께 민족주의 계열이 추진한 대표적인 경제적 실력양성운동이었다. 절제운동은 개인과 민족의 정신을 개조하고 폐습을 타파하여 민족의 생활을 혁신시키기 위한 것이었다. 일제하 기독교 절제운동은 열악한 경제상황을 소비 절약을 통하여 극복하려는 의도와 수양운동, 풍속개량운동, 농촌개량운동 등으로 나타났던 문화운동과 청교도적 경건주의적 기독교 절제윤리가 부합되어 나타난 것이다(윤은선, 2002).

조만식이 전개한 물산장려운동, 농촌운동, 생활개선운동은 현실생활을 이롭게 할 수 있는 생활밀착형 운동으로 기독교사상과 관서지방의 상업전통이 배경으로 작용했다. 생활개선운동은 현실에서 가장 쉽게 실천할 수 있는 운동이자 민중의 삶을 구체적으로 이롭게 할 수 있는 운동으로, 조만식의 실천궁행의 가치관을 잘 반영한 운동이라고 할 수 있다. 또한 그의 생활개선운동은 기독교계가 절제운동을 전개하는 가운데 초기의 금주금연운동 중심에서 나아가 생활전체의 절제를 의미하는 소비절약, 생활개선운동까지 그 영역을 확장하는 것이다. 생활개선운동은 정치적 독립이나 경제적 발전이 불가능한 상황에서 불필요한 경비를 줄이고 절약과 저축을 통해 경제적 활로를 개척하고 허례허식에서 벗어나 생활의 합리화를 추구한 것이다(윤은순, 2015).

공자, 맹자, 순자에 의해 형성된 原始儒家의 경제사상은 德本財末 사상에 입각하고 있으며, 도덕사회를 이루기 위한 전제조건으로 백성의 民生安定을 도모하는데 주된 관심을 두고 있다. 따라서 원시유가에서는 도덕을 위해 경제를 경시한 것이 아니라 물자조달을 위한 경제행위를 중시하되 사회적 윤리에 어긋나지 않게 할 것을 요구했고, 개인보다 공동체 전체의 안정을 강조하였다. 물자의 생산이나 교환을 통해 개인적 이익을 취하더라도 정당하게 취하고(見利思義), 소비를 하더라도 개인의 극대만족을 위해서가 아니라 사회전체의 공존과 수급안정을 배려한 절제된 소비를 요구한다(節之以禮). 자연의 정복을 통한 생산의 극대화가 아니라 자연의 순환원리에 순응하여 생산과 소비를 조절할 것을 요구한다(天地人合一). 군왕은 스스로 절제하여 백성의 어려운 삶을 지원하는 백성위주의 정책이념을 구현하고자 했다(修己安人百姓). 한국, 중국, 일본 등의 동북아 유교권 국가들은 근대화 이전까지 이러한 윤리적, 자연친화적, 민본주의적 경제사상을 하나의 전통가치로 공유해 왔다. 따라서 이러한 전통가치를 현대적으로 재해석하고 이것을 공통

분모로 하여 지역공통의 정체성을 개발해 간다면 동북아지역은 자생적 연대감에 근거한 게마인샤프트(gemeinschaft)적 공동체를 만들어 갈 수 있을 것이다. 이 경우 동북아 공동체는 자본주의의 비윤리성과 비인간성을 보정할 수 있는 윤리적 소재를 공유하게 되며, 이를 통해 동북아는 世界體制 내에서 윤리적 시장질서의 창출을 주도하는 중심부의 역할을 담당하게 될 것이다(손병해, 2010).

선진 유가들의 이익개념은 공적 이익과 사적이익으로 구분하여 사적이익은 당시 백성들 생활의 기본적인 물적 토대로 그 필요성을 인정하였지만, 인간의 탐욕에 의한 무제한적인 사적 이익추구는 조화로운 사회질서의 유지에 역행하므로 억제되어야만 하였다. 즉 인간의 경제활동은 윤리적 가치와 밀접하게 관계된 인간생활의 총체로 파악하여 경제와 윤리 문제는 이익과 의로움의 관계로 치환되어 인간의 탐욕을 적절히 조절하는 자기 조정적 윤리의 기준을 사회적 규범으로 제시하였다. 또한 유가 경제윤리는 상업 활동을 통해 경쟁적으로 많은 이익을 추구할 경우 소수에게 이익이 편중되는 것을 비판하였다. 지배 계층은 이익추구에 몰두하지 말고 백성들에게 재물을 베푸는 것을 주장하면서 계층 간에 경제활동의 윤리기준을 구체적으로 제시하고 있다. 선진 유가는 이러한 공적이익 추구와 의로움의 실천에 기초한 경제윤리사상을 바탕으로 생산, 유통, 소비, 분배의 경제적 관점을 제시하고 있다. 생산관을 살펴보면, 생산의 증대는 국가 재정의 증대와 백성들의 경제생활안정에 기여하므로 중요시하였지만, 생산의 증대를 통한 부의 축적에는 소극적이었다. 맹자는 토지의 경계와 분배를 공평하게 하는 정전제를 시행하여 농업생산물의 사취가 없어지고 백성들이 생업에 집중하여 생산의 증대를 가져오게 하고자 하였다. 순자는 생산 공구의 개발로 농업생산의 증대를 꾀하였다. 비록 오늘날과 같은 생산성의 향상을 위한 획기적인 관점은 없지만 생산의 증대가 백성들의 삶에 물적 기초가 된다는 사실을 깊이 인식하고, 백성들이 풍족히 먹는 것을 치국의 기본으로 파악 하고 있었다. 소수의 부의 집중에 의한 상대적 빈곤은 계급갈등을 유발하고, 사회를 심각한 불안으로 몰아가 국가의 위기상황을 초래할 수 있기 때문에 신분질서에 따른 상대적 균등분배를 주장하고 있다. 선진 유가의 소비관은 생산은 증대시키되 소비는 절제하는, 즉 절용에 두고 있다. 공자는 개인의 탐욕과 사치를 절제하는 절검의 소비생활을 의로움의 실천으로 보았다. 맹자는 소비관의 핵심이념을 '과욕'(寡慾)에 두고, 지위와 나이에 따른 소비생활 양식을 제시하면서 '예'(禮)에 근거한 소비생활로 지배계층의 사치와 낭비를 막고 백성들의 기본적인 소비생활을 보장하고자 하였다. 순자의 소비관도 공자와 맹자처럼 절용에 그 뿌리를 두고 있다. 결론적으로 선진유가의 경제사상에 기초한 경제행위들은 모두 공동체 구성원들의 균등하고 지속가능한 삶의 질을 높이는데 그 목적을 두고 있으며, 행위의 윤리적 기반을 의로움에 두고 소수에게 집중되는 이익의 편중을 해소하고, 과욕과 절용으로 고르지 못하고 안정되지 못함을 해결하고자 하였다(김태명, 2009).

홍성민(2009)은 불교경제의 관점은 중도경제이므로 인간 삶의 적절한 수단으로써 부의 축적을 허용하고 있다고 하였다. 그러나 부의 축적은 합리적인 방식에 의해 취해져야만 하며 부의분배도 공정하게 이루어져야 한다. 경제 시스템의 관점에서 불교경제는 원칙적으로 사회주의보다도 자유로운 사고에 바탕한 자본주의에 더 가까운 것으로 보인다. 경제적 삶이 인간 생활의 부분이고 인간생활의 부분을 차지하는 하나의 수단임을 고려할 때 선(禪)과 경제는 불가분의 관계가 된다. 불자의 보시(dana)는 선수행의 자세에서 매우 중요한 것으로 본다. 자기 절제 기능을 가진 불자들의 보시에 의한 기금을 저축하는 새로운 제안은 선의 자세에 바탕한 수행의 삶을 실천하는 대안적 방법이 될 것이다.

정주원(2011)은 윤리적 의복 소비를 실천하고 있는 소비자들의 소비행동과 그 영향요인을 심층적으로 분석하기 위해 아름다운 가게 활동가와 리폼을 행하는 11인의 연구대상자를 대상으로 Ethnography를 이용하여 조사하였다. 윤리적 의복 소비행동으로의 주요 변화모습으로는 옷에 대한 소유욕이 낮아져 물질적 간소화를 추구하게 되었다는 것이다. 또한 백화점에서 쇼핑을 하며 많은 시간을 소요하던 소비에서 재활용매장에서 헌옷을 구매하며 보다 의미로운 활동으로 시간을 활용하고자 하였다. 의복 선택에 있어서는 실용과 본질을 추구하고자 하며, 의복사용은 가능한 장기간 이용하는 것으로 나타났다. 의복의 처분은 단순폐기에서 환경을 고려하는 리폼이나 기증을 하는 것으로 나타났다. 윤리적 의복 소비행동에 영향을 끼친 요인으로는 내적 영향요인과 외적 영향요인으로 파악되었다. 내적 영향요인은 가정교육으로 축적된 가치관에 의한 요인으로 볼 수 있으며, 외적 영향요인은 해외 거주 경험과 같은 윤리적 시스템에 대한 경험과 봉사활동 경험, 공동체 모임의 영향 그리고 교육과 현장답사에 의한 것으로 나타났다.

홍은실(2013)은 사치소비집단이 검약소비집단의 2배가 넘었고, 사치소비집단은 집단주의적 차원의 자아존중감이 가장 낮았고, 외적 통제중심성은 가장 높았다. 물질주의는 사치소비집단이 가장 높았고, 검약소비집단이 가장 낮았다. 사치소비집단은 자신의 부모가 물질을 우선시 했다고 기억했으나, 검약소비집단은 자신의 부모가 물질적인 가치를 중요하게 생각하지 않았다고 기억했다.

대학생의 소비행복 실천 수기를 분석한 박미혜(2014)는 절제를 통한 현명한 소비는 지출금액을 줄이고 나를 위하여 투자하고, 소비를 절제하고, 스스로 만들어서 사용하는 것 등이 포함되고, 지출금액을 관리하여 정말로 소중한 곳에 소비하려는 노력이 나타났다. 할인혜택을 이용하거나 조기예매 등을 활용하여 금전적 이익을 얻거나 외식, 테이크아웃커피, 데이트비용 등의 과도한 지출을 줄이기, 스스로 만들기, 패스트푸드, 흡연 등의 건강에 좋지 않은 소비지출을 줄이는 대신 자신을 위해 소비하는 것 등이 포함되었다. 음식을 직접 만들거나 제철 채소를 활용한 소박한 밥상실천은 즐거움과 보람을 느끼고 건강개선과 소비를 줄이는 일석이조의 효과를 나타내었다. 쓰지 않던 제품이나 기구 등을 다시 활용 하거나, 비용이 더 저렴하지만 만족감은 더 큰 대체구매, 인터넷, 핸드폰 등의 적정한 양을 사용하는 절제훈련이 있었고 이는 대면적 관계를 증가시키는 결과도 가져왔다. 따라서 절제를 통한 현명한 소비는 합리적 측면뿐만 아니라 건강, 관계증진과 창작의 즐거움도 함께 갖는 것으로 보였다.

안진아, 박종철, 정형식(2014)은 미니멀티패키지 제품을 대상으로 제품 패키지의 이미지 유형과 소비자의 특성이 소비자의 칼로리 인식, 지방함유량 인식 등에 미치는 영향과 제품에 대한 칼로리를 추론 할 때 제시되는 패키지 이미지 유형에 따라 소비자가 사용하는 심리기제를 분석하였다. 미니멀티 패키지와 같이 패키지의 크기가 작은 경우 소비자는 패키지 이미지에 초점을 두었다. 패키지의 크기가 작은 경우 상대적으로 패키지 이미지의 현저성이 높아지게 되면서 소비자는 패키지 이미지에 초점을 두게 되어 패키지 이미지 유형(일반이미지 vs. 건강이미지)과 소비자의 섭식절제 수준간의 상호작용효과가 나타났다. 섭식절제 수준이 낮은 소비자는 패키지 이미지 유형에 따라 칼로리 인식에서 차이가 나타나지 않았지만, 섭식절제 수준이 높은 소비자는 패키지가 건강이미지를 포함한 경우, 칼로리를 더욱 높게 인식하였다. 이러한 칼로리 추론은 패키지의 이미지를 통하여 제품의 지방함유량을 인식하는 것으로 나타났다. 패키지의 크기가 작은 경우 섭식절제 수준이 높은 소비자는 오히려 패키지가 건강 이미지를 포함했을 때 제품의 칼로리를 높게 인식하였다. 어휘판단과제를 실시한 결과, 섭식절제 수준이 낮은 소비자는 패키지 이미지 유형에 따라 다이어트 관련 단어에 대한 반응속도에서 차이가 나타나지 않았으나, 섭식절제 수준이 높은 소비자는 일반이미지에 비해 건강이미지가 도입된 패키지가 제시된 경우 다이어트 관련 단어에 더욱 빠르게 반응하였다.

성영신, 이웅천, 최현덕, 김지연, 민승기(2012)는 충동구매 행동의 메커니즘을 밝히기 위하여 소비자의 제품 가치 경험과, 절제 혹은 충동 스키마의 활성화가 구매의도에 미치는 영향을 분석하였다. 제품의 가치를 경험한 조건과 가치를 경험하지 않은 조건을 구분하고, 점화기법을 이용하여 충동 또는 절제의 활성화를 조작하였다. 가치를 경험한 조건에서 충동구매결정을 더 많이 하였고 제품을 구입하기 위하여 돈을 더 많이 지불했고, 제품을 가졌을 때 더 행복하다고 느꼈다. 한편 충동을 점화했을 때보다 절제를 점화했을 때 충동구매결정이 더 적었고, 지불한 돈은 적었으나, 덜 행복하다고 느꼈다. 제품의 가치경험과 점화 간 상호작용을 분석한 결과, 가치경험을 한 조건에서 충동을 점화했을 때 충동구매결정이 더 많았지만, 가치경험을 하지 않은 조건에서는 충동과 절제 점화 사이에 차이가 없었다. 소비자는 제품의 가치를 경험하면서 강한 구매 욕구를 느끼게 되고, 이 때 머릿속에 활성화된 충동 또는 절제의 스키마가 구매행동을 조절하게 된다고 할 수 있다.

김미린과 홍은실(2016)은 성인소비자의 절제와 간소, 자율성, 소득 수준에 따라 소비자 유형을 분류하고 각 유형별로 소비자 행복과 삶의 행복이 어떻게 차이가 나는지를 분석하였다. 소비자들은 절제와 간소를 잘 실천할수록 소비자행복과 삶의 행복도가 높았다. 절제와 간소, 자율성, 소득 수준에 따라 성인소비자는 세 유형으로 분류되었는데, 가장 많은 비중을 차지하는 집단은 소득 수준이 가장 낮고 자율성이 평균이며 절제와 간소의 실천이 중간점수 이상이지만 조사대상자 중 가장 저조하였던 '소극적 절제 간소형'이었다. 그 다음은 소득 수준은 가장 높지만 선택의 자율성이 가장 낮고 절제와 간소는 평균이상으로 실천하는 '비자율적 절제 간소형'과, 소득 수준은 중간이지만 자율성과 절제와 간소의 실천이 모두 가장 높은 '자율적 절제 간소형'이 비슷하였다. 소비자유형에 따라 소비자 행복과 삶의 행복 모두 유의한 차이를 보였다. 제품의 구매, 사용, 처분 등의 전반적 소비관련 상황에서 소비자가 느끼는 행복감인 소비자 행복의 경우 비자율적 절제 간소형, 자율적 절제 간소형, 소극적 절제 간소형순으로 더 행복하다고 하였지만 삶의 행복의 경우 자율적 절제 간소형, 비자율적 절제 간소형, 소극적 절제 간소형 순으로 나타났다. 비자율적 절제 간소형과 자율적 절제 간소형은 모두 소득 수준이 도시 가계 평균 이상으로 높고 절제와 간소도 잘 실천하는 집단이나 자율성의 정도가 다르다. 선택의 자율성은 주도적 삶을 실현하기 위한 필수조건이며 합리적 소비를 이끌어내는 전제조건이므로, 자율성이 상대적으로 더 높은 자율적 절제 간소형이 비자율적 절제 간소형보다 합리적인 소비를 할 가능성이 크다.

이임순과 안창일(2000)에 의하면, 섭식절제는 다이어트와 통용되는 개념으로 사용되어 왔으며, 이와 관련된 가설들은 원래 비만과 정상체중인 사람의 식이행동의 차이를 설명하기 위해 발달되었으나, 점차 섭식절제와 다이어트는 다른 개념으로 구별되었다. 섭식절제는 비교적 장기간 동안 지속되어온 섭식경향인데 반하여, 다이어트행동은 단기간 동안의 목표지향적인 행동이다. 섭식절제 집단은 섭식비절제 집단에 비해 더 적은 양의 아이스크림을 섭취하였으며, 간식조건에서 역규제적 섭식을 나타내지 않았다. 이런 섭식절제 경향은 1개월 이상, 비교적 장기간 지속되는 것이 입증되었다. 다이어트 집단과 비다이어트 집단은 아이스크림 섭취량에서 유의미한 차이를 나타내지 않았으나, 다이어트 실행여부와 처치간 상호작용이 유의미한 것으로 나타났다. 비다이어트 집단은 간식이 제공되지 않았 을 때 더 많은 양의 아이스크림을 섭취한 반면, 다이어트 집단은 간식을 먹은 후에 더 많은 양의 아이스크림을 섭취하였다. 즉 다이어트 집단은 간식조건에서 역규제적 섭식경향을 나타냈다. 그러므로 단기간의 다이어트 실행보다는 장기간 섭식절제 습관을 유지하는 것이 역규제적 섭식을 유발하지 않으면서, 효과적으로 체중을 감소하는 방법이다.

김하영과 박기환(2009)은 섭식절제, 사회적으로 부과된 완벽주의 성향, 충동성이 폭식행동에 미치는 영향을 분석하였다. 섭식절제 수준이 높고, 사회적으로 부과된 완벽주의 성향이 강하고, 충동성이 높은 집단이 폭식행동을 더 많이 하였다. 폭식행동을 설명하는 세 가지 예측변수 중에서 섭식절제가 가장 예측력이 큰 변수이고,

사회적으로 부과된 완벽주의 성향이 가장 예측력이 낮은 변수로 밝혀졌다.

2. 절제에 대한 조사대상자들의 일반적 수준

〈표 17-1〉 절제에 대한 일반적 수준

문 항	M(SD)
1. 지금 가지고 있는 물건을 잘 관리하여 오래 사용하려고 노력한다.	5.21(1.30)
2. 낭비하지 않기 위하여 필요한 품목을 적어가서 필요한 만큼만 구매하고 있다.	4.73(1.35)
3. 나에게 필요하지 않은 물건은 남과 나누어 주거나 다른 사람과 공유하여 쓴다.	4.66(1.28)
4. 간단히 집에서 기를 수 있는 채소를 직접 재배하여 먹는다.	3.31(1.72)
5. 많은 음식을 하기보다는 건강한 식단으로 간소하게 차려서 먹는 편이다.	4.70(1.28)
7점 환산평균	4.52(1.39)
Cronbach's α	.712

<표 17-1>은 절제에 대한 측정문항을 제시하고 있다. 절제는 5문항으로 구성되었고 각 문항은 7점 리커트 척도로 측정되었다. 소비자들의 절제에 대한 전체평균은 4.52점으로 약 중간수준으로 나타났다. 구체적으로 '지금 가지고 있는 물건을 잘 관리하여 오래 사용하려고 노력한다' 문항의 평균점수가 5.21점으로 상대적으로 가장 높았고 그 다음이 '낭비하지 않기 위하여 필요한 품목을 적어가서 필요한 만큼만 구매하고 있다' 문항 평균이 4.73점으로 나타났다. 반면 '간단히 집에서 기를 수 있는 채소를 직접 재배하여 먹는다' 문항은 3.31로 가장 낮은 평균점수를 나타내었다.

3. 인구사회학적 특성에 따른 절제

〈표 17-2〉 인구사회학적 변수에 따른 절제

독립변수		평균	독립변수		평균
성별	남성	22.49	결혼지위	미혼	22.41
	여성	22.72		기혼	22.76
	t값	-0.77		t값	-1.13
연령	20대	22.47	종교	기독교	22.96
	30대	22.39		불교	23.25
	40대	22.85		천주교	22.36
	50대 이상	22.86		무교/기타	22.32
	F값	0.67		F값	2.11
교육수준			월평균 가계소득	200만원미만	21.97
	고졸이하	22.11 a		200-300만원	22.76
	전문대졸	23.23 b		300-400만원	22.68
	대졸이상	22.86 ab		400-500만원	22.69
				500만원이상	22.78
	F값	4.10*		F값	0.82

* $p < 0.05$

<표 17-2>는 인구사회학적 특성에 따른 절제를 분석한 결과이다. 절제는 조사대상자들의 교육수준에 따라 유의한 차이가 있는 것으로 나타났다. 교육수준이 고졸이하 집단에 비해 전문대졸 집단이 더 절제하는 생활을 하는 것으로 분석되었다.

4. 절제와 관련변수들의 상관관계

<표 17-3>은 절제와 관련변수들의 상관관계를 제시하고 있다. 물질주의를 제외한 이러한 변수들과 절제는 약한 정적 상관을 나타내었다. 즉, 소비자의 자기주도성 가치가 높을수록, 관대할수록, 보편

〈표 17-3〉 자기 주도성, 관대함, 보편성, 물질주의, 이타주의, 효과성 지각, 윤리적 정체성, 절제의 상관관계

변수	자기 주도성	관대함	보편성	물질 주의	이타 주의	효과성 지각	윤리적 정체성	절제
자기 주도성								
관대함	.705**							
보편성	.715**	.755**						
물질주의	.460**	.317**	.358**					
이타주의	.268**	.365**	.338**	.125**				
효과성 지각	.475**	.419**	.424**	.102**	.470**			
윤리적 정체성	.653**	.647**	.719**	.411**	.436**	.435**		
절제	.287**	.317**	.279**	.041	.288**	.383**	.304**	

** p〈0.01

적 가치를 가질수록, 이타주의 성향이 높을수록, 윤리적 소비의 효과를 크게 지각할수록, 윤리적 소비의 정체성을 중요하게 생각할수록 절제를 더 적극적으로 실천하는 것으로 나타났다.

5. 절제에 대한 회귀분석

<표 17-4>는 절제에 대한 다중회귀분석 결과를 제시하고 있다. 독립변수인 소비자가치, 심리사회적 변수, 윤리적 소비동기는 절제를 약 20.6% 설명하는 것으로 나타났다. 소비자가 관대한 가치를 가질수록, 윤리적 소비의 효과를 크게 지각할수록, 윤리적 소비의 정체성을 중요하게 생각할수록, 윤리적 소비의 사회적 부정동기를 중요하게 생각할수록 반면, 물질주의 성향이 낮을수록 절제를 더 잘 실천하였다. 종속변수에 대한 독립변수의 상대적 영향력을 살펴

〈표 17-4〉 절제에 대한 회귀분석

	독립변수	회귀계수 (β값)
소비자가치	자기주도성	0.066(0.061)
	관대함	**0.130(0.120*)**
	보편성	-0.023(-0.028)
심리 사회적 변수	물질주의	**-0.088(-0.091**)**
	이타주의	0.044(0.052)
	효과성 지각	**0.309(0.210***)**
	윤리적 정체성	**0.045(0.092*)**
윤리적 소비동기	개인 긍정동기	0.026(0.028)
	사회 긍정동기	0.086(0.069)
	개인 부정동기	-0.063(-0.085)
	사회 부정동기	**0.123(0.139*)**
	상수	8.789***
	F값	23.348***
	R^2	0.206
	수정된R^2	0.197

* p〈0.05 ** p〈0.01 *** p〈0.001

보면, 효과성 지각이 제일 큰 영향을 미치며 다음이 사회적 부정동기, 관대함, 윤리적 정체성, 물질주의의 순으로 나타났다.

제 18 장

기부

1980년대 세계경제 침체 이후 국가의 재정위기로 미국과 유럽의 여러 국가들은 정부 실패 영역을 민간이 보완하는 복지다원주의 체제로 변환을 모색하고 있다. 성숙한 사회로 진입하고 경제공동체를 실현하기 위한 기부가 주목을 받게 되었다. 제3섹터의 비영리조직을 매개로 민간의 기부활동이 활발했던 미국은 정부가 비영리조직에 대한 세제혜택, 사회적 인프라 구축, 관리감시 역할을 담당하고 있다. 영국도 2000년대 들어 자발적 기부확산을 위해 정부 차원의 다양한 지원정책을 추진하고 있다. 우리나라도 민간기부를 활성화하기 위하여 1997년에 사회복지 공동모금회법이 통과되었고, 2005년에는 자원봉사활동기본법을 제정하였고, 2007년에 기부금품 모집 규제법을 기부금품의 모집 및 사용에 관한 법률로 개정하여 기부관련 법제가 대폭 정비되었다(이용규와 송용찬, 2012).

이러한 민간과 정부의 노력으로 기부 후진국이었던 우리나라도 개인기부가 증가하고 있다. 2000년 이전에는 기업의 기부가 민간

기부의 70% 정도를 차지하고 있었으나 2000년 이후 개인기부가 전체 민간기부의 50%를 넘는 수준으로 증가하고 있으며 이런 추세가 계속 유지되고 있다(박태규, 윤명호, 정진옥, 2008).

국세청에 신고된 기부금 규모는 2011년 기준으로 총 11조 1,500억원이고, 이 중 개인기부가 7조 800억원으로 전체의 약 63.4%를 차지한다. 개인기부금 비중이 50.1%(2조 2,300억 원)로 법인기부를 처음으로 앞선 2000년 이후 개인기부금은 꾸준히 증가하고 있다(국세청, 2012). 하지만 국내총생산(GDP)대비 개인기부금 비중을 보면 미국 1.67%, 영국 0.73%, 캐나다 0.72% 등의 국가에 비해 우리나라는 0.50%로 상대적으로 낮은 상황이다(황창순, 2010).

기부는 이타적인 소비현상이다. 경제학적 가정에 의하면, 소비자는 이기적인 속성을 지니지만, 제한된 소득 자원을 타인을 위해 지출하는 기부를 통하여 소비자는 이타적인 속성을 갖게 된다. 기부는 더불어 하는 소비라는 맥락에서 소비문화연구의 범주에 포함될 수 있는데, 소비자학에서 이루어지는 소비문화연구는 소비문화 발달 방안을 마련하고 소비문화와 관련된 다양한 문제를 해결하기 위한 방안을 제시하기 때문이다(이성림, 2003).

러쉬 창업자 마크 콘스탄틴은 20대 초반이었던 1977년, 아내 모 콘스탄틴(현재 러쉬의 신제품 개발 담당자), 뷰티 테라피스트인 친구 리즈 위어와 함께 '콘스탄틴&위어'라는 뷰티 클리닉을 창업했다. 이곳에서 그는 천연재료로 만든 염색제품, 헤나 크림 샴푸, 아로마테라피 두피 오일 등을 만들었다. 환경 친화적인 기발한 제품이었지만 널리 알리지 못해 상업적인 성공을 거두지 못했다. 그러나 1980년대 초, 당시 성공적으로 매장을 확장하고 있던 '더바디샵'의 창립자, 고(故) 아니타 로딕을 만나면서 운명이 바뀌었다. 당시 더

바디샵에 납품한 페퍼민트 풋로션, 코코아 바디버터 등은 단숨에 더바디샵의 베스트셀러가 됐다. 사업 규모 확대와 함께 콘스탄틴은 새로운 제품을 개발할 직원들을 채용했다. 풀(Poole) 지역의 주민들로 구성된 이 직원들이 바로 러쉬의 공동창업자이자 핵심 임원들이다. 콘스탄틴 & 위어에서 만든 제품들이 인기 제품으로 떠오르자 더바디샵은 독점 공급을 원했다. 이 과정에서 이견을 겪다 결국 1984년 1100만 파운드(약192억 원)에 회사를 더바디샵에 매각하였다. 이후 마크 콘스탄틴은 새로 영입한 직원들과 함께 Cosmetics to Go라는 화장품 통신판매업체를 설립했다. 제품 판매용 카탈로그를 발행하고 한 달간 판매할 제품을 준비해 전화와 우편으로 주문을 받았지만 얼마 되지 않아 주문 시스템과 재고 관리 등에 문제가 생겼고 극심한 손해를 본 뒤에야 매각했다. 직원들은 그러나 '신선한 화장품을 만들어 착하게 판다'는 비전을 포기하지 않았다. 1995년 이들이 의기투합해 새롭게 만든 회사가 러쉬다. 브랜드명 공모전에서 한 주부가 응모해 당선된 이 이름에는 '싱싱함'이라는 뜻이 담겨 있다. 현재 러쉬는 전 세계적으로 51개국에서 935개 매장을 운영하고 있다. 해외 진출 초기에는 현지 파트너를 통한 진출에 주력했으나 브랜드 철학에 부합하지 못하는 파트너를 만날 경우 시행착오가 적지 않다는 사실을 깨닫고 몇 해 전부터 직접 진출 전략으로 선회했다. 러쉬코리아는 창업자들의 철학을 가장 잘 실천하는 모범 사례로 꼽히고 있다. 이에 따라 이례적으로 지분 일부만 본사가 소유하는 파트너십 체제를 여전히 유지하고 있다. 2013년 7월부터 2014년 6월을 기준으로 한 러쉬의 글로벌 매출은 4억5400파운드(약 7983억 원)로 이 가운데 514만1000파운드(약 90억 4000만원)가 자선단체 등에 기부됐다. 전 세계적으로 매출 6위 규모인 러쉬코리아도 2002년 국내 사업을 시작한 이래 한 해도 빠짐없이 두 자릿수의 성장세를 기록했다. 2014년 국내 수입 화장품 브랜드들이 마이너스 성장을 하는 동안에도 매출이 21% 증가해 업계의 주목을 받았다. 서울 명동 매장은 51개국에 진출한 전 세계 러쉬 935개 매장 가운데 2013년 하반기 이래 매출 1위를 꾸준히 지키고 있다(김현진, 홍성태, 2015).

1. 관련연구 고찰

1) 기부의 의의

기부란 신체적, 물질적으로 도움을 필요로 하는 사람이나 단체에게 자신의 물질이나 시간을 대가 없이 주는 행동이다(서문식, 안진우, 오대양, 2010). 이러한 기부의 정의로 인해 그동안 많은 선행연구들이 기부 여부 및 규모와 수준 등 기본 현황을 파악하거나 기부행위에 영향을 주는 인구사회학적 변인, 개인의 내적 동기 요인을 분석하는 등 개인적인 차원에서 기부를 논의해왔다(강철희, 주명관, 2007).

기부행위는 사회구성원의 공동체 의식을 촉진시키면서 사회적 결속력을 유발시키는 촉매제가 될 수 있고, 사회복지활동이 원활하게 이루어지게 하는 중요한 자원으로 기능한다(강철희, 2003). 자본주의 시장경제에서 양극화가 심화됨에 따라 기부의 활성화가 복지를 보조하는 중요한 대안으로 부각되고 있다. 경제규모가 커지고 다변화된 사회에서 정부가 사회구성원의 다양한 욕구를 충족시키는 것에 한계가 있기 때문에(손원익, 2007), 민간기부의 활성화를 통하여 사회를 통합하고 양극화문제를 해결할 수 있기 때문이다(정준영, 2006. 3. 24).

집단적 복지는 전통경제학에 대한 대안적 모색으로서 도출된 개념으로 대인적 효용비교는 하지 않더라도 사회 전체의 효용을 합산비교함으로써 집단적 효용을 극대화할 수 있는 가중효용 사회복지함수를 활용한 것이다. 노벨상 수상 경제학자 Sen(1979)은 가중 효용 사회복지함수의 개념을 설명하기 위해 네로의 로마를 태워버리는 것이 좋은 일인지 아닌지를 결정하는 사례를 제시한다. 네로만이 이 사건에서 엄청난 즐거움을 얻을 수 있으며 네로를 제외한 로마의 다른 사람들은 이로 인해 불행해질 것이라는 것을 추가적으로 알고 있다고 해보자. 그렇다면 로마를 태우는 것은 네로의 효용에 주어진 가중치가 사회의 다른 구성원과 비교하여 엄청나게 클 때에만 좋은 결정이라고 할 수 있다. 이것은 윤리적으로 허용될 수 없는 상태의 일인 것으로 보인다. 아주 정확한 대인적 효용 비교를 하지 않더라도 로마가 타지 않는 편이 더 좋을 것이라고 주저하지 않고 말할 수 있다(Blackorby, 1990: 768).

2) 계획행동이론과 기부

Ajzen(1991)의 계획행동이론으로 기부행동을 설명하면 다음과 같다. 기부행동이 일어날 가능성에 대한 신념과 그 행동의 결과에 대한 평가를 의미하는 기부에 대한 행동적 신념, 기부행동에 관한 타인의 규범적 기대에 대한 신념과 그 기대에 부응하려는 동기를 의미하는 규범적 신념 및 기부행동을 쉽게 하거나 방해하는 요인들의 존재에 대한 신념과 이러한 요인들의 지각된 영향력을 의미하는 통제 신념과 같은 3가지 요인에 의하여 기부행동이 결정된다. 행동적 신념은 기부행동에 대한 태도를 형성하고, 규범적 신념은 지각된 사회적 압력 또는 주관적 규범으로 연결되고 통제 신념은 지각적 행동 통제력을 구성한다. 따라서 계획행동이론은 행동에 대한 태도, 주관적 규범 및 지각된 행동 통제력이 개인의 행동 의도에 영향을 미친다고 본다. 기부에 대한 태도와 주관적 규범이 우호적이고 지각된 행동 통제력이 높을수록 기부행동을 하려는 개인의 행동 의도가 강해진다. 행동에 대한 실질적 통제력이 충분하다면, 사람들은 기회가 왔을 때 자신의 행동 의도를 실행할 것이므로 행동 의도는 행동의 가장 가까운 선행 변수가 될 수 있다. 그러나 기부하려는 의도가 있다고 해도 모두 실행할 수 있는 것은 아니므로 지각된 행동 통제력을 포함시켜서 이론의 예측력을 높일 수 있다. Ajzen(2006)은 계획행동이론의 세 변수를 두 개의 하위 차원으로 구분해서 수정 보완하였다. 행동에 대한 태도는 경험적 태도와 도구적 태도로 나누어진다. 경험적 태도는 즐겁다/즐겁지 않다, 기분 좋은/기분 나쁜 등의 형용사로, 도구적 태도는 유익한/유익하지 않는, 가치 있는/가치 없는 등과 같은 형용사로 측정된다. 주관적 규범도 지시적 규범과 기술적 규범으로 구분된다. 지시적 규범은 자신에게 중요한 타자들의 지각된 압력으로 사회적 압력이라고 볼 수 있다. 기술적 규범은 다른 사람들의 행동에 대한 지각으로 행위자에게 중요한 대부분의 사람들이 어떻게 행동하는지에 대한 행위자의 지각이다. 예를 들면 "나에게 중요한 대부분의 사람들은 내가 기부를 해야 한다고 생각할 것이다"는 지시적 규범에 관한 것이며 "내가 생각하기에 그 사람들은 기부를 하지 않을 것이다"는 기술적 규범이다. 지각된 행동 통제력은 지각된 능력과 통제력으로 구분된다. 지각된 능력은 기부행동을 하는데 따르는 어려움의 정도 또는 그 행동을 할 수 있는 가능성을 의미한다. 통제력이란 기부행동에 대한 장악력으로 기부행동을 할지 말지는 전적으로 자신에게 달려 있다는 믿음의 정도를 의미한다.

이정기와 정은정(2011)은 문화계발효과이론과 계획행동이론을 접목하고, 개인의 가치 성향 변인을 투입하여 사회적 약자에 대한 기부행위를 예측하였다. 성별, 연령, 학력, 종교, 정치성향 변수 중에서 연령과 정치성향만이 기부의도에 영향을 미치는 것으로 나타났다. 연령이 높고 진보적일수록 기부의도가 높았다. 시사고발 프로그램 시청량이 높고, 뉴스프로그램의 시청량이 높을수록 기부의도가 높게 형성되었다. 그러나 토론프로그램은 기부의도에 영향을 미치지 않았다. 가치성향 변수 중에서는 자기주도적 가치성향이 낮고, 권력가치성향이 높을수록 기부의도가 높았다. 주관적 규범, 인지된 행위통제, 태도 등 계획행동이론 변수들은 모두 기부의도에 정적 영향을 미치는 것으로 나타났다. 자신이 속한 집단구성원들이 사회적 약자에 대한 기부에 대해 어떠한 행동규범을 가지고 있는지를 살피고 평가하는 집단규범이 높을수록 기부의도가 높았다. 사회적 약자에 대한 기부행위가 도덕적으로 옳은 것인지, 옳지 않은 것인지에 대한 개인의 지각 정도가 높을수록 사회적 약자에 대한 기부의도가 높게 형성되었다. 도덕적 규범은 집단 규범을 제외한 모든 변수 중에서 기부의도에 가장 높은 영향을 미치는 변수로 나타났다.

차동필(2010)은 대학생들을 대상으로 확장된 계획행동이론을 적용하여 장기기증 유형별로 개인의 장기기증 희망등록의도와 가족의 동의획득의도에 영향을 미치는 요인들을 조사하였다. 생존 시 기증 희망등록의도 및 뇌사 시 기증 희망등록의도에는 경험적 태도(생존 시), 도구적 태도(뇌사 시), 지시적 규범, 자기효능감, 통제력

(뇌사 시), 그리고 도덕적 규범 등이, 심장사시 기증 희망등록의도에는 자기효능감만이 유의한 것으로 나타났다. 생존 시 기증을 위한 가족 동의획득의도에는 기술적 규범만이 유의하였고, 뇌사 시 기증을 위한 가족 동의획득의도에는 지시적 규범, 기술적 규범, 자기효능감, 그리고 과거의 헌혈경험 등이 의미있는 영향을 미치고 있었다. 심장사시 기증을 위한 가족 동의 획득의도에는 도구적 태도, 기술적 규범, 자기효능감, 그리고 도덕적 규범 등이 영향을 미치는 것으로 나타났다.

차동필(2012)은 계획행동이론을 이용하여 대학생 141명을 대상으로 자선단체에 대한 현금 기부 의도에 영향을 미치는 요인을 밝혔다. 계획행동이론의 변수로는 경험적 태도, 도구적 태도, 지시적 규범, 기술적 규범, 능력, 통제력 등이 포함되었고, 추가 변수로 도덕적 규범, 자기정체성, 과거 경험 등이 포함되었다. 경험적 태도, 능력, 도덕적 규범, 자기 정체성 등이 대학생의 현금 기부 의도에 의미있는 영향을 미친 것으로 나타났다.

이용규와 송용찬(2012)은 기부동기와 계획된 행동이론을 통합한 기부에 대한 동기-감정-행동모형을 구성하여 한국인의 기부행동이 이루어지는 경로를 탐색하였다. 기부의 내적 동기와 외적 동기는 기부에 대한 태도, 주관적 규범, 지각된 행동통제에 긍정적으로 영향을 주었고, 기부에 대한 내적 동기도 기부의도에 긍정적인 영향을 주고 있었으나, 외적 동기는 부정적인 영향을 주는 것으로 나타났다. 태도와 주관적 규범은 기부의도에 의미있는 영향을 주지 않았고, 지각된 행동통제만 부정적 영향을 주었다. 기부동기가 기부의도에 영향을 미치는 경로를 분석한 결과 태도와 주관적 규범은 기부의도에 의미있는 영향을 미치지 않았고, 지각된 행동통제를 매개로 한 간접적 효과만 가지고 있었다. 기부의도와 지각된 행동통제가 기부행동에 긍정적 영향을 미치고 있었으나, 태도와 주관적 규범은 영향을 미치지 못하였다. 개인적 행복감, 사회적 책임감, 종교적 신념이 기부의도에 긍정적 영향을 미치고 있었다.

김봉철, 최명일, 김유미(2012)는 지각된 행위통제, 도덕적 규범, 이타주의를 매개변수로 하여 TV자선모금 프로그램에 대한 수용자 관여가 기부의도에 미치는 영향을 알아보기 위해 대학생들을 대상으로 조사를 했다. 정서적 관여는 이타주의에만 유의미한 정(+)의 영향을 미치는 것으로 나타났고, 인지적 관여는 지각된 행위통제와 도덕적 규범에 유의미한 정(+)의 영향을 미치는 것으로 나타났다. 그리고 지각된 행위통제감, 도덕적 규범, 이타주의는 모두 기부의도에 유의미한 정(+)의 영향을 미치는 것으로 나타났다. 한편, 기부경험이 많은 사람들은 TV 모금 프로그램 시청을 통해 '인지적 관여→도덕적 규범→기부의도'의 경로가 유의미하며, 기부 경험이 적은 사람들은 '정서적 관여→이타주의→기부의도', '인지적 관여 →지각된 행위 통제감→기부의도' 등의 경로가 유의미하다는 사실을 확인할 수 있다.

강철희(2007)는 자원봉사와 신뢰가 기부행위에 미치는 영향을 조사하였다. 기부 노력과 신뢰, 자원봉사활동 노력과 신뢰 간에 쌍방관계를 설정하여 분석한 결과, 기관에 대한 신뢰수준은 자선적 기부노력에 영향을 미치는 동시에 자선적 기부노력 수준도 기부기관에 대한 신뢰 수준에 영향을 미쳤다.

강철희와 주명관(2007)은 기부의 정기성에 영향을 미치는 요인을 조사하였다. 기부 정기성의 경우, 정기적으로 참여하는 경우가 33.6%, 비정기적으로 참여하는 경우가 66.4%로 비정기적으로 참여하는 경우가 정기적으로 참여하는 경우의 약 2배가량인 것으로 나타났다. 기부대상영역 참여경험에 대한 다중응답분석의 결과, 총 1,398개의 응답 중, 불우이웃돕기 및 사회복지시설 영역과 관련된 빈도가 66.9%로 가장 많고, 친구, 이웃, 친척 영역의 빈도는 9.1%이고, 부랑인 및 노숙자 영역의 빈도는 12.7%, 지역사회 영역의 빈도가 1.4, 정당과 정치인, 교육 및 의료기관 등의 기타 영역의 빈도가 9.7%로 나타났다. 5개의 기부대상영역 중 부랑인 및 노숙자 영역은 부적인 방향의 관계를 갖고 나머지 4개 영역은 정적인 방향의 관계를 갖는 것으로 나타났다. 즉 이 영역에 기부하는 사람들은 정기적 기부의 가능성이 낮은 것으로 나타났다. 기혼인 경우, 자원봉사활동을 수행하는 경우, 한편 세제혜택에 대한 인식에 기반을 두어서 기부를 하는 경우, 나눔가치의 중요성을 보다 높게 인식하는 경우, 정기적 기부의 가능성은 보다 높은 것으로 나타났다.

Sargeant and Lee(2004)는 영국의 개인 기부자 1천명을 대상으로 독립변수들이 소극적 몰입과 적극적 몰입을 매개로 기부행위에 미치는 인과효과를 분석하였다. 기관 서비스의 질, 기관 신뢰도, 신념의 공유, 개인적 친분, 학습, 다중참여 등이 적극적 몰입을 매개로 기관 충성도에 정적인 영향을 미치는 것으로 나타났다.

Sargeant, Ford, West(2006)은 가시 효용, 정서 효용, 가족 효용과 같은 개인효용, 기관의 성취도, 반응성, 의사소통과 같은 독립변수들이 신뢰와 몰입과 같은 매개변수를 기부행위에 미치는 영향을 분석하였다. 정서효용과 가족 효용은 몰입에, 기관 성취도와 의사소통은 신뢰에, 신뢰는 몰입에 정적인 영향 미치는 것으로 나타났으며, 가시 효용을 제외한 모든 변수들은 모두 몰입을 매개로 기부행위에 영향을 미치는 것으로 나타났다.

Sargeant, Ford, West(2006)를 응용한 정무송과 정호영(2006)의 연구에서는 가시적 효용, 정서적 효용, 가족 효용, 의사소통과 몰입이 기부금액에 직접적으로 정적 영향을 미치는 것으로 나타났다. 가시적 효용과 가족 효용은 몰입을 매개로, 기관 성취도, 반응성, 의사소통은 신뢰를 매개로 기부금액에 정적인 영향을 미치고, 신뢰도 몰입을 매개로 기부금액에 정적 영향을 미쳤다. 신뢰와 의사소통만 기부기간에 직접 정적 영향을 미치고, 성취도 , 반응성, 의사소통은 신뢰를 매개로 기부기간에 정적 영향을 미치나, 기관 반응성은 신뢰에 부적 영향을 미쳤다.

김남숙(2007)은 기부활동에 대한 사회적 자본의 매개효과를 구조방정식모형을 활용해 분석하였다. 그는 기부행위를 종속변수로 하고, 성별, 연령, 소득과 같은 인구사회학적 변수, 이타적 활동경험, 가족기부 경험과 같은 경험 변수, 기부금 사용관리 홍보노력, 기부기관 접근 용이성과 같은 기부기관에 대한 인식 등과 같은 독립변수, 사회 자본을 매개변수로 설정하여 구조모형을 구성하였다. 연령, 소득, 이타적 경험, 기부기관에 대한 인식 등은 기부자들의 타인과의 관계성, 사회에 대한 책임, 가치 공유 등과 같은 사회적 자본을 매개로 기부활동에 영향을 미치는 것으로 나타났다.

박장원과 박현순(2007)은 비영리기관의 성공적 기금 조성을 위한 효과적인 메시지 요인을 검증하기 위하여 관여도, 메시지 소구방식, 자아효능감이 기부의사에 미치는 영향을 분석하였다. 결식아동과 독거노인 두 주제 모두 관여도 수준이 높은 집단이 높은 기부의사를 보였고, 이성적 소구 메시지에 노출된 집단보다 감성적 소구 메시지에 노출된 집단이 더 높은 기부의사를 보였다. 자아효능감이 포함된 메시지에 노출된 집단이 자아효능감이 없는 메시지에 노출된 집단보다 더 높은 기부의사를 보였다. 독거노인 관련 내용에 노출된 저관여 집단은 감성적 소구 메시지에 노출되었을 때가 이성적 소구 메시지에 노출되었을 때보다 더 높은 기부의사를 보였다. 자아효능감이 포함된 메시지의 경우는 메시지 소구 방식에 따른 기부의사의 차이가 없었으나, 자아효능감이 없는 메시지의 경우는 이성적 소구보다는 감성적 소구방식의 메시지에 노출된 집단이 더 높은 기부의사를 보였다.

박태규, 윤병호, 정진욱(2008)은 연령이 높을수록, 소득이 높을수록 기부횟수가 증가하고 있으며, 종교를 가진 경우와 자원봉사경험이 있는 경우가 그렇지 않은 경우에 비해 기부횟수가 높았다고 하였다.

이수애와 이성태(2009)는 개인효용이론[3])을 이용하여 현재 비영리기관에 기부활동을 하고 있는 기부자들을 대상으로 그들의 기부액과 기부기간에 영향을 미치는 요인들을 기부자들의 기관에 대한 신뢰와 몰입의 매개효과에 초점을 맞춰 실증적으로 밝혔다. 월소득은 기부액과 기부기간 모두에 가장 영향력이 큰 변수로 나타났다. 개인효용 요인과 기관요인들은 기부자의 기부기관에 대한 신뢰와 몰입을 매개로 기부행위에 영향을 미치고 있어 신뢰와 몰입의 매개효과가 확인되었다. 매개변수인 기관 신뢰도는 기부행동에 직접효

---

3) 개인효용이론은 개인들이 어떤 행위를 할 때 자신에게 돌아오는 효용을 고려하여 행동을 하게 된다는 을 강조한다. 개인 기부자는 자신이 기부를 통해서 무엇인가를 얻을 수 있을 것이라고 인식하기 때문에 기부하려는 동기가 유발된다고 본다. 효용은 일반적으로 가시효용과 정서효용으로 구분하여 설명 되고 있다. 기부로 인한 세감면 혜택이나, 사회적 신분의 상승과 같은 가시효용은 개인의 이기적인 동기와 관련된 것으로, 사람들은 기부가 과거에 자신에게 어떤 이익을 주었는지 그리고 앞으로 어떤 이익을 줄 것인지를 평가하여 기부행동을 결정한다고 본다(이수애와 이성태, 2009)

과는 미치지 않았으나 기관몰입을 매개로 간접효과만 미치는 것으로 나타났다. 기부금액에 영향을 미치는 변수들의 총효과는 월소득, 정서효용, 친밀도, 가시효용, 신뢰도, 몰입, 성취도 순이었고, 기부기간에 영향을 미치는 총효과는 월소득, 몰입, 가시효용, 정서효용, 친밀도, 신뢰도, 성취도 순으로 나타났다.

3) 기부동기이론

기부동기이론은 개인의 기부동기를 크게 내적 동기와 외적 동기로 나눈다. 내적 동기는 내재적 요인으로서 시민으로서의 책임감, 종교적 신념, 동정심, 행복감 등이며, 외적 동기는 환경적 요인으로서 경제적 여유, 세제혜택, 타인으로부터의 요청, 나눔을 실천하는 가족의 전통과 문화 등이다(강철희, 구지윤, 박소현, 2011).

김주원과 김용준(2008)은 자선단체기부자들이 감성적인 동기보다는 이성적인 동기를, 이기적인 동기보다는 이타적인 동기를 더 중요하게 고려한다고 하였다. 강철희, 구지윤, 박소현(2011)은 내적 동기인 동정심, 외적동기인 경제적 여유, 세제혜택, 주변인물의 요청, 가족의 전통과 문화, 기관의 신뢰성, 우리사회 개선효과 등이 기부행동에 영향을 미치는 변수라고 밝혔다.

내적 동기 중에서 사회적 책임감이 기부에 중요한 영향을 미치는 것으로 밝혀졌다. 기부자들은 자신들이 갖고 있는 사회적 가치를 촉진하고 실현시키기 위해서 사회에 대한 책임감을 가지고 기부행동을 한다(Bekkers and Wiepking, 2010). Cheung and Chan(2000)도 사회에 대한 책임감을 도덕적 의무의 관점에서 설명하면서, 기부의사 및 기부 행동을 결정짓는 핵심적 요인이라고 밝혔다.

기부를 하게 하는 외적 동인은 해당 국가의 기부정책, 기부문화 등 매우 광범위한데, 기부에 대한 세제혜택이 매우 중요한 요인으로 지적되고 있다. 세제혜택은 비용의 시각에서 설명되기도 하는데, 기부는 지출이 수반되는 행위이기 때문에 기부 비용이 낮아질수록 기부가 증가하는 것으로 나타났다. 세제혜택으로 기부의 실질적 경제적 비용이 낮아지게 되면, 기부가 증가한다는 것이다(Eckel and Grossman, 2004; Karlan and List, 2007). 그러나 우리나라에서는 기부행동에 있어 세제혜택의 영향력은 그리 크지 않은 것으로 나타났다(조선주, 2008). 금전적 인센티브보다 비금전적 인센티브에 노출된 피험자들의 과제수행 의욕이 개인적인 보상이라는 금전적 인센티브에 노출된 피험자들의 과제수행보다 월등하였다. 금전적 인센티브에 노출된 피험자들에 비해 비금전적 인센티브에 노출된 피험자들이 과제수행 이후 자신의 경험이 더욱 의미 있었다고 평가했고, 차후에 훨씬 적은 금액의 보상을 받고도 기꺼이 동일한 과제를 수행할 의향이 있다고 하였다(한승희, 2011).

임시아(2011)는 양적 연구를 통해서 모금기능의 결정요인을 동기부여, 기회제공, 기부문화조성으로 구성하였고, 질적 연구를 통해서 인구학적 속성과 시민들의 기부경험 유·무를 기준으로 기부횟수와의 차이 및 관련성이 있을 것이라는 개연성을 연구하였다. 동기부여가 기부횟수에 미치는 영향은 긍정적인 관계로, 기회제공이 기부횟수에 미치는 영향은 부정적인 관계로, 기부문화조성이 기부횟수에 미치는 영향은 긍정적인 관계로 나타났다. 양적결과를 종합하여 분석해본 결과는 모금기능의 결정요인과 기부횟수와는 부정적인 관계로 나타났다.

강철희, 구지윤, 박소현(2011)은 기부자를 해외만 기부, 국내와 해외 모두 기부, 국내만 기부와 같이 세 범주로 구분하고, 국내만 기부하는 집단을 준거집단으로 하여 기부 지역 선택에 영향을 미치는 요인들을 분석하였다. 자료는 아름다운재단 기부문화연구소에서 전 국민을 대상으로 실시하는 Giving Korea 2010 자료를 활용하였다. 기부자의 선택에 영향을 미치는 요인으로는 인구사회학적 요인, 사회기관 신뢰, 자원봉사 경험, 기부동기 및 기부 시 고려사항을 중심으로 살펴보았다. 인구사회학적 요인 중에서는 성별과 연가구 소득이 통계적으로 유의한 영향을 미치는 것으로 나타났으며, 종교(무교와 가톨릭)와 직업(주부/학생/무직과 농임어업/자영업)은 제한적인 수준에서 유의한 것으로 나타났다. 심리 행동적 요인으로는 정부 기업 언론에 대한 신뢰가 유의한 영향을 미치며, 자원봉사 정기성(비자원봉사와 비정기성)은 제한적인 수준에서 유의한 것으로 나타났다. 기부동기 및 고려 요인으로는 내적동기(동정심), 외적동기(경제적 여유, 세제혜택, 주변인물의 요청, 가족의 전통과 문화), 기부 시 고려사항(기관의 신뢰성, 우리사회 개선효과)이 유의한 변수인 것으로 나타났다.

김자영과 김두섭(2013)은 기부행위를 사회적 차원으로 확대하여 사회적 동기와 사회적 관계가 기부행위에 미치는 영향을 분석하였다. 기부행위는 대표적인 친사회적 행동의 하나이기 때문에 개인의 사회적 행동 성향을 고려하여 기부행위를 유발하는 요인들을 파악하여 다음과 같은 결론을 얻었다. 기부행위는 개인적인 객관적 지표에 영향을 많이 받는 것으로 나타났다. 특히 기부 행위를 금액으로 측정한 것이 아니라 횟수로 측정했기 때문에 교육년수가 소득이나 연령에 비해 더 큰 영향을 미쳤다. 자신의 사회경제적 지위를 높게 인식하고 있는 사람들이 기부를 더 많이 했고, 기부행위에 대한 충성도도 높았다. 활동하는 단체수가 많고 공익을 지향하는 이타적 단체활동을 하는 사람일수록, 기부행위에 더 적극적이었다. 그러나 연고집단이나 이해집단과 같은 도구적 단체활동은 기부행위와 관련이 없고, 시민사회단체와 같은 공적 단체활동이 기부행위를 활성화시키는 것으로 나타났다.

3) 온라인 기부

온라인 모금은 개인 기부자들의 기부 행동과 기부 시스템의 문제점을 보완하고, 해결할 수 있는 도구로 유용하게 사용될 수 있다. 인터넷과 IT기술의 발전은 온라인 모금의 활용을 통해 다양하고 적극적인 모금 활동을 할 수 있는 기회를 만들어 내었다(Sargeant and Jay, 2002).

현재 온라인 모금의 장점을 활용한 수많은 비영리단체들이 온라인 모금을 진행하고 있다. 온라인 모금의 형태도 다양하여 단순 홍보기능의 홈페이지부터 온라인 결제를 통해 직접 모금 할 수 있는 모금함, 블로그 형태의 수많은 모금함들을 모아놓고 검색 할 수 있는 모금포탈까지 다양한 형태의 온라인 모금 캠페인이 개설되어 있다. 국내에서 가장 큰 모금인프라를 가지고 있는 해피빈의 경우 약 3,600여개의 단체가 등록하여 개별 모금 캠페인을 진행하고 있고, 그 밖의 비영리 단체들도 독자적인 모금 캠페인을 개설 하고 있다(박철과 이상혁, 2012).

김유경(2002)은 온라인 기부 행동에 영향을 미치는 요인 탐색 결과 인구사회학적 요인으로는 직업, 미래의 재정 상황에 대한 태도, 사회적 요인으로는 자원봉사 경험, 심리적 요인으로는 비영리조직에 대한 태도가 영향을 미친다고 하였다. 홍종필과 김유경(2004)의 연구에 서는, 인구통계학적 요인으로 연령, 소득, 교육수준이 심리적 사회적 특성으로는 공감정도, 이타적 성향, 모금 기관들에 대한 태도가 온라인 기부행동과 기부액수에 영향을 미치는 것으로 나타났다.

강철희와 양진옥 (2008)의 연구에서는 기부증액자의 인구사회학적 요인으로 성별(남)과 결혼상태(미혼)가 기부증액에 양의 영향을 미치는 것으로 나타났다. 그리고 온라인 정기기부 증액자의 경우 다른 기관에 기부 경험이 기부 증액 노력에 부(-)의 관련성을 가지고 있다고 하였다.

박철과 이상혁(2012)은 온라인 모금 캠페인을 구성하고 있는 캠페인 메시지, 댓글, 모금현황을 경쟁적 이타주의 관점에서 경쟁적 이타주의 메시지, 동조 정보, 투명성의 세 가지 변수로 설정하여 실험을 통하여 이 변수들이 어떻게 온라인 모금 기부의도에 영향을 미치는지 알아보았다. 온라인 모금 캠페인에서 메시지 특성(경쟁적 이타주의), 동조 정보(온라인 댓글), 투명성(정보공개)이 있는 경우에 온라인 모금캠페인 기부의도가 높은 것으로 나타났다. 또한, 온라인 환경에서의 모금 캠페인에서도 기부관여도에 따른 기부의도에 차이가 있었고, 모금 캠페인을 구성하고 있는 메시지특성(경쟁적 이타주의), 동조 정보(온라인 댓글), 투명성(정보공개)이 기부 관여도 수준에 따라 기부의도에 미치는 영향에 차이가 있었다.

김선우와 김난도(2010)는 한국, 미국, 스웨덴의 문화성향이 기부행동에 미치는 영향을 분석한 결과 수평적 집단주의 성향과 자원봉사/자원활동 참여 정도가 기부행동에 중요한 영향을 미치는 것으로 나타났다. 수평적 집단주의 성향은 세 국가에서 기부행동에 가장 크게 영향을 미쳤기 때문에 기부문화를 확산시키기 위해서는 수평적 집단주의적 가치를 공유할 수 있어야 한다. 한국의 기부성향은 미국과 스웨덴에 비하여 현저하게 낮았는데, 중요한 이유가 수직적 집단주의 성향이 강하기 때문이다. 한국은 오랜 전통을 바탕으로 이루어진 집단주의적 문화권에 속해있는 것을 장점으로 살리되 문화의 수직성을 탈피함으로써 진정한 연대를 지향하는 공동체문화를 양산하여 기부문화를 확산시킬 수 있다. 수직적인 문화권에서는 평등의 정도가 낮을 뿐만 아니라 타인과의 구별기제를 통하여 더 우위에 놓이고자 하는 욕구가 보편적인 까닭에, 문화의 수직성은 기부문화가 사회 전반으로 확산되는데 있어 걸림돌이 될 우려가 있기 때문이다.

수평적 개인주의 성향은 미국에서는 기부에 긍정적으로 기여하나 스웨덴에서는 부정적인 영향을 미쳤다. 수평적 집단주의 문화에서는 평등의 정도가 높은 반면 자유의 정도가 낮아질 수 있기 때문에 수평적 집단주의 문화가 지나치게 지배적일경우, 자유를 획득하기 위해 연대를 거부하는 부작용을 배제할 수 없다(Triandis, 1995)[4]. 스웨덴의 많은 소비자 들은 자국의 사회복지모델에 상당 부분 만족하면서도 사회복지를 위해 너무 많은 세금을 내고 있다는 생각이 팽배하기 때문에 개인적인 차원에서의 기부가 상대적으로 축소되는 결과를 초래하고 있는 것이다. 기부가 활성화되기 위해서는 자

---

4) 사회심리학자인 Triandis(1995)는 다른 사람과의 관계 및 권력과의 관계를 기준으로 삼아 ① 개인주의-집단주의 ② 수직주의-수평주의로 구성되는 문화차원을 밝혔다. 집단주의-개인주의 차원은 대인교류의 양상, 조직의 특성, 의사소통의 특성, 사고의 형태, 분배 양식, 갈등의 진행 및 해소, 자기에 대한 규정양식 등 에 관한 문화권의 차이를 설명하는데 매우 유용한 것으로 밝혀졌다. 그러나 집단-개인주의로 차원만으로 문화를 구분하는 것은 너무 단순하다고 보고, 수직-수평주의 문화차원을 도입하였다. 이렇게 두 차원을 교차시키면 수평적 개인주의, 수평적 집단주의, 수직적 개인주의, 수직적 집 단주의로 구성되는 네 가지의 문화유형이 도출된다. 이렇게 유형화하면 한국은 수직적 집단주의 문화권에, 미국은 수직적 개인주의, 스웨덴은 수평적 개인주의 문화권에 속한다(김선우와 김난도, 2010).

발적 연대의식에 기반한 사회적 분위기에서 우러나온 이타적 동인과 경제적 유인 등에서 유발되는 이기적 동인이 동시에 충족될 수 있어야 할 것이다. 기부문화를 확산시키기 위해서 수평적 집단주의와 높은 상관관계를 가지는 것으로 밝혀진 호혜성과 평등주의 가치(Triandis & Gelfand, 1998; Nelson & Shavitt, 2002; Chen, Meindi, & Hunt; 1997)도 사회 전반적으로 공유되어야 한다.

4) 기타

강철희, 김유나, 조주희(2010)는 기부충성도를 지닌 인구집단에 대한 특성을 탐색해 보고자 했다. 이를 위해 아름다운 재단의「기부에 관한 국민여론조사」자료를 활용하여 우리나라 시민 1,016명을 대상으로 기부와 관련된 참여행동 및 태도양식을 네 범주(기부지속.의향.중단 및 지속적 비기부 집단)로 구분하여 이에 대한 영향요인들을 과거 기부경험, 과거 기부행동 관찰경험, 과거 나눔교육경험, 기관에 대한 신뢰요인 등을 중심으로 살펴보았다. 현재에도 기부활동을 하고 향후에도 지속하고자 하는 기부지속집단 즉 기부충성도를 지닌 인구집단에서 의미 있게 나타나는 특성은 과거 기부경험, 과거 기부행동 관찰경험, 비영리자선단체에 대한 신뢰도인 것으로 나타났다. 또한, 결혼상태, 월평균가구소득, 교육수준, 종교와 같은 인구사회학적 특성 또한 다른 집단과 유의한 차이를 보이는 변수들이었다.

청소년소비자를 대상으로 한 최경숙(2015)의 연구에서 학년과 계층의식이 높을수록, 윤리적 물질주의가 낮을수록, 환경친화적 가치가 높을수록, 윤리적 소비자교육을 받을수록, 대중매체를 통해 윤리적 소비에 접촉할수록 기부와 나눔에 윤리적 소비행동 수준이 높았다. 기부와 나눔에 대한 상대적 영향력을 살펴보면, 물질주의(β =-0.15), 윤리적 소비자교육(β=0.12), 대중매체(β =0.11)와 환경친화적 가치(β=0.16) 순으로 나타났다.

2. 기부에 대한 조사대상자들의 일반적 수준

〈표 18-1〉 기부에 대한 조사대상자들의 일반적 수준

문 항	M(SD)
1. TV프로그램을 시청하다가 도움을 줄 수 있는 곳에 소액이라도 기부한다.	3.81(1.43)
2. 필요하지 않은 물건은 재활용 센터나 기증센터로 보낸다.	3.95(1.50)
3. 내가 가진 능력을 활용하여 정기적으로 봉사활동을 하고 있다.	3.22(1.51)
7점 환산평균	3.66(1.48)
Cronbach's α	.725

<표 18-1>은 기부에 대한 조사대상자들의 일반적 수준을 제시하고 있다. 본 연구에서 조사대상자들의 기부행동은 3문항으로 구성되며 각 문항은 7점 리커트 척도로 측정되었다. 기부의 전체평균은 3.66점으로 중간보다 약간 낮은 수준으로 나타났는데, 이는 윤리적 소비행동에 대한 다른 하위영역과 비교해도 낮은 평균점수로 아직 우리나라 소비자들의 기부에 대한 행동이 낮음을 나타낸다고 볼 수 있다. 구체적으로 '필요하지 않은 물건은 재활용 센터나 기증센터로 보낸다' 문항의 평균이 3.95점으로 상대적으로 높은 반면, '내가 가진 능력을 활용하여 정기적으로 봉사활동을 하고 있다' 문항의 평균이 상대적으로 낮게 나타났다.

3. 인구사회학적 특성에 따른 기부

〈표 18-2〉 인구사회학적 변수에 따른 기부

독립변수		평균	독립변수		평균
성별	남성	11.01	결혼지위	미혼	10.42
	여성	10.94		기혼	11.32
	t값	0.29		t값	-3.89***
연령	20대	10.21 a	종교	기독교	11.58
	30대	10.54 a		불교	11.19
	40대	11.76 b		천주교	11.05
	50대 이상	11.59 b		무교/기타	10.59
	F값	11.95***		F값	4.56**
교육수준			월평균 가계소득	200만원미만	10.17 a
	고졸이하	10.54 a		200-300만원	10.67 a
	전문대졸	10.77 ab		300-400만원	10.72 a
	대졸이상	11.42 b		400-500만원	11.06 ab
				500만원이상	11.88 b
	F값	6.91**		F값	6.73***

** p<0.01 *** p<0.001

<표 18-2>는 인구사회학적 특성에 따른 기부행동을 제시한다. 분석결과 결혼지위, 연령, 종교, 교육수준, 월평균 가계소득에 따라 소비자의 기부행동은 유의한 차이를 나타내었다. 결혼지위에 있어 미혼에 비해 기혼집단이, 연령이 20대와 30대에 비해 40대와 50대 이상 집단이, 교육수준이 고졸이하 집단에 비해 대졸이상 집단이 기부행동을 더 적극적으로 실천하였다. 또한 월평균 가계소득이 500만원 이상으로 가장 높은 집단이 그렇지 않은 집단보다 기부행동을 적극적으로 실천하였다. 종교의 경우 종교가 없거나 기타집단이 기독교, 불교, 천주교 집단보다 기부를 덜 하는 것으로 나타났지만 집단간 차이는 통계적으로 유의하지는 않았다.

4. 기부와 관련변수들의 상관관계

〈표 18-3〉자기 주도성, 관대함, 보편성, 물질주의, 이타주의, 효과성 지각, 윤리적 정체성, 기부의 상관관계

변수	자기 주도성	관대함	보편성	물질 주의	이타 주의	효과성 지각	윤리적 정체성	기부
자기 주도성								
관대함	.705**							
보편성	.715**	.755**						
물질주의	.460**	.317**	.358**					
이타주의	.268**	.365**	.338**	.125**				
효과성 지각	.475**	.419**	.424**	.102**	.470**			
윤리적 정체성	.653**	.647**	.719**	.411**	.436**	.435**		
기부	.069*	.133**	.102**	-.125**	.425**	.316**	.164**	

* p〈0.05 ** p〈0.01

<표 18-3>은 기부와 관련변수들의 상관관계를 제시하고 있다. 분석결과 소비자가 자기주도적 가치를 가질수록, 관대할수록, 보편적 가치를 가질수록, 이타주의 성향이 높을수록, 윤리적 소비의 효과를 크게 지각할수록, 윤리적 소비의 정체성을 중요하게 지각할수록 반면, 물질주의 성향이 낮을수록 소비자는 기부행동을 적극적으로 실천하는 것으로 나타났다. 상관관계의 정도를 살펴보면, 기부행동은 다른 변수들에 비해 이타주의와 효과성 지각과 상관정도가 높았다.

5. 기부에 대한 회귀분석

〈표 18-4〉 기부에 대한 회귀분석

	독립변수	회귀계수 (β값)
소비자가치	자기주도성	-0.017(-0.021)
	관대함	-0.005(-0.006)
	보편성	-0.038(-0.062)
심리 사회적 변수	물질주의	**-0.123(-0.169***)**
	이타주의	**0.182(0.284***)**
	효과성 지각	**0.132(0.120**)**
	윤리적 정체성	0.020(0.053)
윤리적 소비동기	개인 긍정동기	0.077(0.108*)
	사회 긍정동기	0.084(0.090)
	개인 부정동기	0.006(0.010)
	사회 부정동기	0.025(0.037)
	상수	4.660***
	F값	32.029***
	R^2	0.263
	수정된R^2	0.255

* $p<0.05$ ** $p<0.01$ ***$p<0.001$

<표 18-4>는 기부에 대한 다중회귀분석 결과를 제시하고 있다. 독립변수인 소비자가치, 심리사회적 변수, 윤리적 소비동기는 기부 행동을 약 26.3% 설명하는 것으로 나타났다. 소비자의 이타주의 성향이 높을수록, 윤리적 소비의 효과를 크게 지각할수록, 윤리적 소비의 개인적 긍정동기를 중요하게 생각할수록, 반면 물질주의 성향이 낮을수록 기부를 적극적으로 실천하는 것으로 나타났다. 종속변수에 대한 독립변수의 상대적인 영향력을 살펴보면, 이타주의가 가장 큰 영향을 미치며 다음이 물질주의, 효과성 지각, 개인적 긍정동기의 순으로 조사되었다.

제 19 장

공동체소비

소비경험은 개인적인 의미를 넘어 사회적인 의미를 가진다는 점에서 윤리적 소비는 개인소비자를 가족과 친구, 사회를 연결하는 속성을 가지고 있다. 즉 소비자가 자신의 소비생활에서 사회적 윤리를 고려하는 정도는 개인의 정체성과 문화적 배경, 사회적 약자에 대한 관심, 총체적 사회적 맥락에 의존한다는 점에서(Caru and Cova, 2003). 윤리적 행동을 집단적 참여로 설명한 Shaw et al.(2006)은 내적 자아정체성과 집단정체성도 윤리적 생활양식을 구축하기 위한 중요한 준거가 될 수 있다고 하였다. 윤리적 소비자들은 감정, 열정, 생활양식을 공유하며 보이지 않는 연결망은 점진적으로 공동체를 통해 발전하는 문화적 코드와 상징을 구축하기 위하여 자신들의 가치와 관심을 표현하고 공유하는 것을 가능하게 한다(Kozinets & Handelman, 2004). 소비생활에서 내가 실천하는 바람직하고 윤리적인 작은 일이 내가 살고 있는 공동체를 살리고 번창하게 하며, 공동체에 속한 다른 소비자들도 함께 한다는 인식은 우리라는 공동체의식을 고취시킬 수 있다는 점에서 매우 중요한 의미를 가질 수 있다.

1. 관련연구 고찰

우리나라는 한국전쟁, 산업화, 도시화 과정에서 전통적 마을공동체가 급속하게 해체되는 근대화과정에서 공동체운동이 이루어지기 시작하였다. 화성의 산안마을, 농업의 산업화에 대응해 생명농업운동을 추구한 정농회, 한살림운동의 모태가 된 원주의 협동조합운동 등이 1970년대부터 1987년 사이에 시작되었다. 1988년부터 1997년 사이에는 신자유주의에 의한 세계화의 영향으로 생활영역에 대한 욕구와 사회적 필요들이 표출되면서 다양한 형태의 공동체운동이 시작되었다. 농산물의 수입개방으로 농촌공동체운동도 유기농업운동, 귀농운동, 생태마을, 생태공동체, 생협운동 등으로 다양하게 전개되었다. 원주의 지역공동체운동과 생활협동운동의 경험을 바탕으로 1989년에 '한살림 선언'이 발표되었고, 1991년에는 녹색평론이 창간되어 생태사상과 영성, 농촌공동체, 유기농업 등의 생태담론이 확산되는 계기가 되었다. 전인교육을 표방한 간디학교가 1997년에 개교했고, 다양한 형태의 교육공동체가 만들어졌다. 계획공동체, 공동주거, 도시공동체, 종교 · 영성공동체(정토회) 등도 등장하였고, 도시서민에 기반한 아파트공동체 운동이나 마을만들기 운동이 시작되었다(이근행, 2006).

1990년 이후 지구인 차원으로 확대되고 있는 생태위기를 해결하기 위하여 가치관과 생활양식을 실질적으로 변화시키기 위한 생태적 공동체운동에 관심을 가지는 사람들이 증가하였다. 2000년대에 들어서는 경제의 세계화로 인한 충격과 부작용을 극복하고 경제구조의 생태적 전환을 모색하는데도 생태적 공동체운동이 기여할 수 있다는 인식이 확산되고 있다. 경제 획일화와 생태 다양성의 서로 다른 논리가 치열하게 경합하고 충돌하는 지역에서 생태 공동체운동은 순환형 지역사회 만들기를 중요한 과제로 삼아야 한다. 물질과 에너지, 정보, 권력, 인적 자원 등 다양한 요소를 지역 차원에서 순환시키는 과제는 의료, 복지, 환경, 교육, 문화, 정치, 경제 등 다양한 영역에서 활동해오던 공동체 활동을 지역 차원에서 입체적으로 재조직할 때 실현할 수 있기 때문이다. 순환형 지역사회 만들기는 '생산 -소비 -여가' 활동이 총체적으로 어우러지는 삶의 터전으로서 지역이 가지는 의미와 가치를 재발견하고 되살리고자 하는 노력이다(정규호, 2008).

1997년 경제위기 이후 구조조정과 양극화에 대응하기 위하여 더 다양한 형태의 공동체운동이 활발하게 전개되고 있다. 공동육아, 대안학교, 홈스쿨링에 이르기까지 학생들과 부모들의 다양한 교육 수요를 충족시켜가며 교육공동체운동 발전하였고 공동육아와 대안학교를 설립·운영하는 데 있어서 협동조합방식이 도입되었다. 협동조합에 기반한 지역생협과 의료생협 운동도 성장했다. 심화하는 생태위기에 직면하여 생태공동체운동이 발전하였으며, '생태마을'을 표방하는 계획공동체의 입주가 시작되었다. 생태마을이나 지속가능한 지역공동체를 생태적으로 구성하기 위한 적정기술과 대안기술을 추구하는 에너지전환센터, 부안시민발전소, 산청 민들레공동체의 대안기술센터 등이 설립되었다(이근행, 2006).

90년대 이후 생협운동과 생태공동체운동은 순조롭게 발전해 가고 있다. 친환경 농업을 주된 경제사업으로 하는 생협과 생태공동체의 성장과 대중화는 애그플레이션 시대에 식량주권을 위한 최소한의 방어막이 될 수 있다. 생협은 본질적으로 소비자 협동조합이지만, 장기적으로는 생산자 협동조합 혹은 노동자협동조합이 활성화되어, 생협과 협동조합 간의 협동의 체계를 구성할 필요가 있다. 생협이 고용하는 노동자들의 생산협동조합으로의 전환은, 괜찮은 노동조건의 일자리를 제공하기 위해 필수적인 조건이며, 생협이 신자유주의와 경제위기의 충격에 괜찮은 방어막으로 기능하기 위한 전제조건이다(권오범, 2013).

공동체 소비자는 정보활동을 통하여 제품에 관한 만족과 정보와 함께 정보를 수집하고 공급하는 활동에서도 만족을 느낀다. 소비자의 정보와 관련된 활동 정도나 소비자만족은 사회인구학적 변수나 인터넷 관련 변수들보다 공동체 소속감, 정보 요구도, 지속적 관여도 등과 같은 심리적 변수들이 더 큰 영향을 미치는 것으로 나타났다. 또한 인터넷 동호회에서는 상업적 정보원천에서 얻기 어려운 품질, 사용과 관리방법 등에 관한 정보가 소비자의 직접적인 경험에 의하여 제공된다는 점에서 매우 신뢰하고 있었다. 인터넷 게시판을 통하여 의문점을 질문하고 다수의 참석자들이 대답을 하는 과정에서 적극적으로 관여하는 정보의 생산자 역할과 사용자 역할을 동시에 하고 있었다. 가상공동체는 인터넷을 매개로 하여 관계성과 정보공유를 축으로 하여 능동적인 소비자가 될 수 있는 장이 되고 있었다(박정현과 이기춘, 2002).

김기옥과 여정희(2005)에 의하면 가상공동체 활동을 많이 하는 소비자일수록 정보를 탐색하고 제품을 선택하고 소비자피해에 대처하는 능력을 보다 효율적으로 하고 있었다. 가상공동체에 가입한 소비자가 가입하지 않은 소비자에 비하여 정보탐색을 더 많이 하였고, 소비자피해에 대처하는 능력도 더 뛰어났다. 그러므로 가상공동체는 소비생활의 중요한 정보원이 되며, 소비자운동의 새로운 대안이 될 수 있다.

공통의 관심사를 중심으로 자발적으로 공동체를 구성하는 것이 용이해짐에 따라 온라인에서는 현대 사회의 주요 관심사인 소비를 중심으로 하는 온라인 소비자 커뮤니티는 소비자 사이에서 정보교환이 일어나는 정보원천이라는 가치와 집단적 소비자 행동을 가능하게 하는 사회적 매개체가 되고 있다. 온라인상에서의 실제 행동을 관찰하는 네트노그라피를 이용하여 소비자들의 온라인 소비자 커뮤니티 참여행동을 분석한 결과, 소비자들의 온라인 커뮤니티 참여행동은 게시판 별로 다른 양태를 보이는 것으로 나타났다. 소비자 참여행동의 능동/수동성과 참여의 빈도에 따라 온라인 소비자 커뮤니티에서 활동 중인 소비자를 유형화한 결과 자기중심적 이용자, 소극적 참여자, 열성이용자, 표현자, 동조자, 평균 이용자로 나타났고, 각각의 유형에 따라 참여행태가 달랐다(최아영과 나종연, 2010).

이항과 김준환(2011)은 온라인 소셜 네트워크의 특성이 네트워크 구성원간의 상호작용을 통하여 사회적 지지와 구전활동에 어떠한 영향을 미치는지를 분석하였다. 그 결과 소셜 네트워크 특성 요소인 네트워크 영향력을 제외한 네트워크 유대감과 규모가 감정적 지지 및 정보적 지지와 정의 관계에 있는 것으로 나타났다. 또한 사회적 지지와 구전활동 간에도 정의 관계가 있는 것으로 나타났는데, 특히 사용자의 성향이 사회적 지지와 구전활동 간의 관계에 대하여 조절효과가 없는 것으로 나타났다.

자본주의 경제제도에서 나타나는 빈부격차, 실업, 불신, 공동체

붕괴 등 많은 문제들을 보완하려는 대안 경제실천운동인 공동체 화폐운동은 특정 지역에서 통용되는 공동체화폐로 상품과 서비스를 교환하여 지역의 경제환경을 개선하려는 운동이다. 1983년 캐나다의 마이클 린턴이 캐나다 밴쿠버 코목스 밸리라는 소도시에서 'LETS (Local Exchange Trading System)'라는 이름으로 시작된 이 운동을 전 세계로 확산되어 5,000여 개가 시도되고 있다(Martignoni, 2012). 공동체 화폐운동은 시장경제제도에서 나타나는 여러 문제를 보완하는 경제체제를 만들어서 인간이 행복하게 살고자 하는 운동으로서, 자본주의 사회에서 살아가는 소비자들의 소비기준과 인식을 변화함으로써 지구에 미치는 결과를 인식하는 책임있는 행동을 실천하는 윤리적 소비운동의 하나가 될 수 있다(홍연금, 2009).

레츠의 원리로는 실명성, 탈이윤, 자립성, 연대성, 평화성, 생태성 등이 거론되고 있다. 레츠에서는 경제행위의 모든 주체들이 실명거래를 원칙으로 하기 때문에 홍정이 직접적인 인간관계를 통하여 이루어진다. 개인이 화폐발행의 책임을 지는 주체가 되고 회원 전원의 +계정과 -계정의 총액이 서로 상쇄되어 0이 되기 때문에 어떠한 착취나 이윤도 발생하지 않는다. 개인이 스스로 무엇인가를 할 수 있는 실제적이고 실천적인 능력과 그 능력을 발휘하기 위한 삶의 지혜가 중요하다. 사람들은 돈이나 권력으로부터 자유롭고 독립적이 되어 자율성과 자립성을 개발하고 증진시킬 수 있다. 레츠는 상호 도움주기와 상호 필요성의 충족이라는 연대성의 가치가 공동체와 개인을 동시에 존속시키는 토대가 되고, 상호이익을 추구하기 때문에 갈등과 전쟁이 없고, 지역거래를 촉진하고 장려하기 때문에 생태적이다(강수돌, 2002).

그러나 지역화폐체계는 전반적인 상품시장이 일반화 된 체제를 벗어나 지역적 차원에 머문다는 한계가 있다는 점에서 현행 화폐를 지역화폐 혹은 노동시간으로 대체한다고 해서 화폐물신주의에서 완전히 벗어날 수 없다. 따라서 현행 지역화폐운동은 자본주의의 시장구조를 완전히 대체하는 새로운 사회모델이라기보다는 일반화된 상품사회의 균열 지점에서 지역공동체의 대면적 유대관계를 복원시키는 동시에 참여자가 필요한 물건을 제한된 범위 내에서 충족시키는 역할을 하고 있다(김민정, 2012).

두레생협 조합원들은 상호호혜적인 관계에 기초한 돌봄 자원을 형성하고 있다. 두레생협에서 만들어 노인 장기요양기관으로 등록한 '어깨동무'는 수혜자 중심의 통합 돌봄, 요양보호사에 대한 처우재고, 지역 내 인적 자원을 활용한 돌봄 서비스의 확장과 교류에 의한 호혜적 관계 중심의 돌봄은 국가나 시장을 통해 채워지지 않은 기존 돌봄 서비스의 간극을 메우고 있다. 또한 여성들에게 전담되어졌던 돌봄을 지역사회 차원에서 새로운 방식으로 시도한다는 점에서 '제3의 돌봄'의 형태가 되고 있다. 두레생협에서는 선물을 통한 상호 교류가 이웃 아이에게 관심을 갖게 하는, 즉 공동체 의식이 자연스럽게 생기게 하는 중요한 역할을 하고 있다(장수정, 2012a).

우리나라 대전에서 활발하게 이루어지고 있는 한밭레츠 참여자들은 공동체 화폐운동을 통해 거래하면서 가치를 창출하고 공동체와 연대감을 가지며 경쟁과 소유로부터의 자유를 체험하고 믿음과 신뢰의 관계를 맺으면서 살아가고 있다. 또한 자기능력을 발휘하면서 자기존재감을 체험하고 지속가능한 소비생활을 실천하면서 살고 있다. 즉 공동체 화폐운동 참여자들은 공동체화폐제도 안에서 소비자주의적 가치를 지향하면서 살고 있다. 이러한 공동체화폐제도인 한밭레츠 참여자들의 소비자경험을 통해 공동체 화폐운동이 가지는 소비자주의적 함의를 살펴본 결과 공동체 화폐운동은 주체적인 참여를 유도하고, 환경 및 생태적 가치를 실현하며, 자기능력을 계발하고, 신뢰 중심의 거래로 신뢰사회를 구축하며, 공동체사회를 실현하는 소비자주의적 의미를 지니고 있어 현대 자본주의 사회에서 나타나는 많은 문제들을 보완해주는 경제제도로 볼 수 있다(천경희와 이기춘, 2006).

한밭레츠 참여자들은 재사용, 재활용, 공유하는 소비생활을 하고 있었고, 회원들이 만들어서 판매하는 친환경비누, 환경수세미, 유기농포도즙 등도 거래하고 있었다. 또한 다양한 나눔활동을 하고 공동체를 만들고 개선하려는 공동체 의식으로 관심영역을 넓혀 공동육아, 민들레 의료생활협동조합, 대안학교를 만들고, 문화소외계층을 위한 이동상영관, 민들레 간병도우미 등과 같은 의료 나눔행사도 하고 있었다. 레츠를 전파는 품앗이 놀이학교 프로그램도 운영하는 등 다양한 지역사회 봉사활동을 하고 있었다. 공동체 화폐운동은 자발적으로 참여하고 사회적 책임을 지는 생활을 하며, 생태적 가치를 구현하고 간소한 삶을 실천하는 공동체사회를 구축하고 있다(천경희와 송인숙, 2012).

장수정(2012b)은 과천지역의 두 개의 공동체 '무지개교육마을'과 '과천품앗이'를 중심으로 돌봄공동체의 특성을 분석하였다. '무지개교육마을'은 공동육아를 했던 부모들의 배경이 마을 공동체라는 지향성과 자연스럽게 이어져 왔으며, 특히 아마, 마실, 어울림 품앗이와 같은 것을 통해 돌봄 주체가 엄마에서 부모로, 부모에서 지역사회 내 부모들로 확대되어 왔다. 공동육아에서 실시하는 아마와 마실 문화와 같은 것은 지역사회 다양한 돌봄 기관에서 시도·활용되어질 수 있을 것이다. 또한 지역화폐 활동을 통해 느슨한 형태의 상호 돌봄이 일상적으로 이루어질 수 있었음을 알 수 있었다. 돌봄이 개별가족에서 지역사회로 자연스럽게 확장해 가는데 여성들의 참여가 주도적인 역할을 하였고, 다양한 돌봄의 형태가 지역사회 안에서 사회화됨으로써 여성들의 돌봄 부담이 상호 돌봄의 형태로 이동해 왔음을 알 수 있었다.

기영화, 김승현, 김남숙(2013)은 성미산 지역공동체를 통해 지역공동체의 커뮤니티 웰빙을 탐색하였다. Strauss와 Corbin의 패러다임모형으로 분석한 결과, 인과적 상황은 양육환경의 불만과 가치관과 현실의 괴리고, 현상은 일상문제해결과 삶의 행복으로 나타났다. 전후관계는 갈등발생과 생활위기직면이었고, 중심현상에 대한 작용/상호작용 전략은 재능기부, 소통과 교환구조마련, 공동체역량강화, 느슨한 관계망으로 드러났다. 중심현상에 대한 중재조건은 개인차원이 아닌 공동차원의 문제접근과 끊임없는 회의와 친목모임 등 다양한 활동참여와 주민간의 접촉으로 드러났고, 결과는 마을에 대한 애착과 기대, 마을살이 만족감으로 나타났다. 성미산 지역공동체의 커뮤니티 웰빙 연구의 핵심범주는 개인과 공동의 웰빙추구로 통합되었다. 이들은 공동체 형성과정을 거치면서 개인의 문제가 개인만의 해결책이 아닌 공동의 문제로 외연화 시키고 일상생활문제를 공동으로 해결하려는 과정에서 자연스럽게 지역공동체로 형성되었고, 개인의 웰빙 추구를 넘어 커뮤니티 웰빙으로 발전되고 있었다.

현재 우리나라의 기술. 가정의 교과내용은 개인소비자의 초점에 맞춘 합리적 의사결정에 대한 내용이 많은 비중을 차지하고 있다. 또한 의생활, 식생활, 주생할 영역에서의 선택과 관련된 내용에서도 친환경적 소비를 강조하고 있기는 하나 개인의 소비에 초점을 둔 측면이 많다. 따라서 공익을 생각하는 좀 더 성숙된 소비자로서의 역할을 인식시키기 위해서는 청소년에게 공동체적 소비에 관한 교육이 강조되어야 한다(박명숙과 김성교, 2012).

조용훈(2013)은 윤리적 소비활동에는 경제 합리성을 넘어서 지속가능성, 지역공동체성, 공정성이라는 윤리적 가치들이 내포되어 있다고 주장하였다. 지속가능성은 현세대의 소비활동이 미래세대의 환경권과 생존을 위협하지 않는 범위 내에서 이루어져야 한다는 것이다. 공동체성은 신자유주의 시장경제 영향으로 생겨나는 지역공동체의 붕괴를 극복하고 상생하는 지역공동체를 지향한다. 공정성은 국제무역에서 일방적으로 불이익을 당하는 저개발국 생산자와 노동자를 보호하려는 노력이다. 윤리적 소비를 확대하여 보다 나은 세상을 구현하기 위해 그리스도인과 교회의 과제는 윤리적 소비에 대한 교인들의 인식을 확산시키고 교회가 에너지를 절약하고 유기농산물로 식탁을 차리고, 지역생산품을 우선적으로 구매하며, 교회카페 등에서 공정무역 제품을 활용함으로써 윤리적 소비행위의 모범을 보여야 한다.

이정필과 한재각(2014)은 영국 정부의 공동체에너지 전략에 초점을 맞추어 영국에서 이루어지는 에너지전환 정책의 배경을 분석하고, 에너지협동조합을 중심으로 공동체에너지 실천을 분석하였다. 공동체에너지는 환경적 효과뿐만 아니라 경제적 편익, 나아가 공동체정신의 회복이라는 사회적 효과까지 목표로 하는 지속가능한 에너지시스템을 지향한다. 현재 영국 정부의 지속가능한 에너지 정책의 중심축은 (약한) 생태적 근대화 담론에 의해서 주조되고 있으며, 여러 행위자들이 참여하는 담론의 장에서 공동체에너지가 정립되고 있다. 정책결정자들이 기존의 중앙집중적인 에너지정책에 상향식 풀뿌리 혁신에 기반한 공동체에너지를 연결시키고 있기 때문에 정부와 시민사회 사이에서 공동체에너지에 대한 관심으로 일정하게 수렴되고 있다. 풀뿌리 혁신 활동가들과 정책 결정자들이 동일한 가치, 의미와 동기를 공유하지는 않지만, 서로 다른 견해 차이는 에너지 정책에서 '공동체' 스토리 라인이라는 일련의 내러티브로 합쳐지기 시작했다. 이런 스토리 라인을 통해 공동체 에너지를 다양하게, 유연하게 해석하는 동시에 관련된 주장, 정책, 실천에 대한 전략적 이해가 서서히 수렴되는 담론적 공간을 만들어내고 있다.

최근에는 청년들을 중심으로 셰어하우스와 공유 주거에 대한 관심이 늘고 있다. 단순히 공간 공유를 통해 월세 부담을 낮추는 수준을 벗어나 원피스 주인공 같은 동료들을 만나 혈연, 학연, 지연만큼 무섭다는 집연을 만들어가려는 시도들이 세계 곳곳에서 나타나고 있다. 비슷한 목표를 가진 하우스 메이트들과 꿈과 고민을 나누고, 서로에게 배우고, 깊이 있는 대화와 교류를 통해 성장하는 끈끈한 주거 공동체가 되고 있다.

일본에서는 특정 직업을 중심으로 한 공유 주거 모델들이 있다. 같은 목표를 향해 정진하고 있는 비슷한 상황의 동료들을 만나 서로에게 배울 수 있다는 점에서 이러한 셰어하우스는 주거공간일 뿐 아니라 업무 공간이자 교육공간이라고도 볼 수 있다. 예를 들면 '토키와장 프로젝트'는 만화가 지망생들이 아르바이트를 전전하며 낭비하는 시간을 줄일 수 있도록 저렴한 가격에 공동 주거지를 제공하는 사회적 기업으로 프로 만화가를 꿈꾸는 청년들이 함께 사는 집이다. 이곳에서는 선배 만화가나 출판 편집자들과의 만남이나 재능 있는 입주민들의 계약 주선이 이뤄지기도 하고, 개개인의 목표 관리를 위한 상담을 받을 수도 있다.

'커넥트하우스'는 요리사를 꿈꾸는 젊은이들이 함께 사는 곳으로. 입주민들이 요리 실습 및 식사를 할 수 있는 큰 공용 주방을 마련해 놓고 있는 것이 특징이다. 그뿐만 아니라 정기적으로 요식업 전문가, 유명 요리사, 외식업 컨설턴트 등을 초빙하여 워크숍을 진행하거나 직접 만든 요리를 공개하고 평가받는 이벤트 등을 운영하여 입주자들의 성장을 돕는다. 같은 목표를 향해 정진하고 있는 비슷한 상황의 동료들을 만나 서로에게 배울 수 있다는 점에서 두 셰어하우스는 주거공간일 뿐 아니라 업무 공간이자 교육공간이라고도 볼 수 있다.

미국에서는 기업가정신을 테마로 한 청년들의 공동주거시설 사례가 많다. 'Impact Hub'와 'WeWork'를 필두로 전 세계를 휩쓸고 있는 코워킹 및 디지털 노마드 문화의 연장선에서 꽤 대규모의 co-living space도 나타나고 있다. 2016년 현재 10조원의 기업 가치를 인정받는 'WeWork'는 그간 코워킹스페이스 운영 경험을 토대로 주거 공간 공유 사업에 진출하며 'WeLive'라는 이름을 붙였는데, 결국 '다양한 분야의 사람들이 커뮤니티 안에서 자원을 공유할 때 발생하는 시너지'를 업무 공간 뿐 아니라 주거공간에도 확대하려는 시도이다.

덴마크 코펜하겐의 'Nest Copenhagen'은 나란히 붙은 4개의 아파트 공간에 창업가와 혁신가들이 함께 사는 셰어하우스이다. 덴마크에서 스타트업을 운영하던 피터 한센은 스타트업 기업가로 살던 중, '나 같은 청년 기업가들을 위한 최고의 집'을 만들고자 친구들과 함께 Nest를 시작했으며, 현재는 창업자 자신을 비롯하여 6개국에서 온 21명의 입주민들이 짧게는 3개월, 길게는 2년까지 머무르며 함께 생활하고 있다.

중국에서도 샤오미 창업자 레이쥔과 처쿠카페 창업자 쑤디 등이 공동 창업한 부동산 스타트업 '유플러스'가 청년 창업가들을 위한 주거공간을 운영 중이며, 현재 광저우를 비롯한 6개 주요 도시에서 입주민들 간 네트워크와 시너지를 강화하고 있다.

한국도 젊은 스타트업과 사회적 기업들을 중심으로 다양한 형태의 공유 주거 서비스를 접할 수 있는 시장으로 성장했다. 청년 주거 문제 해결을 목표로 서울에서 27개 지점을 운영하는 '셰어하우스 우주', 통의동집과 소담소담을 운영하는 '서울소셜스탠다드', 협동조합 형태로 주거 공간을 확보, 공유하는 '민달팽이 유니온', 역삼 쉐어원을 오픈한 '어반하이브리드'와 '뉴튼프로퍼티' 등이 대표적이다(루트임팩트, ㅍㅍㅅㅅ, 2016년 8월 11일).

서울대 총학생회는 '모두의 아파트' 라는 이름의 공동주거 실험 프로젝트를 진행하고 있다. 학생 8명이 138.6㎡(약 42평) 크기의 아파트에 각자 보증금 300만원과 월세 20만원을 내고 함께 사는 프로젝트다. 총학은 우선 공동체 생활에 열의가 있고 협조적인 지원자들을 선발하고 자체 생활규약을 만드는 일에 집중하고 있다. 단순히 기숙사를 대체하려는 것이 아니라 주거빈곤과 파편화된 대학생활 문제를 동시에 해결하는 프로젝트이다(뉴스1 2015년 7월 4일).

2. 공동체소비에 대한 조사대상자들의 일반적 수준

〈표 19-1〉 공동체소비에 대한 일반적 수준

문 항	M(SD)
1. 품앗이와 같은 이웃과의 도움주고 받음을 지속적으로 하고 있다.	3.31(1.49)
2. 아파트 반상회 등 우리 동네 반상회 모임을 꼭 참가한다.	2.90(1.58)
3. 우리 동네와 계약을 체결한 지역에서 일손을 돕거나 식품을 구입하는 등 관계를 맺고 있다.	2.98(1.47)
7점 환산평균	3.06(1.51)
Cronbach's α	.852

<표 19-1>은 공동체 소비에 대한 조사대상자들의 일반적 수준을 제시하고 있다. 공동체소비는 3문항으로 측정되었고 각 문항은 7점 리커트 척도로 측정되었다. 공동체소비의 전체평균은 3.06점으로 소비자들은 공동체소비의 실천을 하지 않는 편에 가깝다는 것을 의미한다. 본 연구에서 살펴본 윤리적 소비행동의 하위영역 중 공동체소비의 평균점이 가장 낮게 나타났는데, 이는 우리사회에서 공동체소비에 대한 소비자들의 인식과 공동체 참여행동이 낮기 때문에 보다 활성화될 필요가 있음을 나타낸다. 구체적으로 '아파트 반상회 등 우리 동네 반상회 모임에 꼭 참가한다' 문항의 평균이 2.90점으로 공동체소비 문항 중 가장 낮은 점수를 보였고 '우리 동네와 계약을 체결한 지역에서 일손을 돕거나 식품을 구입하는 등 관계를 맺고 있다' 문항의 평균점수도 낮게 나타났다.

3. 인구사회학적 특성에 따른 공동체소비

〈표 19-2〉 인구사회학적 변수에 따른 공동체소비

독립변수		평균	독립변수		평균
성별	남성	9.42	결혼지위	미혼	8.22
	여성	8.98		기혼	9.78
	t값	1.75		t값	-6.13***
연령	20대	7.99 a	종교	기독교	9.90 b
	30대	8.44 a		불교	9.68 ab
	40대	10.22 b		천주교	8.96 ab
	50대 이상	10.47 b		무교/기타	8.72 a
	F값	25.43***		F값	5.87**
교육수준			월평균 가계소득	200만원미만	8.99
	고졸이하	8.84 a		200-300만원	9.01
	전문대졸	8.45 a		300-400만원	8.97
	대졸이상	9.72 b		400-500만원	9.03
				500만원이상	9.73
	F값	8.21***		F값	1.55

** p〈0.01 *** p〈0.001

<표 19-2>는 인구사회학적 특성에 따른 공동체소비를 분석한 결과이다. 공동체소비는 결혼지위, 연령, 종교, 교육수준에 따라 유의한 차이를 보였다. 결혼지위의 경우 미혼에 비해 기혼집단이, 연령이 20대와 30대에 비해 40대와 50대 이상 집단이 공동체소비를 적극 실천하는 것으로 나타났다. 또한 교육수준이 고졸이나 전문대졸 집단에 비해 대졸집단이, 종교가 무교나 기타집단에 비해 기독교집단이 공동체소비를 적극 실천하는 것으로 나타났다.

4. 공동체소비와 관련변수들의 상관관계

〈표 19-3〉 자기 주도성, 관대함, 보편성, 물질주의, 이타주의, 효과성 지각, 윤리적 정체성, 공동체 소비의 상관관계

변수	자기 주도성	관대함	보편성	물질 주의	이타 주의	효과성 지각	윤리적 정체성	공동체 소비
자기 주도성								
관대함	.705**							
보편성	.715**	.755**						
물질주의	.460**	.317**	.358**					
이타주의	.268**	.365**	.338**	.125**				
효과성 지각	.475**	.419**	.424**	.102**	.470**			
윤리적 정체성	.653**	.647**	.719**	.411**	.436**	.435**		
공동체 소비	-.160**	-.049	-.154**	-.232**	.323**	.164**	-.063*	

* p〈0.05 ** p〈0.01

<표 19-3>은 공동체소비와 관련변수들의 상관관계를 제시하고 있다. 공동체소비는 자기주도성, 보편성, 물질주의, 윤리적 정체성과 부적 상관, 반면 이타주의와 효과성 지각과 정적 상관을 가지는 것으로 나타났다. 다시 말하면, 소비자가 자기주도적 가치가 낮을수록, 보편적 가치가 낮을수록, 물질주의 성향이 낮을수록, 윤리적 소비의 정체성을 낮게 지각할수록 반면, 이타주의 성향이 높을수록, 윤리적 소비의 효과를 크게 지각할수록 공동체소비를 적극 실천하였다. 공동체소비와 이들 변수들의 상관관계 정도는 이타주의와의 상관이 상대적으로 제일 크게 나타났다.

5. 공동체소비에 대한 회귀분석

〈표 19-4〉 공동체소비에 대한 회귀분석

	독립변수	회귀계수 (β값)
소비자가치	자기주도성	**-0.100(-0.111*)**
	관대함	0.062(0.069)
	보편성	**-0.152(-0.223***)**
심리 사회적 변수	물질주의	**-0.134(-0.164***)**
	이타주의	**0.184(0.256***)**
	효과성 지각	**0.126(0.103**)**
	윤리적 정체성	-0.005(-0.012)
윤리적 소비동기	개인 긍정동기	**0.135(0.170***)**
	사회 긍정동기	0.008(0.008)
	개인 부정동기	0.012(0.020)
	사회 부정동기	**0.106(0.142**)**
	상수	7.685***
	F값	38.387***
	R^2	0.299
	수정된R^2	0.292

* $p<0.05$ ** $p<0.01$ *** $p<0.001$

<표 19-4>는 공동체소비에 대한 다중회귀분석 결과를 제시하고 있다. 독립변수인 소비자가치, 심리사회적 변수, 윤리적 소비동기는 공동체소비를 약 29.9% 설명하는 것으로 나타났다. 구체적으로 소비자의 자기주도적 가치가 낮을수록, 보편적 가치가 낮을수록, 물질주의 성향이 낮을수록 공동체소비를 적극 실천하였다. 반면 소비자의 이타주의 성향이 높을수록, 윤리적 소비의 효과를 크게 지각할수록, 윤리적 소비에 있어서 개인적 긍정동기와 사회적 부정동기를 중요하게 지각할수록 공동체소비를 적극 실천하는 것으로 분석되었다. 종속변수에 대한 독립변수의 상대적 영향력을 살펴보면,

이타주의가 가장 큰 영향을 미치며 다음이 보편성, 개인적 긍정동기, 물질주의, 사회적 부정동기, 자기주도성, 효과성 지각의 순으로 나타났다.

참고문헌

강미아(2015). 대학생과 대학원생의 친환경행동에 미치는 정책요소분석. 환경정책, 23(1), 1-19.

강수돌(2002). 이윤과 권력을 넘어서는 레츠 운동. 문화과학, 127-147.

강철희(2003). 자선적 기부행동 및 자원봉사 참여행동에 대한 탐색적 분석. 한국비영리연구, 2(2), 161-205.

강철희, 구지윤, 박소현(2011). 기부지역 선택행동에 대한 영향요인 탐색: 국내기부와 해외기부의 비교를 중심으로. 사회복지정책, 38(3): 221-253.

강철희, 김유나(2003). 온라인 기부에 관한 연구: 기부행동과 기부노력에 대한 분석. 한국비영리연구, 2(1), 123-164.

강철희, 김유나, 조주희(2010). 기부충성도를 지닌 인구집단 특성에 관한 탐색적 연구. 한국사회복지행정학, 12(1), 205-234.

강철희, 주명관(2007). 기부대상영역에의 기부참여행동과 기부정기성의 관계에 관한 연구. 한국비영리연구, 6(2), 89-137.

강철희, 이민영(2009). 부유층 기부문화 활성화를 위한 연구. 부유층 기부문화 활성화를 위한 연구결과 발표 세미나 발표논문.

강철희, 이종은, 배민경(2009). 우리나라 시민의 유산기부의향에 관한 연구. 사회복지정책, 36(2), 5-32.

고미애, 김지연(2015). 공정무역커피 브랜드 인지도와 브랜드 이미지가 구매의도에 미치는 영향. 관광연구저널, 29(5), 105-116.

고수진(2015). 이타적 공동체의 회복을 위한 교육목회. 기독교교육논총,

42, 271-296.
고애란(2009). 국내 소비자의 윤리적 소비행동 특성과 앞으로의 전망. 패션정보와 기술, 6. 540-62.
고정원, 이성림, 김민정(2010). 소비자의 로하스 소비의식과 로하스 상품소비. 소비자학연구, 21(4), 89-112.
곽성희(2014). 블랙컨슈머의 악성적 행동에 관한 사례분석 : 식품과 공산품을 중심으로. 성신여자대학교 석사학위논문.
구미정(2013). 환대의 회복: 목하 재개발중인 한국사회에서 정의를 말한다는 것. 생명평화마당 엮음. 생명과 평화를 여는 정의의 신학 서울: 동연.
구순이(2000). 자기감시성과 합리적 행동이론. 한국정보전략학회지, 3(2), 143-161.
구정우, 김남석(2014). 기업의 인권책임지수 왜, 어떻게 가능한가? 한국사회학, 48(2), 203-242.
구정우, 이수빈 (2015). 기업시민성과 세계시민성. 한국사회학, 49(4), 165-198.
구혜경, 김정은(2015). 공유가치로서 노인 일자리 창출의 가능성 탐색-국내외 공유가치창출 사례 분석을 중심으로. 소비자정책교육연구, 11(3), 41-74.
국세청(2012). 국세통계연보. 서울: 국세청.
권오범(2013). 한국 생협운동과 공동체운동의 평가와 전망. 진보 평론, (55), 52-75.
권은정, 안원현, 김치용(2013). 공유가치 창출 (CSV) 을 통한 기업의 문화예술 지원과 수용자들의 반응에 대한 연구. 멀티미디어학회논문지, 16(3), 388-398.
금희조(2006). 텔레비전 시청이 물질주의적 소비와 공적 사회 참여에 미치는 영향. 한국언론학보, 50(6), 362-388.
기영화, 김승현, 김남숙(2013). 성미산 지역공동체 커뮤니티웰빙의 패러다임 모형분석: Strauss 와 Corbin의 근거이론. 한국행정학보, 47(1), 295-320.
김경희(2012). 소비자의 비윤리적인 소비 행동에 관한 연구. 순천대학교 석사학위논문.
김기영, 김지연(2013). 공정무역 커피 인지도가 만족 및 구매의도에 미치는 영향. 관광연구저널, 27(1), 81-96.
김기옥, 여정희(2005). 소비자의 가상공동체 활동과 소비자효율성. 생활과학, 8, 39-50.
김남숙(2007). 기부활동에 대한 사회적 자본의 매개효과 분석. 부산대학교 박사학위논문.
김남숙(2009). 기부자극요인 분석을 통한 기부자 속성별 기부촉진전략에 관한 연구. 한국지역사회복지학, 28, 133-155.
김대식(2004). 현대 사회의 소비문제와 성 프란치스코의 생태영성. 기독교사회연구, 2, 129-150.
김미린, 홍은실(2016). 절제와 간소, 자율성, 소득 수준에 따른 성인소비자 유형분류와 행복 비교. 한국지역사회생활과학회지, 2(1), 31-4.
김미린, 홍은실(2015). 성인소비자의 윤리적 소비행동이 소비자행복에 미치는 영향: 자기결정성요인의 조절효과를 중심으로. 소비자정책교육연구, 11(3), 75-96.
김미린, 홍은실(2016). 절제와 간소, 자율성, 소득수준에 따른 성인소비자 유형 분류와 유형별 행복 비교. 한국지역사회생활과학회지, 27(1), 31-47.
김미숙(2015). 불교 환경운동의 성격과 실천전략. 종교문화학보, 12, 45-67.
김민정(2012). 민주주의의 새로운 흐름들: 지역화폐운동의 성과와 한계-한국사례를 중심으로. 기억과 전망, 26, 116-148.
김민호(2012). 소비가치에 따른 패션주얼리의 선호도. 한국콘텐츠학회논문지, 12(12), 567-576.
김병연(2014). 신자유주의적 통치성 관점에서 본 윤리적 소비와 그 환경교육적 의미. 환경교육, 27(1), 116-131.
김보희(2009). 이기심만큼 강한 본능, 이타심. 브레인, 18, 13-17.
김봉철, 최명일, 김유미(2012). TV자선모금 프로그램에 대한 수용자의 정서적, 인지적 관여가 기부의도에 미치는 영향: 지각된 행위통제, 도덕적 규범, 이타주의의 매개효과를 중심으로. 미디어 경제와 문화, 10(3), 48-88.
김선우(2013). 한국, 미국, 스웨덴 소비자의 이타적 책무감과 윤리적 기업제품 구매성향 비교. 소비자정책교육연구, 9(4), 29-54.
김선우, 김난도(2010). 한국, 미국, 스웨덴의 문화적 성향과 기부행동비교 : 트리안디스의 문화 유형을 중심으로. 소비문화연구, 13(1): 61-80.

김성철(2009). 유가행파 수행도에서 이타행의 문제. 불교학연구, 221-260.

김성호(2014). 로컬푸드 연계형 학교급식운영시스템을 활용한 정보화마을. 지역정보화, 84, 78-80.

김송이, 박명숙(2011). 기혼여성의 윤리적 제품의 구매동기와 만족도에 관한 연구. 소비문화연구, 14(4), 95-117.

김수인(2014). 농가맛집에서 사용하는 로컬 푸드에 대한 신뢰가 소비자 구매행동에 미치는 영향. 동아시아식생활학회지, 24(6), 906-914.

김수지, 박찬권, 홍관수, 김채복(2015). IMB 모델을 적용한 녹색구매행동에 관한 연구. 경영연구, 30, 51-77.

김승곤, 김화환, 안영진(2014). 광주광역시 지역 생협의 로컬푸드 활용구조. 국토지리학회지, 48(2), 203-215.

김연신(2004). 친환경 행동과 친환경 소비주의의 결정요인들. 한국광고홍보학보, 6(4), 7-49.

김연신, 최한나(2009). Schwartz의 보편적 가치 이론의 적용 타당성 연구. 한국심리학회지: 사회 및 성격, 23(1), 1-16.

김완민, 강성호, 이한근(2015). 소비자의 신체 존중감이 온라인 패션제품 구매의도에 미치는 영향 - 자기 감시성의 조절적 효과. 한국산업정보학회논문집, 20(2), 85-96.

김유경(2002). 온라인 기부 행동수에 영향을 미치는 요인에 관 한 연구, 이화여자대학교 석사학위 논문.

김윤성(2007). 조선후기 천주교 여성들의 금욕적 실천-음식 절제와 성적 절제를 중심으로. 여성학논집, 24, 233-265.

김이재(2015). 공정여행과 공정무역을 연계하는 커피의 가능성 탐색: 베트남 중부의 커피공간을 중심으로. 한국사진지리학회지, 25(4), 87-101.

김자경(2010). 로컬푸드시스템 구축을 위한 제주도민의 식생활 현황과 먹을거리 의식에 관한 연구. 농촌사회, 20(2), 117-161.

김자경(2013). 로컬푸드 지원조례와 공동자원(commons) 의 운영원리-지원조례를 둘러싼 쟁점과 함의. 탐라문화, 43, 265-291.

김자영, 김두섭(2013). 주관적 계층의식과 사회자본이 기부행위에 미치는 영향. 보건사회연구 33(2), 401-430.

김재현(2009). 착한 소비자의 윤리적 소비행동에 영향 미치는 요인에 관한 질적 연구. 연세대학교 석사학위논문.

김정은(2013). 가상공동체의 소비자주의 활성화를 위한 탐색적 연구. 소비문화연구, 16, 119-145.

김정훈(2004). 소비자 특성에 따른 소비자 비윤리 행동. 한국생활과학회지, 13(3), 417-423.

김정훈(2011). 대학생들의 개인적 특성과 돈 태도 유형이 기부에 대한 소비자 태도에 미치는 영향. 한국생활과학회지, 20(4), 819-829.

김정훈, 이은희(2003). 소비자 비윤리 유형과 판매자와의 상호작용 유형의 관계: 전라북도 소비자를 중심으로. 대한가정학회지, 41(5), 165-178.

김종덕(2008). 우리나라 로컬푸드 정책의 방향. 지역사회학, 9, 85-113.

김종흠, 박은아(2015). 친환경 행동의도 및 친환경 소비의도에 영향을 주는 요인에 대한 탐색적 연구: 규범과 동기를 중심으로. 소비자학연구, 26(1), 1-22.

김주원, 김용준(2008). 자선단체기부자의 기부동기와 기부행동에 관한 실증연구. 경영학연구. 37(3), 629-658.

김주환(2012). 신자유주의 사회적 책임화의 계보학: 기업의 사회책임경영과 윤리적 소비를 중심으로. 경제와 사회, 210-251.

김지영(2011). 청소년의 상거래 행동의식 및 반품행동의 비윤리성 연구. 경희대학교 교육대학원 석사학위논문.

김지응(2013). 로컬푸드에 대한 인식이 소비자 구매행동에 미치는 영향. 관광연구, 28(2), 225-244.

김지응(2014). 로컬푸드 재료를 이용한 베이커리 제품이 소비자 구매의도에 미치는 영향. 관광연구, 29(2), 145-165.

김지웅, 전효진, 조원영(2014). 바리스타의 윤리소비의식이 공정무역커피 판매에 미치는 영향-프랜차이즈 커피 전문점 바리스타를 중심으로. 한국식생활문화학회지, 29(1), 54-60.

김철규(2011). 한국 로컬푸드 운동의 현황과 과제: 농민장터와 CSA를 중심으로. 한국사회, 12(1), 111-133.

김태명(2009). 유가의 경제사상에 관한 연구. 유라시아연구, 6(4), 195-216.

김태향, 정순희, 신민경(2014). 한국의 서스펜디드 커피(Suspended Coffee) 운동, 미리내 가게의 소비자주의적 가치 연구. 소비문화연구, 17, 179-197.

김하영, 박기환(2009). 완벽주의, 충동성, 섭식절제와 폭식행동의 연관성.

한국심리학회지: 건강, 14(1), 73-88.
김현진, 홍성태(2015). 환경·동물·인권의 테마 극단적 실천 화장품 넘어 '체험적 윤리'를 판매한다. 동아비즈니스리뷰.
김형용(1999). 한국 지역통화운동의 성격과 참여자의 공동체의식에 관한 연구. 연세대학교 대학원 사회복지학과 석사학위논문.
김현철, 정인경, 민상기(2009). 로컬푸드 (local food) 도입 및 활용을 위한 학교급식 지원체계 탐색적 사례 분석. 관광학연구, 33(5), 99-121.
김혜원, 황금주(2015). 공정무역 커피 소비자들의 재구매의도에 영향을 미치는 요인들에 대한 연구. 마케팅관리연구, 20(3), 1-29.
김효정(2006). 소비자의 비윤리 상거래 행동과 관련변인 분석에 대한 연구. 한국생활과학회지, 15(6), 1015-1023.
김효정(2011). 대학생 소비자의 라이프스타일에 따른 녹색소비행동에 관한 연구. 한국생활과학회지, 20(6), 1135-1151.
김효정(2014). 대학생의 녹색소비자 유형화 및 녹색제품 구매의도에 관한 연구. 환경교육, 27(1), 51-68.
김홍주(2009). 먹거리 정치의 사회학: 학교급식운동을 통한 지역먹거리체계 구축방안: 전남 나주시 사례분석을 중심으로. 농촌사회, 19(2), 63-92.
김홍주(2013). 먹거리 불안과 대안의 모색: 한·일 비교: 학교급식과 로컬푸드: 한, 일 비교연구. 농촌사회, 23(1), 87-139.
김희주(2015). 호텔 베이커리 이용객의 소비가치가 태도 및 구매의도에 미치는 영향. 관광레저연구, 27(11), 155-174.
네모토(2014). 사회적 경제 네트워크를 통한 로컬푸드 운동의 활성화 방안. 지방정부연구, 18(1), 57-73.
노혜진(2015). 공유가치창출 (CSV) 사례전달에 대한 검토: 내용분석을 중심으로. 사회과학연구, 41(3), 23-46.
대한상공회의소(2011). 블랙컨슈머로 인한 기업피해 현황과 대응과제 조사. 대한상의보고서.
도승연(2015). 푸코(Foucault)의 통치성 관점에서 본 로컬 푸드의 한계와 한국적 적용의 현실. 한민족문화연구, 52, 429-457.
류미현(2015a). 20-30대 소비자의 불매운동관련 특성이 온라인 불매운동의도에 미치는 영향: 소비자역할인식의 조절효과를 중심으로. 소비자정책교육연구 11(3), 115-136.

류미현(2015b). 한국 대학생과 재한 중국 유학생소비자의 비윤리적 상거래 행동에 대한 비교 연구. 소비자정책교육연구, 11(2), 117-139.
류미현, 이승신(2013). 공정무역제품 구매태도 및 의도에 따른 정보요구. 소비자문제연구, 44(1), 1-26.
류지혜, 노정옥(2011). 전북지역 주부의 라이프스타일에 따른 친환경농산물의 구매행태 및 인식에 관한 연구. 한국생활과학회지, 20(3), 677-689.
문혜숙(2015). 중·고등학생의 윤리적 소비태도에 관한 연구. 원광대학교 석사학위논문.
민대기, 김신애, 권기대, 김동범, 이익주(2012). 공정무역제품의 다차원적 소비가치가 태도 및 구매의도에 미치는 영향.
민승기, 강정석(2013). 도덕적 자기조절이 연속되는 이타적 소비행동에 미치는 영향. 한국심리학회 학술대회 자료집, 419.
민영, 노성종(2013). 가치, 참여, 인터넷 이용. 한국언론학보, 57(2), 5-32.
민웅기, 김현정, 김남조(2015). 기후변화에 대한 지각이 감정적 소비가치, 친환경관광상품 구매의도에 미치는 영향. 관광레저연구, 27(11), 431-450.
박경애(2008). 유통환경에서의 비윤리적 고객반품행동: 정당화기술의 응용을 통한 이해. 한국의류학회지, 32(9), 1376-1386.
박명숙(2012). 청소년소비자의 돈에 대한 태도와 과시소비성향이 비윤리적 소비행동에 미치는 영향. 한국지역사회생활과학회지, 23(4), 509-522.
박명숙, 김성교(2012). 소비 4.0시대의 공동체를 위한 소비생활교육. 한국가정과교육학회 학술대회 논문집, 77-93.
박미혜(2010). 공정여행 경험에 대한 소비자인식 연구. 한국생활과학회지, 19(5), 857-872.
박미혜(2014). 대학생의 소비행복 수기의 질적 분석과 함의. 한국생활과학회지, 23(5), 825-842.
박미혜(2015). 윤리적소비와 관련한 소비자의 감정경험. 소비자학연구 26(3), 27-59.
박미혜, 강이주(2009). 윤리적 소비의 개념 및 실태에대한 고찰. 한국생활과학회지, 18(5).
박배진, 김시월(2006). 한일 대학생 소비자의 소비가치, 브랜드 동일시와 소비자-브랜드관계 연구. 소비자학 연구, 17(4). 113-143.
박병기(2012). 한국불교에서 삶의 의미 문제와 인권: 원효와 지눌의 깨달음[覺] 개념을 중심으로. 윤리교육연구, 27, 203-221.
박선우, 윤혜현(2015). 공정무역커피 구매고객의 가치, 태도 및 행동의도의 인과관계 연구. 동아시아 식생활학회 학술발표대회논문집, 128-128.
박세경, 강혜규, 이준영, 정진경, 한동우, 박소현(2009). 사회자본과 민간복지자원 수준의 주관적 계층의식과 사회자본이 기부행위에 미치는 영향: 국가간 비교연구: 자원봉사활동과 기부를 중심으로. 서울: 한국보건사회연구원.
박소진(2013). 선한 제품과 악한 제품 간의 소비자의 선택: 자신과 타인을 위한 선택의 비교. 마케팅관리연구, 18(4), 123-143.
박소진(2014). 타인을 위한 선택에서 유대강도와 자기감시성의 역할. 지역산업연구, 37, 31-49.
박소진, 유소이(2007). 건강동기와 환경에 대한 관심이 유기농 식품 선택에 미치는 영향 연구. 소비문화연구, 10(4), 107-126.
박순덕, 변순용(2015). 소크라테스식 개념 분석에 대한 연구: 카르미데스에 나타난 절제 개념을 중심으로. 한국초등교육, 26(1), 211-224.
박예슬, 이성림,황혜선(2015). 식품선택 동기와 시장환경이 로컬푸드 구매에 미치는 영향: 서울과 수도권을 중심으로. 소비자정책교육연구, 11(1), 121-146.
박윤지, 김기옥(2012). 소비자가 제품에서 추구하는 소비자가치: 제품 속성과 가시성에 따른 4 가지 제품유형을 중심으로. Family and Environment Research, 50(7), 81-96.
박장원, 박현순(2007). 기부 관여도, 메시지 소구방식, 자아효능감의 기부의사 제고 효과에 관한 연구. 홍보학연구, 11(1), 107-140.
박재현, 최호규(2010). 인터넷 불매운동에 대한 소비자 의식과 불매운동이 기업의 이미지와 매출에 미치는 영향. 경영컨설팅 리뷰, 1(2), 161-180.
박재형, 나주몽(2014). 로컬푸드 구매동기가 사회적 자본 형성과 재구매 의도에 미치는 영향에 관한 연구: 광주·전남 로컬푸드 직매장 소비자를 대상으로. 한국지역경제연구, 29, 29-53.
박정현, 이기춘(2002). 가상공동체에서의 소비자 정보활동과 소비자만족

연구. 한국가정관리학회지, 20(1), 139-149.

박종희, 김도일, 최우리(2005). CATV 홈쇼핑에서 소비자의 비윤리적 행위에 영향을 미치는 요인에 관한 탐색적 연구. 2005년 한국유통학회 춘계학술대회 발표논문집, 193-215.

박주영, 노기배, 홍석기(2011). 로하스 소비의식이 로하스 상품소비에 미치는 영향: 쾌락, 득실, 규범목표를 매개로. 대한경영학회지, 24(4), 1879-1894.

박진영, 최혜원, 서은국 (2012). 물질주의와 인관관계 경시의 심리적 원인. 한국심리학회지: 사회 및 성격, 26(1), 23-36.

박진훈(2006). 고려 사람들의 사치허영과 검약 인식. 한국사 학보, (22), 95-132.

박철, 이상혁(2012). 경쟁적 이타주의에 근거한 온라인 모금 캠페인의 효과에 관한 연구. 소비문화연구, 15(1), 21-44.

박태규, 박수범, 정영석(2003). 한국에서의 개인기부에 대한 요인분석. 한국재정학회학술대회논문집, 서울: 한국재정학회, pp.1-20.

박태규, 윤병호, 정진욱(2008). 기부횟수의 결정요인에 대한 실증분석. 재정학연구, 1(3), 79- 100.

박현정, 김상훈(2011). 영화파일의 불법 다운로드를 결정하는 요인에 대한 연구. 소비문화연구, 14(4), 1-20.

박현정, 이상환(2012). 기업의 사회적 책임활동과 공정무역제품 신뢰, 구매의도, 프리미엄가격 지불의도와의 관계. 상품학연구, 30, 103-122.

박현희, 오송대(2005). 물질주의 성향과 환경의식이 의복의 재활용태도 및 행동에 미치는 영향에 관한 연구. Family and Environment Research, 43(10), 167-177.

박홍식, 정주원(2012). 민원인 비윤리 행동과 직무만족이 민원서비스 근무자의 EVLN 반응에 미치는 영향. 행정논총, 50(2), 349-373.

배민식(2016). 친환경농산물 의무자조금제도 시행과 향후 과제. 이슈와 논점, 1198.

배순영(2010). 녹색소비 관련 2010년 전망 및 동향. 월간소비자정책동향, (9), 1-16.

백명진, 김재휘(2012). 윤리적 소비상황에서 결과지각의 초점과 추가비용의 제시방식이 구매의도에 미치는 영향. 한국심리학회 연차 학술발표논문집, 310.

백승우, 김수현(2013). 로컬푸드 직매장 소비자의 쇼핑동기와 만족도 분석-전북완주 로컬푸드 직매장 소비자를 중심으로. 식품유통연구, 30(2), 47-66.
서구원(2014). 로컬푸드 브랜드 꾸러미의 커뮤니케이션 전략을 위한 소비자 분석. 브랜드디자인학연구, 12(4), 53-62.
서동진(2011). 혁신, 자율, 민주화 그리고 경영: 신자유주의 비판 기획으로서 푸코의 통치성 분석. 경제와 사회, 89, 71-104.
서선영(2010). 한국 Eco-Mom(환경친화적 주부)의 정체성과 그린생활 의미분석. 소비문화연구, 13(3), 123-139.
서장원, 김동완, 김신애, 권기대(2013). 로컬푸드의 성공요인에 관한 탐색적 연구. 경영교육연구, 28(5), 55-79.
서정희(2012). 착한 소비를 지향하는 공정무역. 서울: 내하출판사.
서정희, 석봉화(1998). 청소년소비자의 물질주의 가치와 소비지향적 태도가 과시소비성향에 미치는 영향, 대한가정학회지, 36(2), 131-143.
서정희, 전향란(2016). 소비자불매운동. 서울: 시그마프레스.
서정희, 허은정, 전향란, 김미수, 이아름, 김연희(2011). 대학생의 공정무역 상품 구매자와 비구매자 특성 및 상품가치 차이. 한국생활과학회 동계학술발표논문집, 2011, 139-140.
성경식, 양일선, 장윤정(2015). 사회적 외식기업에 대한 브랜드 연상이 관계품질 및 충성도에 미치는 영향: 윤리적 소비성향의 조절효과 분석. 외식경영연구, 18, 103-130.
성영신, 이응천, 최현덕, 김지연, 민승기(2012). 충동구매 심리. 한국심리회지: 소비자, 광고, 13(1), 1-23.
손병해(2010). 유가사상의 현대적 의의와 동북아 경제통합에의 시사점: 공맹의 경제사상을 중심으로. 동북아경제연구, 22(1), 1-34.
손원익 (2007). 기부문화 활성화를 위한 정책과제. 기부문화 활성화 및 공익법인의 투명성 제고방안 토론회 발제문, 40~41.
송인숙(2005). 소비윤리의 내용과 차원정립을 위한 연구. 소비자학연구, 16(2), 37-55.
송인숙, 제미경(2006). 기혼 여성의 물질주의 성향과 비윤리적 상거래행동. 소비문화연구, 9(3), 185-206.
송현정(2015). 윤리적 소비가치관이 환경 친화적 태도와 행동의도에 미치는 영향. 경북대학교 석사학위논문.

스티브 오버먼 저, 김병순 역(2015). 양심경제. 서울: 싱긋.
신민식, 김수은, 김병수(2011). 기업의 사회적 책임 지출이 기업가치에 미치는 영향. 금융공학연구, 10(1), 99-125.
신상헌(2000). 청년층 소비자들의 상거래 윤리에 관한 연구. 소비자학연구, 11(3), 153-168.
신재욱, 신민철(2014). 소비자의 심리특성이 블랙컨슈머행동 및 삶의 만족도에 미치는 영향. 한국심리학회지: 소비자·광고, 15(3), 409-433.
신지윤, 오상아, 이형룡, 진경미(2015). 항공사 이용 고객의 불량행동이 객실승무원의 직무스트레스에 미치는 영향. 호텔경영학연구, 24(2), 237-253.
안미영, 박태영, 남영숙(2005). 중학생의 환경친화적 소비 행동-안양시 지역을 중심으로. 환경교육, 18(2), 76-89.
안진아, 박종철, 정형식(2014). 패키지의 건강이미지와 소비자의 섭식절제 수준이 소비자 반응에 미치는 영향. 마케팅연구, 2(4), 6-3.
양문희(2013). 방송프로그램 수용자의 개인 성향과 PPL 수용태도와의 관계연구: 물질주의와 브랜드 소비성향을 중심으로. 미디어경제와 문화 11(3), 7-45.
양윤(2003). 인지욕구와 자기감시가 제품속성에 대한 반응시간에 미치는 영향. 한국심리학회지: 소비자· 광고, 4(1), 25-40.
양재창, 한상호, 이용기(2014). 소비자의 가치관과 혁신성이 친환경 제품 구매의도에 미치는 영향. 대한경영학회지, 2(11), 1807-1826.
양혜승 (2009). 한국 텔레비전 프로그램에 나타난 소유와 소비 이미지 실증분석: 프로그램 유형, 방송채널, 편성시간대별 차이를 중심으로. 한국언론학보, 53(3), 30-57.
어기구(2010). 선진국의 기부문화와 사회지도층의 도덕적 책무(Noblesse Oblige). 노동저널 12월: 138-150.
엄은희(2010). 공정무역 생산자의 조직화와 국제적 관계망 필리핀 마스코바도 생산자 조직을 사례로. 공간과 사회 33), 143-182.
오종철(2014). 윤리적 제품 소비에 미치는 소비자 가치요인에 관한 연구: 제품신뢰의 조절효과를 중심으로. 기업경영연구, 54, 1-26.
오혜영(2015). 생물학적 연령과 주관적 연령의 인지가 소비가치와 소비자 소외감 지각에 미치는 영향 연구. 소비자학연구, 26(5), 173-200.
우장명, 윤병선(2009). 로컬푸드를 활용한 사회적 일자리 창출에 관한 연구. 연구보고서, 1-94.
우정, 고원헌, 박경도, 허원무(2007). 자민족중심주의가 외국제품 불매의도에 미치는 영향: 제품 품질 판단과 과시소비에 의한 조절효과를 중심으로. 광고홍보학회지 9(4), 235-262.
원미경, 박영희, 이연정(2015). 로컬푸드에 대한 가치인식이 구매 및 체험에 미치는 영향. 한국식생활문화학회지, 30(1), 54-63.
유경진, 윤혜현(2014). 친환경식품 구매고객의 가치와 태도 및 행동의도와의 인과관계 연구. 호텔경영학연구, 23(2), 47-68.
유두련(2014). 개인자아존중감과 집단자아존중감에 따른 친환경태도와 처분행동에 관한 연구 : 대학생 집단을 중심으로. 소비자문제연구, 45(3), 183-206.
유두련, 김년희(2012). 친환경소비행동 집단 간 내적동기, 외적동기와 환경지식에 관한 연구. 한국가정관리학회지 30(6), 151-166.
유소리, 윤유식, 김기현. (2015). 컨벤션산업 공유가치창출 (CSV)에 따른 기대성과 및 지속적 행동의도 연구. 관광· 레저연구, 27(7), 259-275.
유소이(2012). 윤리적 제품에 대한 소비자 구매 갭(Gap): 공정무역커피를 대상으로. 소비자문제연구, 41, 1-18.
유연재, 김완석(2014). 마음챙김 소비 척도 개발과 타당화. 한국심리학회지: 소비자· 광고, 15(2), 307-331.
유홍식(2013). 윤리적 소비 측면에서 살펴본 패션산업에서 공정무역. 한복문화, 16(1), 51-67.
윤각, 이은주(2014). 기업의 사회적 책임 (CSR)과 공유가치창출 (CSV)의 효과에 관한 연구: 자기효능감과 관여도를 중심으로. 광고학연구, 25(2), 53-72.
윤병선(2008). 로컬푸드 관점에서 본 농산가공산업의 활성화방안. 산업경제연구, 21(2), 501-522.
윤은순(2014). 조만식의 생활개선운동. 한국기독교와 역사, (41), 5-36.
윤은선(2002). 1920-30년대 한국기독교의 절제운동. 한국기독교와 역사, (16), 181-202.
윤지우(2011). 물질주의와 기업의 물질주의 조장에 대한 소비자 인식이 윤리적 소비행동에 미치는 영향. 울산대학교 석사학위논문.
윤효실, 윤혜현(2013). 개인소비가치가 친환경 농산물 구매의도에 미치는 영향. 호텔경영학연구, 22(1), 253-267.
이근행(2006). 한국 공동체운동의 형성과 전개에 관한 연구. 성공회대학교 석사학위논문.
이미연(2016). 결정적 사건기법(CIT)을 이용한 태권도장 블랙컨슈머의 유형분류 및 대응방안 모색. 경희대학교 박사학위논문.
이미영(2006). 공정무역으로 새로운 미래를 일구는 여성들. 환경과 생명, 156-170.
이민수, 박덕병(2016). 로컬푸드 이용자의 추구편익에 따른 시장세분화. 농촌지도와 개발, 23, 101-114.
이민아, 송리라(2014). 소득, 물질주의와 행복의 관계. 한국인구학, 37(4), 9-11.
이보순, 박기홍(2014). 로컬푸드의 브랜드자산이 소비자 만족과 고객충성도에 미치는 영향: 완주 로컬푸드를 중심으로. 외식경영연구, 17(4), 367-393.
이성림(2003). 소비자학 분야의 소비문화 연구에 대한 소고. 소비문화연구, 9(2). 127-149.
이성태(2009). 개인의 기부행위에 영향을 미치는 요인에 관한 연구. 목포대학교 박사학위논문.
이수애, 이성태(2009). 개인의 기부행위에 영향을 미치는 요인에 관한연구. 한국사회복지행정학, 11(3), 69-95.
이숙경(2006). 공동체적 나눔과 섬김으로서의 복지와 기독교교육 활동의 관련성. 기독교교육정보, 15, 157-182.
이승용(2012). 소비가치유형에 따른 한국과 브라질 광고 비교. 중남미 연구, 31(1), 95-120.
이승용(2010). 브라질 광고에 나타난 여성의 기능적 이미지. 이베로아메리카, 12(2), 289-322.
이승희, 노유나(2007). 패션 소비윤리에 영향을 미치는 변인에 관한 연구. 한국의류학회지, 31(1), 141-150.
이영애(2014). 계획된 행동이론을 적용한 소비자들의 부적절한 불만행동 유형별 분석. 한국가정관리학회지, 32(2), 13-26.
이영애, 서인주(2012). 소비자 가치와 비윤리적 상거래인식에 따른 청소년들의 녹색소비자행동에 관한 연구. 소비자정책교육연구, 8(2), 1-22.

이영주, 황영정(2014). 노년소비자의 가치와 라이프스타일이 외식업체 선택속성에 미 치는 영향. 한국조리학회지, 20(1), 220-237.

이용규, 송용찬(2012). 기부의도에 영향을 미치는 요인에 관한 연구. 한국공공관리학보, 26(3), 189-211.

이용균(2014). 공정무역의 가치와 한계: 시장 의존성과 생산자 주변화에 대한 비판을 중심으로. 한국도시지리학회지, 17(2), 99-117.

이원규, 목차슈(2009). 종교와 도덕성의 관계에 대한 연구. 신학과 세계, (64), 125-174.

이유재(2002). 불량고객의 유형과 전략적 관리. 서울대학교 경영논집, 36(4), 115-139.

이윤재, 강명수, 이한석(2013). 온라인 소비자 불매운동의도의 영향요인에 관한 연구: 온라인 익명성을 중심으로. 소비자문제연구, 44(2), 27-44.

이유재, 공태식(2004). 서비스 공정성이 고객불량행동에 미치는 영향에 관한 연구: 부정적 감정과 고객몰입의 매개효과. 마케팅연구, 19(4), 185-210.

이은경, 전중옥(2014). 진화하는 블랙컨슈머. 한국심리학회지: 소비자·광고, 15(3), 435-461.

이인식(2009). 경쟁적 이타주의. 조선일보 2009년 7월 31일.

이임순, 안창일(2000). 섭식절제와 다이어트가 역규제적 섭식에 미치는 영향. 한국심리학회지: 임상, 19(3), 575-585.

이재율(2001). 기독교 소비윤리에 관한 소고. 신앙과 학문, 6(1), 51-73.

이정기, 정은정(2011). 20대의 기부의도에 관한 탐색적 연구 : 텔레비전 장르별 시청량, 가치성향, 계획행동이론 변인을 중심으로. 미디어, 젠더 & 문화 20, 173-205.

이정필, 한재각(2014). 영국 에너지전환에서의 공동체에너지와 에너지시티즌십의 함의. 환경사회학연구 ECO, 18(1), 73-112.

이주희(2005). 안티사이트를 통해 불매운동에 참가하게 되는 소비자들의 동기와 브랜드 이미지에 미치는 영향. 서울대학교 대학원 석사학위 논문.

이준우, 김혜민(2014). 로컬푸드 직판장 유형별 운영실태 및 출하농가와 소비자 특성에 관한 연구. 한국식품유통학회 동계학술발표논문집, 2013, 58-77.

이지연(2001). 청소년상담에서 이타주의 이해의 중요성. 청소년상담연구, 9, 158-188.
이창호(2015). 사랑의 규범적 본질에 관한 신학적 윤리적 탐구. 장신논단, 47(1), 203-231.
이태훈, 박성훈(2015). 국내 로컬푸드 담론에서 연대형성의 문제: 울리히 벡의 위험사회론과 불안의 연대 개념을 중심으로. 농업사연구, 14(2), 31-54.
이한석(2010). 온라인 환경에서 소비자의 비윤리적 행위에 영향을 미치는 요인에 관한 연구: 디지털 콘텐츠 사용을 중심으로. 소비자문제연구, 38, 1-19.
이한석, 주영혁(2011). 온라인 불매운동 행동에서 감정이입의 역할: 소비자의 감성적 접근방법을 중심으로. 소비문화연구, 14(2), 25-43.
이한준, 박종철(2009). 기업의 사회적 책임활동이 제품 및 기업평가에 미치는 영향. 마케팅연구, 24(1), 231-250.
이항, 김준환(2011). 온라인 소셜 네트워크 특성이 사회적 지지와 구전활동에 미치는 영향. e-비즈니스연구, 12(3), 197-222
이해진, 이원식, 김홍주(2012). 로컬푸드와 지역운동 네트워크의 발전. 지역사회학, 13, 229-262.
이혜정, 김영규(2016). 여행사 종사원이 지각한 블랙컨슈머의 행동이 소진에 미치는 영향. 대한관광경영학회지, 31(1), 215-230.
이희상(2012). 글로벌푸드/로컬푸드 담론을 통한 장소의 관계적 이해. 한국지리환경교육학회지, 20(1), 45-61.
이희열, 정혜련(2012). 공정무 제 인지가 이 이미지와 구매의에 미치는 영향에 대한 구. 한식학회지, (1), 17-209.
이희영(2010). 섹슈얼리티와 신자유주의적 주체 화: 대중 종합여성지의 담론 분석을 중심 으로. 한국사회사학회지, 86, 181-219.
임시아(2011). 공동모금회 모금기능의 결정요인이 시민들의 기부행위에 미치는 영향. 복지상담학연구,5(1), 23-42.
임희국, 곽은득(2014). 공정무역과 기독교 선교의 새로운 패러다임. 기독교사상, 28-33.
장수정(2012a). 여성주의 관점에서 본 지역 돌봄 공동체 사례 연구. 한국여성학, 28(2), 1-31.
장수정(2012b). 과천지역 공동체에 관한 연구. 페미니즘 연구, 12(2), 31-68.

장영란, 홍정화, 차진화(2012). 사회적기업의 성과 및 지속가능성에 영향을 미치는 요인에 대한 연구. 회계정보연구, 30(2), 175-207.

장영주, 배민식(2016). 제4차 친환경농업 육성 5개년 계획(2016~2020)의 주요내용과 과제. 이슈와 논점, 1152.

장우성, 박윤서, 이승인(2014). 친환경인증마크가 제품에 대한 소비자의 태도와 구매의도에 미치는 영향에 관한 연구: 환경의식 수준과 이타주의 성향의 조절효과를 중심으로. 상품학연구, 32, 27-46.

장혜자, 정다빈(2016). 레스토랑의 지속가능한 경영 실천 평가 지표. 외식경영연구, 19, 347-365.

전미연, 오경화(2013). PBL을 적용한 윤리소비교육 프로그램 개발과 적용. 한국가정과교육학회 학술대회, 137-138.

전병준(2015). 실버택배를 통한 공유가치창출: CJ 대한통운의 사례. Korea Business Review, 19(4), 105-128.

전향란, 염동문, 제미경(2014). 소비자 불매운동 신념이 불매운동 참여에 미치는 영향에 관한 연구: 자기조절성향의 조절된 매개효과 검증. 소비자문제연구, 5(3), 287-306.

전형연(2012). 한국 고등학생의 해외 유학국 국가이미지 인식에 관한 탐색적 연구. 인문콘텐츠, (24), 89-123.

정권섭(2010). 창조보전을 위한 기독교 환경윤리의 실천과제. 장로회신학대학원 석사학위논문.

정규엽, 이승헌, 심성우(2008). 캐주얼 다이닝 레스토랑의 서비스 불공정성이 고객불량행동의도에 미치는 영향. 호텔경영학연구, 17(2), 57-70.

정규호(2012). 한국 도시공동체운동의 전개과정과 협력형 모델의 의미. 정신문화연구, 35(2), 7-34.

정기한, 허미옥, 신재익(2007). 기업의 사회적 책임, 이미지, 신뢰, 몰입, 고객충성도 간의 관계에 관한 연구. 한국경영학회 2007년 통합학술발표논문집, 1-14.

정대현, 설선혜, 이민우, 김학진(2014). 타인의 시선에 의한 윤리적 소비행태 변화의 신경학적 경로. 한국심리학회 학술대회 자료집, 2014(1), 138-138.

정무성, 정호영(2006). 사회복지시설의 신뢰와 몰입이 기부행위에 미치는 영향에 관한연구. 한국비영리연구, 5(2), 223-263.

정상모(2007). 진화론적 이타주의의 개념적 난점과 윤리학적 함축. 과학철학, 10, 45-73.

정은미(2011). 로컬푸드의 사례별 운영체계와 시사점. 한국농촌경제연구원, 농업전망, 195-216.

정정호, 김미희 (2008). 기부 중단자의 특성 및 기부 행위에 관한 연구. 사회복지연구, 37호, 241~266.

정준영(2006). 박원순, 기부문화 정착되면 양극화 해소. 연합뉴스 2006년 3월 24일.

정주원(2012). 청소년의 윤리적 소비 교육 경험과 윤리적 소비행동에 관한 연구. 한국가정과교육학회지, 24(3), 191-208.

정주원(2011). 의복의 윤리적 소비 실천행동에 관한 심층연구. 소비문화연구, 14, 49-73.

정지웅(2013). 진화이론을 근거로 한 사회복지제도의 검토 및 대안. 비판사회정책, (41), 18-218.

정창윤, 김인식(2015). 직무자원 및 고객불량행동이 서비스 사보타주에 미치는 영향-외식업 서비스 접점직원을 대상으로. 관광연구, 30(3), 269-288.

장현욱, 이민수, 유소이(2013). 연구논문: 로컬푸드에 대한 소비자 인식 조사연구. 농업경영· 정책연구, 40(2), 248-269.

제미경, 서정희, 김영옥(2004). 대학생의 소비자 비윤리 지각과 행동 및 관련 변수: 김해시 대학생소비자를 중심으로. 한국생활과학회지, 13(6), 891-901.

제미경, Weagley, R. O.(2007). 한국대학생과 미국대학생의 상거래 비윤리와 영향요인 비교분석. 소비자정책교육연구, 3(2), 83-99.

제미경, 전향란(2013). 계획행동이론을 적용한 소비자 불매운동 유형별 분석. 소비문화연구, 16(4), 191-213.

조선주(2007). 성별 기부특성에 대한 분석연구. 한국비영리연구, 6, 165-203.

조선주, 박태규(2007). 정부보조금의 민간(개인)기부에 미치는 영향에 대한 연구: 서울시 사회복지관 패널자료의 실증분석을 중심으로. 공공경제, 12, 65-88.

조영주(2015). 도덕정체성이 소비자의 윤리적 행동에 미치는 영향에 관한 연구. 고려대학교 박사학위논문.

조용훈(2013). 윤리적 소비에 대한 기독교윤리적 연구. 기독교사회윤리, 27, 369-398.

조용훈(2011). 환경정의에 대한 기독교윤리적 이해. 장신논단, 40, 311-333.

조은수(2011). 불교와 환경, 과연 동행자인가. 인간환경미래, 6, 65-85.

조효진(2006). 공감능력과 이타성향간의 관련성 연구. 이화여자대학교 석사학위논문.

조희진(2010). 미디어에 나타난 의류 재활용 관련 담론과 사회적 논의 방식. 실천민속학연구, (16), 121-165.

주상현(2015). 로컬푸드 연구의 동향과 정책적 함의: RISS 등재 학술논문 분석을 중심으로. 한국비교정부학보, 19(2), 23-48.

주섭종(1995). 소비행동에 있어서 물질주의 가치와 정보탐색행동의 관계에 관한 연구. 광고연구, 26, 257-286.

주현식(2008). 소비자 가치가 LOHAS 태도 및 지향행동에 미치는 영향관계. 관광연구, 23(3), 317-335.

차동필(2009). 미디어 수용자의 헌혈의도에 향을 미치는 요인: 공중건강 캠페인에의 함의. 미디어 경제와 문화, 7(2), 96～127.

차동필(2010). 장기기증 유형별 기증 희망등록의도 및 가족 동의획득의도에 향을 미치는 요인: 확장된 계획행동이론의 적용. 광고연구, 87, 7～40.

차동필(2012). 대학생의 현금 기부 의도 결정 요인 연구. 언론학연구, 16(3), 233-255.

차미경(2002). 내가 입고 있는 옷이 깨끗한 옷인가?-유럽 소비자생산감시 운동인 ‘깨끗한 옷입기 운동’에 대하여. 환경과 생명, 통권 20호, 150-157.

차재연, 김혜리(2008). 혈연과 비혈연을 향한 이타주의의 발달: 진화적 관점. 한국심리학지: 일반, 27(2), 351-371.

차태훈, 하지영(2010). 공정무역 제품구매에 대한 탐색적 연구. 소비문화연구, 13(1), 1-20.

천경희, 홍연금, 윤명애, 송인숙(2010). 착한소비 윤리적 소비. 서울: 시그마프레스.

천경희, 송인숙(2012). 공동체화폐운동 참여자의 소비생활에서 나타나는 윤리적 소비 특성 연구. 한국생활과학회지, 21(4), 745-764.

천경희, 송인숙, 홍연금, 윤명애(2012). “소비와 윤리” 교과목 수강 대학생의 윤리적 소비에 대한 인식과 실천행동의 변화. 한국생활과학회지, 21(3), 505-526.

천경희, 이기춘(2006). 공동체화폐운동의 소비자주의적 함의 연구: 한밭레츠에 참여하는 소비자의 경험을 중심으로. 소비자정책교육연구, 2(1), 147-166.

천혜정, 김시월, 이동일, 이지현(2014). 공유가치창출을 위한 기업의 역할 변화와 소비자 참여. 소비자학연구, 25(3), 1-19.

최경숙(2015). 사회심리적 요인과 윤리적 소비교육 경험이 청소년 소비자의 윤리적 소비행동에 미치는 영향. 한국가정과교육학회지, 27(1), 67-83.

최다운, 김경복, 이상명(2013). 공유가치창출을 실현하는 기업이 이해관계자들에게 미치는 영향. 한국전략경영학회 2013년도 추계학술대회 발표논문집, 213-243.

최아영, 나종연(2010). 네트노그라피를 활용한 소비자의 온라인 소비자 커뮤니티 참여행동 분석. 소비자학연구, 21(1), 1-31.

최은숙(2012). 개인의 사회단체 참여 수준과 기부, 자원봉사의 관계: 공적 신뢰의 매개효과를 중심으로. 서울시립대학교 박사학위논문.

최은정, 김수현(2013). 사회적 가치 일치성이 사회적 기업에 대한 태도와 구매의도에 미치는 영향에 대한 연구. 한국심리학회지: 소비자·광고, 14(1), 87-109.

추병환(2012). 자기조절과 도덕교육. 윤리교육연구, 29, 301-322.

하정남(2016). 호텔 종사원이 지각하는 고객불량행동이 분노사고, 분노표현 및 소진에 미치는 영향. 호남대학교 박사학위논문.

한성희(2011). 스마트폰의 소비가치와 소비만족도에 관한 연구. 소비자학연구, 22(3), 233-260.

한승희(2011). 비금전적 인센티브의 효과: 기부기회 제공을 통한 소비자 동기화 가능성을 중심으로. 소비자학연구, 22(2), 139-152.

한승희, 김혜지(2014). 가격할인 대 기부와 연계된 가격할인이 소비자의 구매의도에 미치는 차별적 효과에 관한 연구. 마케팅연구, 29(2), 121-144.

함수연, 조창환(2014). 광고 속 공정무역 메시지 효과에 관한 연구-소비자 윤리성, 자기감시도, 사회적 증거 메시지의 조절효과를 중심으로. 광고학연구, 25(1), 267-288.

현혜경(2009). 제주지역 로컬푸드 운동의 현황과 전망. 탐라문화, 35, 107-140.
허경옥(2014). 블랙컨슈머에 대한 소비자상담사와 기업의 대응행동에 관한 연구. 소비자정책교육연구, 10(4), 73-93.
허경옥(2015). 기업 소비자상담사의 블랙컨슈머 대응행동과 업무스트레스가 업무수행과 업무만족도에 미치는 영향. Family and Environment Research, 53(4), 351-362.
허남결(2015). 웰빙(well-being)시대의 음식윤리 모색: 불교적으로 먹고, 윤리적으로 살기의 일상적 실천. 인도철학, 43, 277-310.
허남혁(2007). 21세기 신토불이, 로컬푸드. 경향잡지, 1671, 20-23.
허은정(2011). 소비자의 윤리적 상품에 대한 태도 및 구매의도의 관련요인 분석. 소비자학연구, 22(2), 89-111.
허은정, 김우성(2012). 소비자의 윤리적 소비행동과 관련 요인 분석. 소비자학연구, 23(4), 105-130.
허은정, 김우성(2014). 윤리적 소비행동에 따른 소비자 유형분류와 윤리적 소비동기 분석. 소비자정책교육연구, 10(4), 95-114.
홍경완, 김지영, 김양숙(2009). 로컬푸드의 개념 이해 연구, 2009년 대한경영학회 춘계학술연구발표회 발표논문집, 1179-1199.
홍경자(2015). 행복한 삶과 돈의 의미. 현대유럽철학연구, 38, 251-277.
홍기원, 김연우(2015). 물질주의에 관련된 심리적 변인의 실험적 탐색. 로고스경영연구, 13(1), 1-18.
홍성민(2009). 불교와 경제. 한국선학, 24, 233-279.
홍성현, 황성혁, 정준호(2014). 로컬푸드 직매장 소비자 선택속성에 관한 연구-용진농협 로컬푸드 직매장을 중심으로. 한국식품유통학회 동계학술발표논문집, 2013, 38-57.
홍연금, 송인숙(2008). 친환경농산물 소비자의 구매동기 분석을 통한 윤리적 소비행동 사례 연구. 소비문화연구, 11(3), 23-42.
홍연금, 송인숙(2010). 우리나라 윤리적 소비자에 대한 사례연구. 소비문화연구, 13(2), 1-25.
홍연정, 김명준(2015). 스마트폰 어플 녹색가계부를 통한 대학생 소비자의 녹색소비 증진 연구. 환경교육, 28(3), 210-227.
홍은실(2013). 여성소비자의 사치: 검약소비 유형분류 및 특성분석. 한국생활과학회지, 22(1), 99-116.

홍은실, 신효연(2010). 대학생 소비자의 윤리적 소비와 관련변인. 한국가정관리학회지, 28(5), 131-149.

홍은실, 신효연(2011). 대학생 소비자의 윤리적 소비행동에 따른 유형분류 및 특성 분석. 한국생활과학회지, 20(4), 801-817.

홍장현, 김기범(2014). 착한 소비는 왜 해야되지만 어려운가? 한국심리학회 학술대회 자료집, 2014(1), 316.

홍종필, 김유경(2004). 자선 단체에 대한 기부 행동 촉진을 위한 온라인 캠페인 효과에 관한 연구: e-카드 사용자를 중심으로. 홍보학연구, 8(1), 256~301.

황미진(2014). 지각된 가치 측정 도구 및 소비 후 감동, 만족 창출을 위한 인과모형의 개발. 소비자문제연구, 45(1), 1-23.

황보람, 김환희(2010). 기업의 사회공헌활동에 영향을 미치는 요인: 기부활동과 자원봉사활동을 중심으로. 사회복지정책, 37(4), 125-154.

황윤용, 오민정, 박종철(2013). 도덕적인 소비자들이 모두 공정무역제품을 선호하는가? 마케팅연구, 28(6), 137-160.

황진숙, 조재정(2012). 한국과 중국 소비자의 의복소비가치 및 패션브랜드 선호 차이 . 한복문화, 15(1), 57-68.

황창순(2010). 문화적 양극화 해소를 위한 기부문화 활성화 정책. 문화정책논총, 23, 27-43.

황창순, 강철희(2002). 개인기부에 영향을 미치는 요인에 관한 연구: 자선적 기부노력을 중심으로. 한국비영리연구, 1(2), pp.33-73.

Ajzen, I.(1988). Attitudes, Personality, and Behavior. Open University Press.

Ajzen, I.(1991). The theory of planned behavior. Organizational Behavior and Human Decision Processes, 50, 179-211.

Ajzen, I.(2006). Constructing a TPB questionnaire: Conceptual and methodological considerations. Retrieved from the World Wide Web: http://www-unix.oit.umass.edu/~aizen, 1-13.

Baker, M. A., Davis, E. A., & Weaver, P. A.(2013). Eco-friendly attitudes, barriers to participation, and differences in behavior at green hotels. Cornell Hospitality Quarterly, 1938965513504483.

Balabanis, G.(2013). Surrogate Boycotts against Multinational Corporations: Consumers' Choice of Boycott Targets. British Journal of Management, 24(4), 515-531.

Barclay, P. and Robb, W.(2006). Partner choice creates competitive altruism in humans. The Royal Society, 274, 749-753.

Batson, C. D.(1991). The Altruism question: Toward a social-psychological answer. Hillsdale, NJ: Eribaum.

Bekkers, R, and Wiepking, P.(2010). A Literature Review of Empirical Studies of Philanthropy. Nonprofit and Voluntary Sector Quarterly, 40(5), 924-973.

Belk, R.W.(1984). Three scales to measure constructs related tp materialism: Reliability, validity and relationships to measure of happiness. Advances in Consumer Research, 11. 291-297.

Bennett, Peter D.(1995). Dictionary of Marketing Terms(2nd Edition), Chicago, IL: NTC Business Books.

Berger, I. E., and Corbin, R. M.(1992). Perceived consumer effectiveness and faith in others as moderators of environmentally responsible behaviors. Journal of Public Policy & Marketing, 79-89.

Berger, I. E., Cunningham, M. P., and Kozinets, R. V.(1996). The Processing of CRM claims: Cue, bias or motivators. AMA Summer educators Conference, 7, 71-72.

Bird, Bliege, R., Smith, E. A., and Bird, D. W.(2001). .The hunting handicap: costly signalling in human foraging strategies. Behavioral Ecology and Sociobiology, 50, 9−19.

Blackorby, C.(1990). Economic policy in a second-best environment. Canadian Economics Association, 23(4), 748-771.

Blum, L. A. (1980). Friendship, altruism and morality. London: Routledge & Kegan Paul.

Bowles, S., & Gintis, H. (2011). A cooperative species: Human reciprocity and its evolution. Princeton: Princeton University Press.

Braunsberger, K., and Buckler, B.(2010). What motivates consumers to participate in boycotts, lessons from the ongoing Canadian seafood boycott. Journal of Business Research, 64, 96−102.

Brembs, B.(1996). Chaos, cheating and cooperation: potential solution to the Prisoner's Dilema, Oikos, 76, 14-24.

Carrigan, M., & Attalla, A.(2001). The myth of the ethical consumer-do ethics matter in purchase behaviour? Journal of consumer marketing, 18(7), 560-578.

Caru, A., and Cova, B.(2003). Revisiting the consumption experience: A more humble but Complete view of the concept. Marketing Theory, 3(2), 267-286.

Chen, C. C., Meindi, J. R., and Hunt, R. G.(1997). Testing the effects of vertical and horizontal collectivism: A study of reward allocation preferences in China. Journal of Cross-Cultural Psychology, 28(1), 44-70.

Chen, J.(2010). The moral high ground: Perceived moral violation and moral emotions in consumer boycotts. Doctoral dissertation, University of Oregon.

Cherrier, H.(2007). Ethical Consumption Practices: Co-Production of Self-Expression and Social Recognition. Journal of Consumer Behavior, 6(5), 321-335.

Cheung, C. K. and Chan, C. M.(2000). Social-cognitive factors of donating money to charity, with special attention to an international relief organization. Evaluation and Program Planning, 23(2), 241−253.

Crane, A., and Matten, D.(2003). Business Ethics: Marketing Corporate Citizenship and Sustainability in the Age of Globalization. Oxford University Press.

Csikszentmihalyi, M., and Halton, E.(1978). Reflections on materialism. The University of Chicago Magazine, 70(3). 6-15.

Devinney, T. M., P. Auger, and G. M Eckhard(2010). The Myth of the Ethical Consumer. Cambridge University Press.

DEFRA(2003). Local food: a snapshot of the sector, Report of the Working Group on Local Food, http://www.defra.gov.uk/foodrin/specialfoods/localfood/index.htm.

Donkin, A. J. M., Dowler, E. A., Stevenson, S. J., and Turner S. A.(1999). Mapping access to food at a local level. British Food Journal, 101(7), 554-562.

Eckel, C. C., and Grossman, P. J.(2004). Giving to secular causes by the religious and non-religious: An experimental test of the responsiveness of giving to subsidies. Nonprofit and Voluntary Sector Quarterly, 33(2),

271-289.

Eisenberg, N., and Miller, P. A.(1987). The relation of empathy to pro-social and related behaviors. Psychological Bulletin, 101, 91-119.

Ethical Consumer(2003). Why buy ethically? : an introduction to the philosophy behing ethical purchasing. 자료검색일 2008, 7, 2 자료출처 http://www.ethicalconsumer.com.

Farah, M. F., and Newman, A. J.(2010). Exploring consumer boycott intelligence using a socio-cognitive approach. Journal of Business Research, 63(4), 347-355.

Fehr, E., and Fischbacher, U.(2004). Third-party punishment and social norms. Evolution and Human Behavior, 25(2), 63-87.

Fehr, E., and Gàchter, S.(2002). Altruistic punishment in humans. Nature, 415(6868), 137 ~ 140.

Firat, A. F., and Venkatesh, A.(1995). Liberatory postmodernism and the reenchantment of consumption. Journal of consumer research, 239-267.

Folkes, V. S., and Kamins, M. A.(1999). Effects of information about firms' ethical and unethical actions on consumers' attitudes. Journal of Consumer Psychology, 8(3), 243-259.

Freestone, O. M., and McGoldrick, P. J.(2008). Motivation of the Ethical Consumer. Journal of Business Ethics, 79, 445-467.

Friedman, M.(1996). A positive approach to organized consumer action: The buycott as an alternative to the boycott. Journal of Consumer Policy, 19(4), 439-451.

Gintis, H., Smith, E. A., and Bowles, S.(2001). Cooperation and costly signalling. Journal of Theoretical Biology . 213, 103-119.

Goldstein, N. J., Cialdini, R. B., and Griskevicius, V.(2008). A room with a viewpoint: Using social norms to motivate environmental conservation in hotels. Journal of Consumer Research, 35(3), 472-481.

Griskevicius, V., and Tybur, J. M.(2010). Going green to be seen: Status, reputation, and conspicuous conservation. Journal of Personality and Social Psychology, 98(3), 392-404.

Hardy, C. L., and Van Vugt, M.(2006). Nice guys finish first: The competitive altruism hypothesis. Personality and Social Psychology Bulletin, 32,

1402-1413.

Hart, T. R.(2002). Philanthropy: Using the Internet to build support. International Journal for Nonprofit and Voluntary Sector Marketing, 7(4), 353-360.

Hawkes, K., and Bliege Bird, R. (2002). Showing off, handicap signaling, and the evolution of men's work. Evolutionary Anthropology: Issues, News, and Reviews, 11(2), 58-67.

Hoffmann S., and Müller, S.(2009). Consumer boycotts due to factory relocation, Journal of Business Research 162(2), 239-247.

Holbrook, M. B.(1999). Consumer Value: A Framework for Analysis and Research. Psychology Press.

Honkanen, P., Verplanken, B., and Olsen, S. O.(2006). Ethical values and motives driving organic food choice. Journal of Consumer Behaviour, 5(5), 420-430.

Howell, R. T., and Hill, G.(2009). The mediators of experiential purchases: Determining the impact of psychological needs satisfaction and social comparison. The Journal of Positive Psychology, 4(6), 511-522.

Inglehart, R.(1977). Long term trends in mass support for European unification. Government and Opposition, 12(02), 150-177.

John, A., and Klein J.(2003). The boycott puzzle: Consumer motivations for purchase sacrifice. Management Science, 49(9), 1196-1209.

Kahle, L. R.(1983). Social values and social change: Adaptation to life in America. Praeger Publishers.

Han, H., Hsu, L. T. J., and Lee, J. S. (2009). Empirical investigation of the roles of attitudes toward green behaviors, overall image, gender, and age in hotel customers' eco-friendly decision-making process. International Journal of Hospitality Management, 28(4), 519-528.

Heiskannen, E., Johnson, M., Robinson, S., Vadovics, E., and Saastamoinen, M. (2010). Low-carbon communities as a context for individual behavioral change, Energy Policy, 38, 7586-7595.

Holbrook, M. B.(2006). Consumption experience, customer value, and subjective personal introspection: An illustrative photographic essay, Journal of Business Research, 59(7), 714-725.

Homer, P. M., and Kahle, L. R.(1988). A structural equation test of the value-attitude-behavior hierarchy. Journal of personality and social psychology, 54(4), 638.

Karlan, J. A., and List, E. S.(2007). Does Price Matter in Charitable Giving? Evidence from a Large-Scale Natural Field Experiment. American Economic Review, 97(5), 1774- 1793.

Kim, G. S., Song, J. G., and Lee, S. A. (2009). The Effect of fair trade on consumer behavior: in terms of ethical consumerism. Korean Management Review, 38(1), 295-315.

Klein, J. G., Ettenson, R., and Krishnan, B. C.(2006). Extending the construct of consumer ethnocentrism: when foreign products are preferred. International Marketing Review 23(3), 304-321.

Klein, J. G., Smith, N. C., and John, A.(2003). Exploring motivations for participation in a consumer boycotts. Advances in Consumer Research 29, 363-369.

Klein, J. G., Smith, N. C., and John, A.(2004). Why we boycott: Consumer motivations for boycott participation. Journal of Marketing, 68(3), 92-109.

Klein, J. G., Smith, N. C., and John, A. (2002). Why we boycott : Consumer motivations for boycott participation and marketer responses. Center for Marketing Working Paper 2-701, 1-43.

Koh, A. R., and Noh, J. Y.(2009). Ethical fashion consumer behavior in Korea-Factors influencing ethical fashion consumption. Journal of the Korean Society of Clothing and Textiles, 33(12), 1956-1964.

Konrath, S. H., O'Brien, E. H., and Hsing, C.(2010). Changes in dispositional empathy in American college students over time: A meta-analysis. Personality and Social Psychology Review.

Kozinets, R. V., and Handelman, J. M.(1998). Ensuring consumption: a netnographic exploration of boycotting behaviour. Advances in Consumer Research 25, 475-480.

Kozinets, R. V., and Handelman, J. M.(2004). Adversaries of consumption: Consumer movements, activism, and ideology. Journal of Consumer Research, 31(3), 691-704.

Lemke, T.(2002). The birth of bio-politics: Michel Foucault's lecture at the

Collée de France on neo-liberal governmentality. Economy and Society, 30(2), 190-207.

Lockie, S., Lyons, K., Lawrence, G., & Mummery, K.(2002). Eating 'green': motivations behind organic food consumption in Australia. Sociologia ruralis, 42(1), 23-40.

Lotem, A., Fishman, M. A., and Stone, L.(2003). From reciprocity to unconditional altruism through signalling benefits. Proceedings of The Royal Society Biological Science, 270, 199-205.

Loureiro, M., and Lotade, J.(2004). Do fair trade and eco-labels in coffee wake up the consumer science? Ecological Economics, 53, 129-138.

Macaulay, J., and Berkowitz, L.(1970). Altruism and helping behavior: Social psychological studies of some antecedents and consequences. New York, NY: Academic Press.

Martin, K. D., and Hill, R. P.(2012). Life satisfaction, self-determination, and consumption adequacy at the bottom of the pyramid. Journal of Consumer Research, 38(6), 1155-1168.

McEachern, M. G., and Mcclean, P.(2002). Organic purchasing motivations and attitudes: are they ethical?. International Journal of Consumer Studies, 26(2), 85-92.

Michaelidou, N., and Hassan, L. M.(2008). The role of health consciousness, food safety concern and ethical identity on attitudes and intentions towards organic food. International Journal of Consumer Studies, 32(2), 163-170.

Mintel(1994). The Green Consumer. 1(2), Mintel, London.

Morris, C., and Buller, H.(2003). The local food sector: A preliminary assessment of its impact in Gloucestershire. British Food Journal, 105(8), 559-566.

Muncy, J. A., and Vitell, S. J.(1992). Consumer ethics: An investigation of ethical beliefs of the final consumer. Journal of Business Research, 24(4), 297-311.

Nelson, M. R., and Shavitt, S.(2002). Horizontal and vertical individualism and achievement values: A multi-method examination of Denmark and the United States. Journal of Cross-Cultural Psychology, 33(5), 439-458.

Pelsmacker, P. D., Janssens, W., Sterckx, E., and Mielants, C. (2006). Fair-trade beliefs, attitudes and buying behaviour of Belgian consumers. International Journal of Nonprofit and Voluntary Sector Marketing, 11(2), 125-138.

Pezzullo, P. C. (2011). Contextualizing boycott and buycott: the impure politics of consumer-based advocacy in an age of global ecological crisis. Communication and Critical/Cultural Studies, 8, 124-145.

Richins, M. L., and Dawson, S.(1992). A consumer values orientation for materialism and its measurement: Scale development and validation. Journal of consumer research, 19(3), 303.

Robert, G.(1998). Competitive altruism: from reciprocity to the handicap principle. Proceeding of Royal Society of London Series Biological Science, 265, 427-431.

Rokeach, M. J.(1973). The Nature of Human Values. New York. The Free Press.

Sánchez-Fernández, R., and Iniesta-Bonillo, M. Á.(2002). The concept of perceived value: a systematic review of the research. Marketing Theory, 7(4), 427–451.

Sargeant A., Ford, J. B., and West, D. C.(2006). Perceptual determinant of nonprofit giving behavior. Journal of Business Research, 59, pp.155-165.

Sargeant, A., and Jay, E.(2002). Fundraising on the web: Opportunity or Hype? New Direct for Philanthropic Fundraising, 39-57.

Sargeant, A., and Lee, S.(2004). Trust and relationship commitment in the United Kingdom voluntary sector: Determinants of donor behavior. Psychology and Marketing, 21(8), pp.613-635.

Schubert, F., Kandampully, J., Solnet, D., and Kralj, A.(2010). Exploring consumer perceptions of green restaurants in the US. Tourism and Hospitality Research, 10(4), 286-300.

Schwartz, S. H.(1992). Universals in the content and structures of values: Theoretical advances and empirical tests in 20 countries. In M. Zanna (Ed.). Advances in experimental social psychology. New York. Academic Press. 25 : 1-65. Schwartz, S. H.(1994). Are there Universals aspects in the structure and content of human values? Journal of Social

Issues, 50, 19-45.

Sen, S., Girhan-Canli, Z., and Morwitz, F.(2011). Withholding consumption: a social dilemma perspective on consumer boycott. Journal of Consumer Research, 28, 399-417.

Sen. A.(1979). Utilitarianism and welfarism. Journal of Philosophy, 76(9), 463-489.

Shaw, D. S., Grehan, E., Shiu, E., Hassan, L., and Thomson, J.(2005). An exploration of values in ethical consumer decision making. Journal of Consumer Behavior, 4(3), 185-200.

Skumanich, S. A. & Kintsfather, D. P.(1996). Promoting the organ donor card: A causal model of persuasion effects. Social Science & Medicine, 43(3), 401～408.

Smith, C., Christoffersen, K., Davidson, H., and Herzog, P. S.(2011). Lost in transition: The dark side of emerging adulthood. OUP USA.

Snyder, M.(1974). Self-monitoring of expressive behavior. Journal of personality and social psychology, 30(4), 526.

Strong, C.(1996). Features contributing to the growth of ethical consumerism: A preliminary investigation. Marketing Intelligence & Planning, 14(5), 5-13.

Sweeney, J. C., and Soutarb, G. N.(2001). Consumer perceived value: The development of a multiple item scale. Journal of Retailing, 77, 203-220.

Szuchnicki, A. L.(2009). Examining the influence of restaurant green practices on customer return intention. Thesis, University of Nevada Las Vegas.

The Cooperative Bank(2007). The Ethical Consumer Report 2007, 자료검색일 2008, 7, 2 자료출처 http://www.ethicalconsumer.org.

Timmerman, K.(2012). Where am I wearing. A Global Tour to the Countries, Factories, and People that Make Our Clothes. Hoboken, NJ: Willey, 26.

Triandis, H. C.(1995). Individualism and Collectivism. Boulder: Westview Press.

Triandis, H. C., and Gelfand, M. J.(1998). Converging measurement of horizontal and vertical individualism and collectivism. Journal of Personality and Social Psychology, 74(1), 118-128.

Trivers, R. L.(1971). The evolution of reciprocal altruism. The Quarterly Review of Biology. 46, 35-57.

Vitell, S. J., and Muncy, J. A.(1992). Consumer ethics: An empirical investigation of factor influencing ethical judgment of the final consumer. Journal of Business Ethics, 11, 585-597.

White, K., and Peloza, J.(2009). Self-benefit versus other-benefit making appeals; Their effectiveness in generating charitable support. Journal of Marketing, 73(4), 109-124.

Zahavi, A.(1997). The handicap Principle: a Missing Piece of Darwin's Puzzle . New York, NY: Oxford University Press.

Zeithaml, V. A.(1988). Consumer perceptions of price, quality, and value: A means. Journal of Marketing, 52(3), 2-22.